成为π型创新人

三项创新力
打造职场竞争力

洪河林◎著

清华大学出版社

北京

图书在版编目（CIP）数据

成为 π 型创新人：三项创新力打造职场竞争力 / 洪河林著 . —北京：清华大学出版社，
2023.10 (2024.2 重印)

ISBN 978-7-302-64460-6

Ⅰ . ①成… Ⅱ . ①洪… Ⅲ . ①管理学 Ⅳ . ① C93

中国国家版本馆 CIP 数据核字 (2023) 第 153799 号

责任编辑：张立红
封面设计：蔡小波
责任校对：王　奕
责任印制：宋　林

出版发行：清华大学出版社
　　　网　　　址：https://www.tup.com.cn，https://www.wqxuetang.com
　　　地　　　址：北京清华大学学研大厦 A 座　　　　　　邮　　编：100084
　　　社　总　机：010-83470000　　　　　　　　　　　　邮　　购：010-62786544
　　　投稿与读者服务：010-62776969，c-service@tup.tsinghua.edu.cn
　　　质　量　反　馈：010-62772015，zhiliang@tup.tsinghua.edu.cn
印　装　者：北京嘉实印刷有限公司
经　　　销：全国新华书店
开　　　本：170mm×240mm　　　印　　张：18　　　字　　数：332 千字
版　　　次：2024 年 1 月第 1 版　　　印　　次：2024 年 2 月第 2 次印刷
定　　　价：69.00 元

产品编号：100775-01

目 录
CONTENTS

第 1 章　π 型创新人才：
拥抱和创造未来就靠你了

1.1　打造 π 型创新人才：RUPT 时代"人才困境"破局之法

1.1.1　RUPT 时代，最需要的"π 型创新人才"

都说 21 世纪最缺的就是"人才"，真的是这样吗？为什么每年市场上又同时存在大量待就业人群和失业人群？

1. 企业始终存在的"人才困境"

十多年来，我在为众多大中型企业提供人才发展培养和咨询服务的过程中，发现企业存在如下两种越来越值得所有人关注的"人才困境"。

（1）人才急缺与人满为患的困境

一方面，企业对稀缺性人才保持了极高的渴求欲望，各种各样的"抢人大战"从未停息且还有愈演愈烈之势。

另一方面，随着许多企业快速发展的需要，因大量成立新业务、新部门、新岗位以及增编加岗等扩张动作，已经出现"组织麻痹病"和"大企业病"，所以，经常会在一家企业里听到管理者们呼喊"我们太缺人"和"我们人太多了"两种矛盾的声音，实则是因企业陷入了缺"人才"而不缺"人"的困境。

（2）人才投入与组织滞胀的困境

如今，大多数中国企业都形成了一定成熟度的人才发展机制，各层各类人才梯队的培养投入也逐年增加。另外，很多企业在大量引入行业内佼佼者的同时，还从知名的管理咨询公司聘请不少"外脑"。企业内各类技术型、产品型、营销型、运营型和管理型等人才也都很丰富。可我们发现许多企业在整体竞争过程中，竞争力依然没有凸显，营收和利润都没有获得应有的良性增长，甚至出现业绩滞胀的情况。

同时，企业还陷入了对人才发展的高投入和高期待与人才实现的绩效产出低下之间落差较大的困境。

事实上，每个时代都存在"人才困境"。

不同的企业和阶段，对"人才"的定义显然是不同的。为了真正搞明白当下企业"人才困境"的本质，让我们按商业发展的时间轴回顾一下不同时代定义的核心人才。

先是最早的工业革命时代，这是能把知识作用于产品和工具的技术工人时代。这个阶段，英国抓住了历史机遇。

然后，到了"科学管理之父"泰罗提出的科学管理的时代，情况发生了变化——这是生产力革命的时代，即能把知识作用于设计和流程的人才时代。这个时代的机遇被美国抓住了，包括美国在"二战"时的生产力优势都由此构建。

后来，人类又从生产力革命的时代发展到彼得·德鲁克提出的管理革命的时代。这个阶段，知识不仅作用于设计和流程，也作用于知识本身，人类进入对知识进行有效应用的知识型人才时代。

接下来，进入 21 世纪 20 年代后是什么时代呢？

或许有各种观点，但呼吁必须始终高度警惕"黑天鹅"事件和防范"灰犀牛"事件的声音最为响亮。越来越多的企业和个体都认为我们已经处于而且未来还会长期处于不确定时代。

甚至有专业人士认为代表不确定时代的 VUCA[Volatility（易变性）、Uncertainty（不确定性）、Complexity（复杂性）、Ambiguity（模糊性）] 一词，已经无法囊括我们现在面临的巨大挑战，也没有准确表现出企业中高层们在湍流困境中的真实感受，比如变化的速度感、冲突的困惑，所以提出了不确定时代的 V2.0 升级版——RUPT 时代 [Rapid（急速）、Unpredictable（莫测）、Paradoxical（矛盾）、Tangled（纠结）] 的概念。

RUPT 时代，对组织中的领导产生以下 3 种影响。

（1）组织不够敏捷，或太依赖预测，组织中的领导者不能快速调整，适应新情况。

（2）在快速适应和稳定预测之间，领导者往往举棋不定，难以兼顾。

（3）急速、莫测的矛盾隐藏在混沌系统中，过去清晰的因果关系也因严重扭曲而被掩盖，因此领导者的本能反应就会过于主观，不能抽丝剥茧和理性对待。

2. 新时代最稀缺的人才

进入 21 世纪 20 年代的 RUPT 时代，组织最稀缺的是创新型人才。

随着社会科技的发展，各行各业确实要提高对人才的创新能力的要求，并加大创新的投入。但在这个创新型人才的时代，同样存在"人才困境"。

在给企业导入创新增长咨询项目或创新能力训练课程前，我经常会用创新灵魂三问做测试。

第一问：如果企业发展与创新的相关度是 0 ～ 10 分，你会打多少分？

现场统计，高频打分集中在 8 ～ 10 分。

第二问：如果企业在创新环境营造、创新能力提升及创新成果达成方面的满意度是 0 ～ 10 分，你会打多少分？

现场统计，高频打分集中在 4 ～ 6 分。

第三问：你认为为什么会产生这么大的差距？（第一问和第二问平均打分结果存在 4 ～ 5 分的极大差距）

往往这个时候，学员的反应要么是一片安静，要么是分析各种原因或吐槽观点。我印象最深的一次，现场学员普遍认同一个学员的回答："因为我们公司的创新实际上属于'叶公好龙'型创新呀！"

这个有意思的四字成语，确实揭示了许多企业对创新重要度认知、创新实际投入及最终成果的"知""行""果"三者间存在较大偏差的原因。

通过更进一步的调查发现，80% 以上的企业（基于 2020 年开始的近 3 年的深圳超百家大中型企业的最佳雇主奖参评资料查阅和现场走访评审数据分析）存在一个非常奇怪的现象：一方面，这些企业在价值观、核心能力等企业文化中都会多次提到和强调"创新"这一关键词；另一方面，对这些企业核心中高管理层和随机筛选的员工代表进行下面几个有关创新问题的问卷调研和访谈对话，得到的回答几乎都不明确且没有形成统一共识。

（1）组织对创新概念认知是否形成统一：你认为何为创新？什么行为是创新或不是创新？

（2）组织对创新成果认知是否形成统一：企业内部在创新方面的成果体现在哪些方面？

（3）组织的创新保障体系目前的成熟度：企业在营造创新氛围方面的投入和激励机制有哪些？

（4）组织的创新系统方法目前的成熟度：企业是否或已经导入何种创新方法或创新系统？

（5）组织的创新人才识别标准的成熟度：企业是否建立创新领导者及创新人才识别标准？

以上 5 个问题，所有大中型企业都可以用于对本组织创新系统成熟度的初步整体定性自测。虽然只包含创新概念认知、创新成果关注、创新软硬投入、创新方法赋能，以及创新人才引入和培养标准这 5 个维度，却是任何致力于打造创新型组织最应该关注的 5 个关键。

特别是对于最后一个问题，更是有 95% 以上的企业没有建立任何标准。

对于人才发展有一句专业的话：如没有标准，就不能衡量，即无法管理。这就意味着许多企业无法对创新型人才进行有效管理。这样的调查结果，怎么能不让人为众多企业在创新方面高投入却无法确定高回报的现状担忧。

1.1.2 改变组织的 π 型创新方程式

到底什么是 π 型创新人才？简单来说，是指具有 π 型创新思维和能力，并能运用 π 型创新为组织创造成果的人才。

那么，何为 π 型创新？π 型创新是指回归本源，追求卓有成效的创新。

π 型创新是一种既可以应用于在探究世界和创造未来的长久创新之道，也可以应用于落地有用的、可行的、新颖的（创新定义三要素）高效创新之术。

我们知道"道"与"术"具备不同的层面价值：道思考的是有关"为什么"的问题，道决定了一切行为的根本思想逻辑，也就是我们常说的底层逻辑，道具备很强的普适性和理论性。而术思考的是有关"如何"的问题，术决定了我们实现成果要运用什么工具的能力和做出什么行为的步骤。

那么为什么说 π 型创新既可是创新之道，也可是创新之术？

首先，π 型创新的思维逻辑是基于对 20 世纪最伟大的哲学家之一，德国著名存在主义大师海德格尔提出的哲学三大终极问题："我是谁？我从哪里来？我要到哪里去？"思考下的创新之道。

不管是 π 型创新者个体还是创新型组织，都需要思考以下 3 个问题："我（或组织）的使命是什么？我（或组织）的优势是什么？我（或组织）所处环境的趋势是什么？"

基于创新本质哲学层面的三个问题，可以提炼出 π 型创新的核心三要素：（内在的）优势、（外部的）趋势、（长期的）使命。

其次，德鲁克在《创新与企业家精神》一书中特别强调有效创新需要的 3 个条件："第一，创新是工作；第二，要想取得成功，创新者必须立足于自己的长处；第三，创新是经济与社会活动双重作用的结果，创新必须与市场紧密相连，以市场为中心，以市场为导向。"这三个条件都是显而易见的，却常常被人忽视。而 π 型创新核心三要素正是非常好地对应支撑创新三个条件落地的方法之一。

为更好地理解 π 型创新及其三要素的关系，我们可以通过结构拆解更好地视觉化解读：对应 π 型符号左下角部分的"撇"是指组织或个体的"优势"，它是内部过去长期积累形成的；而对应 π 型符号右下角部分的"弯勾"是指个体或组织所处环境的"趋势"，它是在外部已初显未来的机会；对应 π 型符号上面部分的"一"，则是指个体或组织的"使命"，就是我们常说的恒定不变的"初心"或"发心"。

我们还可以用一个数学公式更好地表达 π 型创新三要素之间的逻辑关系，即 π 型创新人才发展 ATM[Advantage（优势）、Trend（趋势）、Mission（使命）] 模型公式：

$$π 型创新 = （优势 × 趋势）^{使命}$$

我在探寻创新要素之间的关系的过程中，受爱因斯坦发现质能方程公式的启示，意识到通过破解 π 型创新 ATM 模型公式，可以改变组织人才发展模式，并成为 RUPT 时代最需要的创新人才。

注：爱因斯坦发现的质能方程 $E=MC^2$ 的伟大贡献，把质量和能量糅合在了一起，画了一个等号。看起来简单，却是一个改变世界的重大突破，如 GPS 定位系统的运转及重原子核裂变的核能时代开启都离不开这个伟大的公式构建和破解。

破解 π 型创新 ATM 模型公式的核心方法可以提炼为 12 个字："发挥优势，顺应趋势，使命驱动。"

1. 发挥优势

这是破解 π 型创新 ATM 模型公式非常重要和基础的一步。

首先，创新者需要认清自己，立足于长处，即经过长期积累的优势（包括先天天赋和后天能力）。通过自问："当下外部这些新趋势和新机遇，哪一个最适合我，并能够发挥我的最大优势？"基于趋势的发挥优势，保持核心能力迁移式的创新，是一种明智的低风险、低成本创新的策略选择，也是提高创新成功的加速器。

发挥优势的前提是先发现已有优势，你可以通过以下 4 种方法的综合应用来实现。

（1）从成就事件中寻找优势

回忆自己有哪些较大的成就，具体做过哪些事情，并取得了不错的成绩。具体有 3 个步骤。

第一步，回忆过往的这些事情，并把它们一一罗列出来。

第二步，想想这些事情，有哪些共同特征？

第三步，思考自己在做这些事情时，用到了哪些能力？这些能力与成就事件的关联是什么？

完美地解决问题，是充分体现你的能力的过程。这里面就隐藏着你的优势，只需要把它们从成就事件中提炼出来。

连续创业不到 10 年，身价就超千亿元的字节跳动创始人张一鸣，其成功的关键可以用"算法"二字总结。

张一鸣第一次展现出精于算法的思维优势，是在其填报高考志愿的时候。和大部分高考生一样，面对成千上万的学校，张一鸣最初也感到有点儿迷惑，但很快他给自己列出了几个决策维度：①下雪。作为一个福建人，张一鸣很想去一个有雪的地方。②沿海。因为张一鸣喜欢看海，所以想去一个海滨城市。③离家远。这个大家都懂。④综合性大学。男女比例均衡，好找女朋友。⑤大城市。能开阔眼界，获取更多的锻炼机会。根据这五个维度，他最终选择了南开大学。虽然这件事看起来并不起眼，但当时年仅十几岁的张一鸣无疑已经展现了那个年龄段里不可多得的强逻辑决策能力。

（2）从重复行为中寻找优势

思考一下，在你读书、学习、工作、人际交往的过程中，会不会经常地、下意识地去做一些事情。

比如，你总会关注各种信息里的数字，并忍不住去弄清楚它的来龙去脉。你很可能具备分析的天赋优势，对你来说，数据分析类的工作会很轻松和愉悦。你常常可以用公式对大多数的人和事进行演绎和推理。

再比如，你总是下意识地留意身边人的情绪。你很可能具备共情的天赋优势，总能说出别人心中所想，并获得信任关系。从事情感咨询师、大客户销售或商务公关等工作，你可能会很出色。你常常把直觉作为重要决策的参考标准之一，且准度不低。

在重复的行为里，一样可能隐藏着你的优势。你重复做的事情一定是你比较熟悉的事情，你可以得心应手。而在这些反复做的事情中，你会根据规律进行总结和归纳，找出一种能快速解决问题的方法。在重复工作中归纳总结的能力，正是你的一种优势。

新东方转型直播行业本是应对危机的无奈之举，却大获成功。有关组织转型和人才成长给我们带来极有价值的启示。

主播和教师面对不同的对象，是两种区别非常大的职业，两个行业的转变跨度也非常大。和其他直播间里的主播相比，新东方的主播似乎也不太一样。但经过深度分析，我们会发现教师们经过长期实战形成了与听众互动的能力以及极强的语言表达能力，这些能力与优秀主播所需要的能力非常契合。新东方战略方向的调整看似过于大胆，但这种成功绝非运气，而是新东方有效的组织优势识别和成功的能力迁移的结果。通过充分发挥长期形成的已有优势，新东方在新的赛道里杀出一条有自己特色的路，继续创造个体和组织的存在价值。

（3）从独特性中寻找优势

这里所指的独特性可以分为外部独特性和内部独特性。

外部独特性是指事情的独特性，即什么类型的独特事情你能很好地解决。在这种解决外部独特性事情中隐藏的优势，可以使用成就事件的三步法进行提炼。

而内部独特性是指你自身具有的独特性能力，即在众多事情解决过程中展现出的你与众不同的优势。

回忆一下，有没有这样的时刻：面对一个观点，或者一件事情，大部分人都从同一个角度进行讨论，但你能从与众不同的角度进行思考。

这种独特的思维方式中就可能隐藏着你的优势。

比如，在讨论一个成功的商业案例时，大家认为成功因素在于某一关键环节用对了人和做对了几件大事，但你会想到从案例的整体流程进行拆解分析，总结出可借鉴的核心方法与实施步骤。

（4）借助专业测评工具

结合以上 3 种方法对自己的优势进行识别，借助专业的测试工具则可以更精细地了解你不同维度的综合优势。在专业测评师或教练的帮助下，你会更高效和无偏差地弄清楚优势的形成过程和方向。专业测评工具有盖洛普优势识别器、MBTI 和霍兰德等。

特别推荐，通过盖洛普优势识别器测评出结果后，再对应参阅《现在，发现你的职业优势》一书中对以下 4 类优势主题的详细解读，这更加有助于个体在清楚自身优势后去有效地发挥这些优势。

①奋斗纬度才干：解释一个人"为什么"的问题，包括成就、行动、适应、信仰、纪律、专注、排难、自信、追求。

②交往纬度才干：解释一个人"谁"的问题，包括沟通、体谅、和谐、包容、个别、交往、责任。

③思维纬度才干：解释一个人"怎样"的问题，包括分析、统筹、关联、回顾、

审慎、公平、前瞻、理念、搜集、思维、学习、战略。

④影响纬度才干：解释一个人"对待别人"的问题，包括统率、竞争、伯乐、完美、积极、取悦。

在清楚自身优势后，创新人才便可在顺应趋势的大方向中投入更多精力，在自己擅长并喜欢的业务创新场景中发挥优势，这是实现个人成长与组织增长完美结合的最佳方式。

2. 顺应趋势

其次，创新是经济与社会活动双重作用的结果，创新必须与市场紧密相连，以市场为导向。因此，创新者除了需要认清自己外，还需要主动探索未知，持续关注"窗外"的趋势变化。当我们的创新是基于内在优势和外部趋势的高度契合时，我们的创新才更加卓有成效。

对于个人成长来说，预测未来的趋势洞察十分重要，这意味着远超他人抢占市场先机。

看似这种能力对个人来说遥不可及，实际上也没有那么难以培养。趋势的本质是一种"已经发生"的未来，它往往会体现在人们的一些行为变化中，并会通过一些数据反映某种趋势的形成。我们要做的是保持对这些群体行为产生的数据变化的敏感和有效分析。

介绍一种洞察趋势的单一要素法，这个概念最早出现在英特尔创始人安迪·格鲁夫的《只有偏执狂才能生存》一书中。他在书中提出了战略转折点（也称为战略拐点）的概念，并指出绝大多数的战略转折点都是由一个 10 倍速变化的因素导致的。这个时候整体环境还没有发生变化，它是一种机会窗口和一种趋势到来的前瞻性数据提醒。很多时候一个组织的成功不是赢在起点，而是赢在转折点。这个转折点的判断标准就是发现某一个单一要素发生 10 倍速变化，可以重点关注以下六类单一要素的十倍速变化。

①竞争的 10 倍速变化；

②技术的 10 倍速变化；

③用户的 10 倍速变化；

④供应商的 10 倍速变化；

⑤互补企业的 10 倍速变化；

⑥营运规则的 10 倍速变化。

比如 2011 年，张一鸣发现智能手机的出货量比前 3 年的总和还多，移动互联网发生了 10 倍速变化，他坚定地做了今日头条，迅速抢占移动互联网风口。再如王兴 2010 年成立美团，在 2012 年看到移动互联网的 10 倍速变化，用所有的钱购买了移动互联网流量，坚定地转向移动互联网。

3. 使命驱动

最后，创新者需要回归本源——我（或我们组织）的使命是什么？只有聚焦正向的、有意义的使命价值，这样的创新才是最愉悦和最笃定的内驱型创新。基于使命驱动的 π 型创新，是实现我们所说的"创新向善""科技向善"，而非只重视短期财务指标增长的创新。

使命的意义，在于阐明了一个组织或个体的根本性质与存在理由。它是让你愿意抛弃一切而坚持做的那项事业。

你可以使用下面的"快乐与不快乐对比法"，尝试探寻自己的使命驱动之源。

找一个时间，静下心来，先照照镜子，看看镜子里的自己。慢慢回想一下自己从小到大那些好的和不好的回忆，把自己以往人生的重大事件快速地过一遍。

在 A4 纸上把你感到快乐和不快乐的事一一写下来，一边写快乐的事，一边写不快乐的事。

写完之后，仔细回味这两种味道，找到快乐的事里最本质、最核心的点，也对不快乐的事进行同样的思考。将对你来说最本质快乐的事作为一条准则，与生活中的其它事情进行对比，就能形成一个基本的判断方式，反之亦然。通过这样的方法，你会渐渐发现如何掌控生活和工作的方向了。

最后，我们可以通过自问自己对于什么事感到快乐，并且这些事与外界的需求有交集，来找到自己最愿意长期从事的事情。

使命，不是简单的任务，更不是一种野心，而是一个组织或个体在帮助他人过程中实现自身价值的一种长期笃定感。

如埃隆·马斯克在大学时，就开始思考并问自己："自己人生的使命是什么？这个世界最迫切需要的是什么？整个人类文明只是浩瀚宇宙星空中的微弱烛光而已，如何让人类文明绵延下去？"

通过一系列的问题和思考，他最终决定：把拯救人类作为自己的人生使命，同时帮助人类移居火星。这个伟大的使命本身就具有极大的精神力场，赋予了马斯克强大的创新力量和决心。他通过特斯拉推动汽车行业向可持续能源转型，创办推动太空探索发展的 SpaceX，以及进行人机接口和人脑接口等大量创新动作都指向这个使命。马斯克正是最典型的 π 型创新人才的代表。

π 型创新具有更快、更高、更远的特性，这是因为通过 π 型创新人才发挥优势的创新大大提升了成长加速度，顺应趋势的创新极大地拓展了成长空间，而使命驱动型创新则更具持续成长性，三者的高度契合是实现个体成长与组织增进两者之间关系的关键。

纵观一些创新者或创新组织，为什么有些如萤火一样，辉煌一时便销声匿迹，而有些却能保持持续创新并连续创业成功？仔细研究后发现，持续创新的案例往往都是符合 π 型创新三大核心要素高度契合特征的。可以说，许多伟大的创新，就是成功破解 π 型创新方程式的过程。

创新坚果 & 章节练习

练习 1　尝试综合应用本节提供的四种方法识别自身的优势，以及使用对比法探寻自己的人生使命。

练习 2　尝试用 π 型创新三要素的标准，去解读那些你认为的伟大创新企业家或创新者成功和优秀的原因。

 ## 1.2　打造 π 型创新人才的创新赋能

时代在改变，所需人才的能力在改变，组织的管理模式也应随之改变。组织需要重新审视目前的管理模式，打破传统管理模式存在的阻碍新时代人才发展的壁垒。

过往组织的管控模式是一种更适合稳定环境的模式，虽然具有成本和效率可控的优点，但组织僵化和反应缓慢的缺点也严重制约着组织的生存和发展。

当下，"90 后""00 后"等新时代的职场人群崛起，他们更加强调自我发展，而不是对组织的忠诚。成就感与自我价值的实现才是他们执行工作任务时重要的驱动力，这个时候他们需要的不再是管控和激励，而是赋能。

相对于管控模式，赋能模式确实存在相对混乱和失控的缺点，但它更具能适应环境突变和探索创新的优点。因此，赋能模式更适合应用在不确定的 RUPT 时代。

所谓"十年树木，百年树人"，实则揭示了培养人才的不易，需要有长久之计。成功打造 π 型创新人才需要组织有效地规划和实施创新赋能体系：既要有（由外而内影响因素）营造创新生态环境的组织赋能，也要有（由内而外影响因素）提升个体创新能量和创新能力的自我赋能。

1.2.1 营造创新人才的良好生态环境

参天大树的成长，离不开良好的自然生态环境。创新人才的成长，同样离不开良好的组织生态环境。

要想让独特的创新人才群体更好地在独特的环境中生存，并适应组织环境的变化，以实现人才成长与组织增长的良性共生，就需要组织完成向创新赋能型组织的转型。

而加速向创新赋能型组织转型的关键，需要从创新机制、创新资源、创新氛围三个方面进行规划和实施，真正解决好人才发展所需要的良好创新生态三要素——"土壤""水分""阳光"。

1. 肥沃培养创新人才的"土壤"——完善创新机制

是指为有利于激发人才的创新能量，建立和完善更多元化、有效的创新保障激励机制的组织行为。

包括：①建立完善金钱、实物和荣誉等更加多元形式的激励方式；②建立内部创新 PK 与协同创新的多导向激励机制；③建立完善创新过程和创新结果各阶段的及时激励机制；④建立和推动多层面、多部门、多形式的持续改善型创新以及重大突破性创新的分类激励机制等。

需要注意的是，组织建立的创新机制无法做到一劳永逸，因为创新的场景和形式在不断变化，相应的创新激励办法也应持续更新和创新。在保障按创新成果奖励创新的基础上，更需关注对创新人才自我成长和创新兴趣的需求激发。如近几年许多组织在创新管理中非常有效地引入了游戏化积分管理机制。

2. 补充培养创新人才的"水分"——提供创新资源

是指为消除人才因创新能力和各类资源不足的后顾之忧，引入系统的方法及提供创新必需的信息及硬件资源服务的组织行为。

包括：①向外部标杆和成功经验学习，引入更加系统、有效的创新流程、方法和工具等，如引入组织战略层面的创新方法或工具，以及产品、技术、采购、生产、营销、人力资源、信息技术、流程管理和项目管理等各专业领域运营层面的创新方法或工具；②向各级人才提供创新所需的信息资源与服务，让创新团队保持信息的有效对称，如不少组织近几年都非常重视并加大投入的 KM（知识管理）系统以及创新项目协同管理机制；③持续打造有利于激发各类人才产生更多创意的硬件空间，如设计开放交流的办公空间、展示员工创意的空间墙、特定员工放松休息的创意区、方便团队共创会议室等；④将权力及责任下放给人才，让他们可以自主明确增长目标与创新路径，使其能够更为灵活地应对环境变化，激发自我成长和创新的自驱力。如一些组织在对新业务团队的创新赋能过程中，有效地应用 OKR 战略目标管理工具。

3. 散发培养创新人才的"阳光"——营造创新氛围

是指为有效减少人才在组织中的创新阻力以及提升组织上下创新的整体协同力量，积极营造创新文化氛围的组织行为。

包括：①把创新上升到组织战略的高度，领导层重视并带头创新，积极主导并参与公司有关创新战略的共创制定与上下共识工作；②倡导敢于创新、宽容失败的创新学习型组织文化；③树立并宣传为组织提出创新建议和创造重大创新贡献的各类创新人才标杆；④建立组织战略型创新人才和战术型创新人才的识别标准和发展规划。

彼得·德鲁克在《创新与企业家精神》一书中总结过一句话："检验创新的标准永远是：它为用户做了什么？"创新赋能型组织可以以此作为引导所有员工检验创新方向的有效标准，也可以作为检验创新赋能型组织转型导向的标准——组织为创新人才发展做了什么？

1.2.2　成为 π 型创新人才的自我赋能

创新可以视为一种学科，可以被学习，并且能被实际地运用。

——彼得·德鲁克

除了组织赋能的创新生态环境营造因素外，职场新人或专业人才要想实现跨越式成长成为 π 型创新人才，也离不开对自身创新能量和创新能力的全面自我赋能。这二者对创新者的成长来说，是相辅相成、缺一不可的。只有创新能力，没有创新能量，如同无根之木，难以持续长久地创新；只有创新能量，没有创新能力，如同空转的马达，容易浪费创新资源。

1. 保持充足创新能量的"凡事有三"法

要想创新，故步自封和习惯不变是行不通的。当个体习惯不变或恐惧改变时，往往就意味着创新能量的不足。

但创新难在保持开放和拥抱变化的心态。当个体保持开放和积极改变时，就意味着拥有充足的创新能量。

我们经常会用是否具备创新思维来快速判断一个人是否为创新型人才。而判断一个人是否具备创新思维并提升一个人的创新思维，一切的基础都在于培养其开放的心态。

保持开放，并不是指在穿衣或与人交流方面不拘小节的随便，而是指在思想上的开放。这就需要我们主动拥抱变化，积极接触和吸收更多的新事物、新想法、新观点，因为每一项新的创新都是与现有思想、能力、技能、资源等要素进行的新旧再组合。

对任何组织、任何人来说，长期从事同一种工作容易使人的思想、思维方式和技能固化。为了打破这种固化，我们需要通过多种方式输入新的知识、信息、想法和思维方式。这些新的元素将使我们能够从不同的角度审视原有事物，并因此产生更深入的价值洞察和更有效的创新策略。

彼得·德鲁克分享过自己保持知识和思维更新的方法——3 个月与 3 年学习法，即每年设定一个新主题，用 3 个月集中火力学习，而且这个新主题要新到他以前几乎闻所未闻，敬而远之，甚至有一点抵触。同时，再拟订一个为期 3 年的计划，与 3 个月主题并行，这样基本每隔三四年就能学一门全新领域的知识。

正是因为德鲁克 60 年来坚持践行这套方法，才积累出渊博的知识。这种有计划的多元领域的学习，让他从已熟悉的既有领域向外迈进。不仅有助于他理解原本所不知道的信息，也让他从新领域的视角更好地理解和重新构建已有的认知架构，形成在过程与方法论上，或前提与假设上的更具多样性的普适价值。

创新型人才需要让自己保持开放和适应变化成为一种常态，有效防止大多数组织的"不变环境"造成的人才思想固化和患上"恐变症"（恐惧改变或拒绝改变）。借鉴德鲁克保持自我更新的方法，组织中创新型人才可以通过践行"凡事有三"的方法，让自己始终保持充足的创新能量。

"凡事有三"法实际上是德鲁克 3 个月与 3 年学习法的一种敏捷版，即每年制定并践行三件大事，每个月制定并践行三件小事，小事与大事又有支撑关联性。

其中每月小事可以是生活中的一些新尝试，如看一部新电影、听一首新风格的歌曲、换一种没有尝试过的发型或服装风格、尝试一下不同的生活节奏（如从开车上下班切换成坐地铁或乘公交车上下班）、结识一群新圈子的朋友等。也可以是工作中的新尝试，如从新视角看待一直从事的工作或解决的问题、尝试用一种新的方法或工具解决旧有问题、尝试更深度地了解上下游部门的工作流程和相互协同的关系、尝试以用户的身份体验一下自己企业的产品和服务等。

而一年的三件大事可以包括生活中一项新的兴趣、爱好或技能，以及工作中相关新领域更深层的学习与思考，如营销知识、财务知识、人力资源、IT 或流程管理等。

同时，每个月的三件小事需要与一年中的三件大事有所关联。而且"凡事有三"的践行方式最好包括读书、讲座、交流、实践以及分享式的向外输出等更多元化的形式。

如我在 2023 年春节一个月"凡事有三"计划中的三个人生首次主动改变和感悟。

（1）剃光头：人生第一次剃光头，我感悟到"真的少就是多"，少的是头发和低价值社交，多的是更加专注的书籍写作时间。

（2）学手鼓：第一次学一种乐器——手鼓，挑战了自己原来的没有才艺细胞的隐含假设。我发现原来节奏感如此重要，好的节奏感能创造好心情，好心情是可以由节奏控制出来的。创新、人生成长和组织增长也都需要掌控节奏感。

（3）广场舞：终于挑战成功和一群陌生人在深圳莲花山下跳了一小时广场舞，我发现果然是"弹性人生，长久之道"。正如老子老师启发老子的哲理故事：舌头要长久于牙齿，柔能克刚。人和组织长寿的一个秘诀，就是需要保持提升各个组织关节的灵活柔韧性。

以上月度三件主动改变的小事，都和我 2023 年"凡事有三"计划中的"出版创新书籍"这件大事有所关联。

为什么是凡事有"三"呢？因为一、二太少，四、五又多。如自然界的水有三种状态，三是一个改变临界值的神奇数字。创新者践行"凡事有三"法的长期价值在于保持好奇心，更加适应变化，并在适应每次变化的过程中获得新的洞察和策略，为原有事物创造更多的可能性。

2. π 型创新人才的三项核心能力

我在 2019 年接受深圳市成长型企业（当时还被称为深圳市中小型企业）最佳雇主奖组委会的邀请成为评审专家，组委会了解到我有着多年深圳市市长质量（卓越绩效）奖企业评审的经验，希望我和另两位核心专家一起进一步完善和优化当时已经实施了 6 年的评选标准。当时的最佳雇主奖评选标准中有关创新的条款和细则几乎可以忽略不计，从评审标准上看，明显无法支撑作为中国最具创新代表城市的深圳，对众多优秀参评企业在组织创新和创新人才发展维度方面的有效鉴别。

经过对卓越绩效评审标准、国内外各类最佳雇主评审标准以及国内外知名创新实践专家的著作进行研究学习和借鉴，我撰写了深圳市成长型企业最佳雇主奖中创新发展维度评审标准的条款和细则。这个过程对我梳理组织创新和创新人才发展的系统理论框架的价值极大。然而，在按照这些标准对众多企业进行评审后，我经常在评审互动环节中被问到一个新问题："我们发现在创新维度仍有较大的提升空间，该如何有效地识别和培养组织中最需要的创新型人才呢？"

带着这个越来越需要解决的新问题，我继续尝试寻找解决方案。在参阅了一些国内外有关创新人才的能力模型，并与部分企业的创新实践者交流这些已有的能力模型后，大家都感觉动辄七八种以上的能力维度过于复杂，也难以有效精准地识别和聚焦培养发展。

这个问题困扰了我三个多月，是朋友推荐的一部元宇宙题材电影让我豁然开朗，并为这个问题找到了最佳的答案。

现在我经常会推荐身边的职场朋友，特别是希望提升创新力的朋友，去观看《头号玩家》这部电影，我的三大推荐理由如下。

（1）电影的背景及价值主张值得观看

电影的背景是玉米作物大减和网络大堵塞之后，大多数人已经选择放弃解决问题，只要能活得久一点，也就麻木得无所谓生活品质了。唯一能让人们感到一些希望和快乐的，是哈利迪和莫罗创办的社交游戏公司在2025年推出的虚拟游戏"绿洲"，这款游戏让人们在虚拟中重新开始享受生活。

但令人遗憾的是，"绿洲"创始人哈利迪在2040年去世，并将自己的亿万元身家全部留给寻获游戏里隐藏彩蛋的玩家，史上规模最大的寻宝探险就此展开。

电影主角及其伙伴们在面临逆境时，选择不甘现状，开始了和强大的竞争对手斗智斗勇的冒险游戏。

我们现实生活中面临的环境：一方面，能源危机和气候危机造成国际关系更加错综复杂；另一方面，随着5G、区块链等基础设施的完善、智能终端的普及，以及虚拟现实、增强现实、扩展现实、云计算及数字孪生等技术的成熟，"元宇宙"时代离我们越来越近，或者说我们现已生活在"元宇宙"的雏形中。

"甘于现实？还是征战未来？"这部极具正能量的电影，值得所有于逆境中探寻未来机遇的人观看。

（2）电影本身就是多种元素组合的极佳创新作品

《头号玩家》向我们展现了一部电影是可以通过找彩蛋的游戏方式来玩着看的。这是一部能给予观众很多会心一笑的电影，有太多经典的彩蛋密布隐藏其中，供影迷们不断地挖掘和品味。

据统计，《头号玩家》中共有 138 个彩蛋。这些彩蛋大多来自众多经典动漫和游戏文化，也有许多 20 世纪 80 年代的流行文化元素，其中最广为人知的莫过于《闪灵》《鬼娃回魂》《金刚》《哥斯拉》《侏罗纪公园》《真人快打》和《机动战士高达》等彩蛋。所以，这部电影本身就是一部令影迷津津乐道的，多种元素组合的成功创新作品。

（3）电影主要情节中蕴含了对创新者所需核心能力的启示

电影的主要情节是围绕冒险探寻 3 把通关钥匙展开的，这 3 把钥匙分别是黄金钥匙、翡翠钥匙、水晶钥匙，其中蕴含了 3 个人生哲理，更对应和揭示了 π 型创新人才应具备的 3 项核心能力。

黄金钥匙：在众人只知道勇往直前，横冲直撞之际，唯有主角帕西法尔经过思考和分析，选择朝反方向退一步，从而躲过凶猛的恐龙、残暴的金刚，畅通无阻地抵达终点，夺取黄金钥匙。主角本关的通关关键在于其远超他人的洞察力，这也正是所有希望成为创新型人才的人最应该首先提升的创新核心能力之一。

翡翠钥匙：哈利迪在爱情来临之际却退缩了，没有抓住爱情的他将遗憾写进游戏里，等待一个可以抓住机会的人——阿尔忒弥斯，是她看穿《闪灵》的幌子，压制住对僵尸的恐惧，与基拉共舞，弥补哈利迪的遗憾，最终获得翡翠钥匙。本关的通关关键在于主角与伙伴在智力和力量方面的紧密配合，实现了不可能的共创力，创新者也应该如此。提升个体与团队有效的共创力，是形成更多创新策略的最佳方式。

水晶钥匙：在 IOI 公司的人员只知道闯关获取游戏胜利的时候，主角帕西法尔明白了游戏重要的不仅仅是结果，还是体验的过程。本关的通关关键在于只有主角感悟到游戏真正的价值并不是赢，而是游戏体验本身。创新者也一样，保持实验精神才是创新的真谛，创新成果只是坚持创新的行动后水到渠成的结果。

我们可以从这部电影主角及其伙伴拿到 3 把通关钥匙的主要剧情中得到启发，总结出每个希望成为创新"头号玩家"的 π 型创新人才都可以通过提升创新洞察力、创新共创力、创新行动力这 3 项核心能力，打造适应时代的职场竞争力。

当今社会对创新的定义可谓五花八门，而来自世界上践行沙盒创新最成功的国家以色列的一家全球知名创新服务机构 SIT（Systematic Inventive Thinking，系统创新思维）给出的定义是创新应同时满足"新颖的""有价值的""可行的"这 3 个要素。

沙盒创新，又称盒内创新，是指在原有条件的基础上，不改变外部环境，从内部寻求突破。这套创新方法论提倡有限制才有创新，不去试图改变盒子本身，而是从"盒子里面"的系统着手，聚焦于这个系统中到底有哪些已有的资源，是否可以充分挖掘其新的价值。今天被普及到全世界的滴灌技术，就是很好的例证。以色列人之所以会发明滴灌技术，是因为太缺水了，他们必须让每一滴水都发挥出最大的作用。他们在灌溉设备上用足了高科技，比如智能监控、防堵塞药剂、充气系统、回收循环系统等，生生把水的利用率从传统的 15% 提高到 95% 以上。

这里总结出 3 项创新核心能力模型，提升创新洞察力对应满足创新的"有价值的"要素、提升创新共创力对应满足创新的"新颖的"要素、提升创新行动力则对应满足创新的"可行的"要素。因此，从逻辑上看提升三项创新核心能力可以非常好的支撑和落地组织对创新的真实期望。

能力被放在具体场景中解决实际难题时才成为真正的能力。从能力转化为成果的逻辑关联还需在具体场景中验证。

有一次，我看到上初中的儿子在教亲戚家不足 8 岁的孩子玩一个三阶金字塔魔方，他总结还原魔方的方法就三步：第一步，观察现有魔方块同色角块（立方体的四个顶角块）分别在哪里；第二步，双手和眼睛配合，快速运用最简单、最基本的三种还原相同颜色角块的转动方法；第三步，尝试对棱块进行走出去、请进来的替换还原转动，直到还原所有魔方块。还原魔方过程的三个关键步骤就是观察、配合和转动。

都说魔方是最具创造力的玩具之一，不同于我过往使用固定公式还原魔方的非创新方法，儿子自己总结的简洁、实用的三步还原法显然更具创造力，让不足 8 岁的孩子只用了不到 45 分钟就成功地还原了三阶金字塔魔方，激发了孩子敢于继续挑战更复杂魔方的探索精神。这也验证了个体在创新洞察力、创新共创力和创新行动力这三项能力得到训练提升后，就完全能满足创新所需最少核心能力的模型的有效性了。

因此，不管是组织打造 π 型创新人才，还是个体成长为 π 型创新人才，都需要把创新定义三要素作为检验指标，在破解 π 型创新 ATM 模型公式的探索过程中，把提升三项核心能力作为创新之旅的通关钥匙。

创新坚果 & 章节练习

练习　为有效防止思想固化和恐变症，请尝试制订一年三大和一月三小的"凡事有三"计划，并鼓励身边的伙伴一起践行。

第 2 章　创新洞察力：
发现潜在机会点，学好这 4 种方法就够了！

花半秒钟看透本质的人，和花一辈子都看不清的人，注定拥有截然不同的命运。

——电影《教父》

一个人洞察力的高低决定其事业的分水岭。提升洞察力，很多时候能让一个人把握更多商业机会或人生机遇，如同拥有化腐朽为神奇的"点石成金"之术。

简单来说，洞察力是指透过现象看清事物本质的能力。这里的"事物"应该包含客观的系统要素和主观的人性心理两大类。

而 π 型创新人才的第一项核心能力就是通过创新洞察力提升捕捉信号的能力和深度分析后识别创新机会点的能力。

德鲁克在《创新与企业家精神》一书中强调创新的原则："创新既是理性的又是感性的……创新要做的事情就是走出去多看，多问，多听。这种做法值得被再三强调。成功的创新者左右大脑并用，他们既观察数字，又观察人的行为。"

通过拆解组织中众多识别创新机遇的优秀案例，我发现成功创新的洞察方法可以分为两类：感性的右脑方法和理性的左脑方法。这也应和了商业顾问刘润老师在《商业洞察力30讲》里提到的，"不抽象，就无法深入思考；不还原，就看不到本来面目"的感性的"抽象"法和理性的"还原"法，这正是提升创新者洞察力不可或缺的两类有效方法。

在这里，按定性"抽象"的对象不同，可分为"事"和"人"，还可细分为"探索本质"法和"洞察用户"法；按定量"还原"的方式不同，可分为由"点"到"体"还原构建系统的"升维思考"法和由"体"到"点"还原要素结构的"拆解要素"法。如果没有这些底层思维的构建，创新者就迟早会遭遇无新可创的困境。

这就是创新洞察力的两类四法，因此创新洞察力就不仅仅是概念，而是通过使用对应的方法、工具，变为可学习、可通过训练提升的能力项了。

这样，拿到通往"创新游戏"的通关钥匙就变得可操作了。

理性烧脑，感性走心。想快速知道你的洞察力之源是左脑思维还是右脑思维吗？可通过附录中的测试工具1进行测试并查看解析。

接下来我们可以开始学习创新洞察力的两类四法之路了。

2.1　探索本质：探索是创新的"孪生兄弟"

知道自己无知是智慧的开端。

——爱因斯坦

做任何事，如果我们没有把握住最关键的本质，那往往辛辛苦苦却徒劳无功。但如何拥有探索本质的能力呢？

我们都知道爱因斯坦是一位卓越的科学家，他在相对论和量子力学领域的突破为人类提供了深刻的洞察力。然而，爱因斯坦始终保持谦逊，他曾说过："知道自己无知是智慧的开端。"他认为在某些领域或问题上，人类知识的边界是有限的，我们应该意识到我们自身的无知，并持开放的态度去学习和探索。

这里的无知，不是指愚蠢地无知，而是有意识地无知，是知道自己不知道的无知。有意识的无知比知识更重要，这是个非常重要的道理。

生物学家斯图尔特·法尔斯坦在哥伦比亚大学开设了一门叫作"无知"的课程，并根据课程内容出版了一本小书——《无知：它怎样驱动科学》。

无论是爱因斯坦，还是斯图尔特，强调"无知"对管理者及科学进步的价值，都揭示着同样的逻辑："因为无知，才有好奇；因为好奇，才会提问；因为提问，引发探索；因为探索，才能创新。"

仔细思考，我们可以发现探索本质的目的，即探索创新。可以说探索就是创新的"孪生兄弟"。而探索与创新具有共同的基因——保持无知，它们很多相似的行为就是好奇提问。因此，提升探索本质的能力，就需要我们以无知为原动力，以好奇为驱动力，以提问为核心力。我们可以把这三者称为探索本质的三要素。

基于探索本质的三要素，有 3 种常见、有效的探索本质的方法：提问法、定义法和破界法。

2.1.1　提问：3 种问题，敲开创新大门的绝佳提问

提出一个问题，往往比解决一个问题更重要。

——爱因斯坦

大多数工作不超过 10 年的人普遍还能保持爱学习的习惯，这些人按不同的学习思维方式可以分为两类。

（1）海绵式思维学习者

初步接触这类人，你往往能感觉到他们爱学习的高能量：认真听、认真记，甚至认真点头。但进一步观察就会发现，别人说什么他们就听什么，别人说风就听风，别人说雨就听雨，就像海绵吸水一样吸收知识，在这个过程中，他们更多的是完全接收，而没有主动对内容进行分类、过滤及提纯。

（2）淘金式思维学习者

淘金式思维学习者学习时会有自己的选择，关键是能带着问题去听或观察，通过对问题的澄清和过滤获得一些重要的信息，能如沙中淘金一样在众多信息中发现价值点或机会点。

淘金式思维学习者的核心能力就是能主动、正确地提问。正确的发问，就如有一双能发现金子所埋藏地方的"神奇之手"。所以说，正确提问术就是一种点石成金术。而这类人的学习方式也正是提升创新洞察力的最好方式。

无论在工作还是生活中，想要准确洞察事物的本质，就必须先拥有"提问"的能力。一个好的问题，本身就是一种稀缺的创新生产力。

发现一个好问题，很多时候就能创造一款新产品，开创一个新事业，甚至一个新行业。特别是以淘金式思维提出的以下 3 种绝佳问题，往往最能轻松地敲开创新机会的大门。

1. 发现性问题——影响人类进步的绝佳问题

人类最高级的智慧就是向自己或向别人提问。

——苏格拉底

相信许多人都听过对人类历史产生重大影响的三个苹果的故事。

第一个苹果，诱惑了夏娃，造就了人类；
第二个苹果，惊醒了牛顿，造就了万有引力；
第三个苹果，被乔布斯咬了一口，造就了移动智能。

深度思考一下，我们会发现真正关键的不是那三个"苹果"。应该说，影响人类进步的往往是发现性问题！

那什么是发现性问题呢？就是指发现新"问题"的问题。这里的"问题"正是影响人类进步的众多创新之源。

牛顿因为好奇"为什么苹果会落到地上"，进而发现万有引力。

瓦特因为好奇"为什么水烧开了会把壶盖顶起来"，后来发明了蒸汽机，推动了工业时代的加速前行。

乔布斯因为好奇"为什么手机只能打电话"，从而创造了 iPhone，推动了移动智能时代的到来。

提出这种发现性问题看似容易，实际却是最困难的。说容易，在于提问能力原本就像呼吸一样，是上天馈赠给每个人的一种先天能力，儿童从会说话开始就具有这种能力；说困难，则是因为我们成长中知识、经验、能力的提升，反而成为我们提出发现性问题的最大阻碍。

研究发现，许多难以提出发现性问题的人表现出以下两种"病症"。

（1）"提问恐惧症"：认为提太多问题会暴露自己什么都不懂的怕丢脸心理。

这种病症的"覆盖率"还是很广的，在很多场景中，我们不太愿意提问题，是因为担心自己提出的问题会让其他人误认为我们低能或无知。

除了需要组织营造敢于发言的良好环境和敢于提问的氛围外，我们还可以通过以下 3 个自问问题觉察并消除这种"症状"。

"提这个问题我能得到什么？"

"提这个问题我会失去什么？"

"失去的东西与得到的东西相比，哪些对我更重要？"

我们可以经常自问以上 3 个问题，提高对"提问恐惧症"的免疫能力。在创新工作坊中，我会倡导创新小组成员，要想创新，先从提出发现性问题的成功三要素——"坚持""做小白""坚持做小白"做起。为鼓励大家提出高质量的问题，我还设置了绝佳问题高手的专项"小白奖"。

尽管每个人具有"提问"的基因，但是许多人慢慢地抛弃了提问的习惯，而另一些人则坚持提问。那些不再提问的人更容易陷入自我设限，无法突破平庸；而那些勇于质疑已知局限，以"小白"的心态提问的人常常能获得创新的机遇，从而能卓尔不凡。

（2）"习以为常症"：感觉周边的事或人一切都很正常，甚至不正常也认为是正常的大脑"懒"动症。

人类创新的本质，就是为了解决生存过程中遇到的问题。不过我们又发现，一旦人类的生存状态不太严峻的时候，大多数人会选择安逸地保持现状。"习以为常症"，会导致人们发现问题的能力大幅下降，识别出的创新机会也因此大幅减少。

我发现一种对抗"习以为常症"最好的"抗体"：一天至少进行两次正常中找"反常"或"异常"的训练。我形象地称它为用"反常牙刷"的两次刷牙行为，即在做事前或做事中，要保持思考：我现在要做或正在做的事是否存在正常中的"反常"；以及做完事后，回顾一下，刚做完的事是否有"反常"。

正常情况下的"反常"或"异常"，背后要么隐藏着问题，要么蕴藏着机会！

举一个我给客户做咨询时应用"反常牙刷"发现隐藏的问题和蕴藏的机会的事例。

案例：项目报价评审的困扰

我和一家设备生产企业的老板沟通项目安排时，被业务副总打断。他请老板参加一个项目报价评审。1个多小时后老板回来继续和我沟通项目报价，我和老板开始了如下的对话。

我："这种项目报价评审每次大概需要多长时间？每次都要你参加吗？"

老板："每次基本都要1个多小时，甚至两三个小时。基本上到一定金额的项目每次都会让我参加。"

我立刻询问："为什么一定要这么长时间？时间主要花在哪里？为什么评审阶段就需要你参加，而不是只需要你审批成本核算清楚后的结果？"

老板回答："项目定价这个事还是很复杂的，利润项目还好说，但有些项目如果是我们要建立标杆行业的客户项目就不能考虑太高的利润了。对于长期客户的新订单新需求，也不知道报价标准。还有一些项目毛利低，但业务长期没单，就想着能接就接，会找一些理由强调未来合作的价值。哎，就是因为太复杂，所以评审时需要让我参加。"

我听完后，继续引导："哦，可以理解。那是否可以把这几种情况进行分类，建立定价标准，这样你就可以只做符合标准报价的审批呢？"

基于上面和老板的沟通，我们共同发现了问题背后的机会点，在反常问题引导下，最后老板和业务团队研讨建立了一个项目类型划分标准表（见表2-1），进而提高了未来项目报价决策效率。

表 2-1　项目类型划分标准

项目类型划分标准		明星项目	标准项目	鸡肋项目	战略项目
定性标准	1. 项目利润类别 2. 项目风险类别 3. 项目未来价值	1. 高利润项目； 2. 较高利润且低风险项目； 3. 未来行业性复购需求量大的客户项目	1. 在合理利润区间项目； 2. 风险较低项目； 3. 已存在行业性复购（已做过 2 个或以上类似项目）	1. 低利润项目； 2. 公司确定不亏损前提下增长营业额的项目； 3. 公司确定的淡季或空闲期培养人才导向项目	1. 公司决策层明确的战略级行业标杆新项目； 2. 公司决策层明确的战略级研发期新项目； 3. 公司战略级客户的新需求的研发期项目
定量标准	1. 合同额范围	合同额 ≥ 200万元	不限	≤ 300 万元	≤ 300 万元
	2. 付款条件	30%＋30%＋30%＋10%	50%＋40%＋10%	50%＋30%＋20%	验收款＋质保款
	3. 未来 1 年订单范围	≥ 200 万元	≥ 300 万元	不确定或 ≤ 100万元	≥ 500 万元
定价范围	毛利范围	略	略	略	略

典型的发现性问题可以这样提问。

（1）为什么（一定）要……？

或许不少人知道奈飞（Netflix）公司，是因为看过它推出的风靡一时的美剧《纸牌屋》。有一次，奈飞公司的创始人租了一部电影 DVD，因为忘记如期归还而不得不交纳了高额的滞纳金。当"为什么一定要扣滞纳金"的问题被提出后，便有了后来奈飞开创的"订阅付费"的业务模式：奈飞让用户按月或者按年付费，没有滞纳金，在线预订自己想看的任何电影，然后奈飞邮寄 DVD 到家。

（2）为什么不能……？

宝丽来公司最早由美国物理学家艾尔文·兰德（Edwin Land）于 1937 年创立。有一天兰德博士的女儿在拍照时，感叹为什么不能立刻看到拍下的影像。就是这句话，让兰德博士下定决心要发明一款能立刻呈现出影像的机器和相纸，这才有了后来的即时成像相机"拍立得"的诞生。

（3）这是真的吗？总是真的吗？有没有例外？

对"客户非常在意产品品质"这一观点，提出"这是真的吗？总是真的吗？有没有例外？"后，一家口罩生产厂发现：并非总是这样的。对于非耐用品来说，客户更在意产品的价格。因此，该口罩生产厂经过测试，研发了一款用轻薄弹性织带替代质量很好的弹性涤纶或氨纶线绳的口罩耳挂绳，这种耳挂绳的质量只能支撑佩戴 4～8 小时，摘取 2～4 次后就会松垮而不再适合继续使用。这一改变较大地降低了口罩的部件成本，更重要的是正好满足了专家倡导的，口罩使用时间最好不超 4 小时、最多不超过 8 小时的建议。

什么时候适合问发现性问题？

一切时间都适合，应该将提出发现性问题作为一种日常习惯。

创新坚果 & 章节练习

练习 1　思考你是否也会遇到下面日常生活、工作中的小问题。

（1）着急用胶带，却找不到头，急死人了，怎么办？

（2）坐在办公室空调下的人被空调风吹的时间长了身体难受，怎么办？

（3）水是生命之源，人一天需要喝 2000 ml 左右的水，但总会忘记，怎么办？

（4）红绿色盲的朋友难以识别红绿灯，开车和过马路有危险，怎么办？

（5）如果你倒过油漆，就知道倒完油漆后，产生的油漆滴滴拉拉的困扰，怎么办？

练习 2　请尝试在办公室、家里、商场、游乐场、交通行程等场景中，发现存在的至少 3 个问题。

练习 3　尝试对"习以为常"的一个观点或认知，用质疑三连问："这是真的吗？总是真的吗？有没有例外？"找到一个"例外"情况，并思考如何将"例外"转化为创新机会点。

---

2. 溯源性问题——别在镜子上擦脸上的黑点了

记得在一部电影里看到一个情节：主角一早起床刷牙时，看到洗手间的镜子上有一个黑点。他费了半天劲儿地擦镜子，累得气喘吁吁，最后才发现，镜子上的黑点原来是自己脸上的脏东西。

看似有些搞笑的情节，但在生活和工作中，"头痛医头，脚痛医脚"式解决问题的事却在天天发生。

有的人喜欢一听到哪里出问题了，就马上扑上去解决问题。事后也没有想着找时间好好分析问题的源头，并从源头上解决问题。甚至，他很享受能体现自己"解决问题的价值"的这种繁忙。我们称他为"救火队员"。如果他还喜欢带着整个团队用这样的工作方式解决问题，那他就是被晋升了的"救火队长"。看似紧急突发的问题最终也被解决了，殊不知这些问题的解决往往是由大量的团队人工成本和资源的重复消耗换来的。

要想摆脱这种困境，根治救火式管理方式，关键就是要停下"擦镜子上的黑点"的行为，花点时间提出溯源性问题并思考困境的源头是什么，然后再从源头上解决问题。

溯源性问题，是指打破砂锅问到底，一路穷追猛打，不追到根因不罢休的一种方法。

最常用的溯源性问题是使用时连续追问 5 个"Why"，因此溯源性问题又被称为 5Why 追问法（以下简称"5Why 法"）。

20 世纪 80 年代，美国政府发现华盛顿的杰斐逊纪念堂墙面受腐蚀损坏严重，于是请专家来调查。下面是顾问专家与大厦管理人员的一段问答对话，也是一个经典的 5Why 法应用案例。

Why：为什么墙面破损严重？

答：因为经常用带有腐蚀性的清洗液进行清洗。

Why：为什么经常用带有腐蚀性的清洗液进行清洗？

答：因为墙面有大量的鸟粪。

Why：为什么墙面有大量的鸟粪？

答：因为周围聚集了大量的鸟。

Why：为什么周围聚集了大量的鸟？

答：因为这里有很多它们喜欢吃的蜘蛛。

Why：为什么这里会有很多蜘蛛？

答：蜘蛛爱在这里安巢，因为墙上有大量的它们爱吃的飞虫。

Why：为什么有这么多飞虫？

答：因为飞虫被纪念馆里的灯光吸引。

于是，关上窗帘，杰斐逊纪念堂的问题就这么轻松解决了。大厦墙面至今完好无损。

5Why 法是提升创新洞察力，探索本质的基础和重要方法之一。

我在给企业做绩效改进和创新增长项目辅导时，发现课题小组成员都在使用

5Why 法，他们自认为自己早就听过或学习过这种方法，但应了那句话："一学就会，一用就错。"很多企业的学员在使用时不是陷入 5Why 死循环，就是没有达到探寻问题根因的效果。

有一次，我给某企业的一个小组辅导提升生产线产品品质课题时，听到他们组员应用 5Why 法的问答对话如下。

Why：为什么出现批量品质问题？

答：因为是新人的原因。

Why：为什么是新人就会出现批量品质问题？

答：是因为没有进行培训就上岗。

Why：为什么没有培训就安排上岗？

答：生产负荷大，交期紧，作业人数不够。

Why：为什么作业人数不够？

答：因为现场离职率高。

Why：为什么现场离职率高？

答：因为待遇低。

这看似是一个应用 5Why 法探寻根因的案例，但从最后的结果看，他们并没能找到问题的根因或要因，最终也就难以形成有效的解决方案。

基于过往 5 年中部分企业项目学习的应用统计，发现有 80% 的人自称使用了 5Why 法，但其中有 50% 的人使用效果不佳或失败。

我经过多年总结发现，只要坚持 5Why 法应用四项基本原则，就能将有效率或成功率提高到 80% 以上。

（1）追问事不对人的原则

首先，我们要清楚 5Why 法的本质，是通过提问还原一个清晰的因果关系链的过程。因此，在应用 5Why 法时要注意，追问的是造成问题的事物的逻辑因果关系，切忌不要以寻找谁是具体的问题责任人为追问导向。否则应用 5Why 法的对话就可能变形为"警察与嫌疑人"的对话，回答人会把大量的注意力放在"如何证明这件事没我的责任"的辩解式回答上。

坚持追问事不对人的原则，一方面，提问者要注意往事物的客观原因方向引导追问；另一方面，回答者要尽量排除人的主观因素，思考客观因素。

如上例中第 1 个 Why 的回答后，提问者可以引导问："除了'新人'的原因以

外，造成这个结果的客观事物原因是什么？"这样回答者就可能回答如"其中 11%
是不符合外观标准的产品，8% 是原材料不合规的产品"等答案。

坚持追问事不对人的原则，才能真正探索问题的本质，形成有效的解决方案。
虽然我们知道很多问题从表象上看都是人造成的，但从人的方向解决往往是极高投
入却极低成效的。

有一家主打海南椰子鸡的餐饮连锁企业，服务员经常被客户投诉服务态度
不好。我们来对比看一下没有坚持追问事不对人原则和坚持追问事不对人原则的
5Why 法应用的差距吧。

失败的 5Why 法对话如下。

Why：为什么出现月均客户投诉量增加的情况？

答：因为客户对服务员的服务不满意。

Why：为什么客户对服务员的服务不满意？

答：因为客户呼唤服务员经常很长时间得不到回应。

Why：为什么客户呼唤服务员经常很长时间得不到回应？

答：因为服务员的服务意识不强。

Why：为什么服务员的服务意识不强？

答：因为服务员的态度有问题。

Why：为什么服务员的态度有问题？

答：因为待遇低。

成功的 5Why 法对话如下。

Why：为什么出现月均客户投诉量增加的情况？

答：因为客户对服务员的服务不满意。

Why：为什么客户对服务员的服务不满意？

答：因为客户呼唤服务员经常很长时间得不到回应。

Why：为什么客户呼唤服务员经常很长时间得不到回应？

答：因为各桌客户经常多次呼唤服务员帮忙看鸡肉是否可以吃了，占用服务员
大量的时间。

Why：为什么客户要这样多次呼唤服务员？

答：因为时间太短鸡肉不熟会闹肚子，而时间太长鸡肉就不美味爽口了，客户
无法掌握最佳火候，所以需要服务员多次帮忙查看。

Why：为什么客户无法掌握最佳火候？

答：因为客户没有最佳火候的时间标准。

现在，几乎在所有海南椰子鸡餐饮店里，每张桌子都配有一个计时神器——"沙漏"。这个神器也被许多其他餐饮店借鉴应用了。但究其本源，则是探寻当时海南椰子鸡店服务员经常被投诉的痛点问题，正确应用追问事不对人原则的一个案例成果。

大家是否发现，很多起初看似复杂的难题，最后的解决方法却都如"四两拨千金"一样简单。

成年人用指甲也扣不开的铁门，小孩子旋转一下门把手就能轻松打开。我想，选择正确的工具并正确地使用，就是创造简单却神奇的成果的关键吧。

（2）论据能够支撑的原则

回答者需要特别注意这项原则。应用 5Why 法的问题必定属于复杂性问题，那么回答者切忌随便和过快地回答每一个 Why。必须有真实、准确的事实、信息或数据等论据的支撑，才能保证 5Why 法的有效性。

案例：碳排放？不能小瞧的牛屁！

二氧化碳、甲烷、氧化亚氮、氟氯碳化物、水蒸气等温室气体，吸收太阳辐射，造成了地球温度升高，导致碳排放增多、全球变暖、各种极端气候频发。因此，碳排放、碳达标已经是全人类刻不容缓要解决的世界级难题了。

在诸多的碳排放源中，哪个排放的碳最多呢？很多人会认为是工业排放。

答案居然是畜牧业！

联合国粮农组织在公布的《牲畜的巨大阴影：环境问题与选择》中指出，联合国粮农组织在研究了其他牲畜，如羊、鸡、猪等造成的环境污染程度之后发现，全球超过 10 亿头牛排放的废气，是导致全球变暖的最主要的元凶之一。全球各地的奶牛每年会产生超过 1.5 亿吨的甲烷。

可真不能小瞧牛排放的废气，即牛屁的碳排放威力。有一次，德国中部城镇拉斯多夫的一个牧场，90 头奶牛集体放屁、打嗝，结果牛圈内甲烷聚集，导致农舍爆炸、奶牛受伤。

因此，如果要应对温室效应，牛屁的碳排放问题将是一个迟早要面对的坎儿。甚至，比尔·盖茨也特别关注牛屁问题，他曾多次为此撰写文章，称假如全球养殖的牛组成一个国家，它们将在所有国家的碳排放中名列第 3，仅次于中国、美国，比世界上所有使用燃油的交通工具的碳排放总和还高。

一家名为 CH_4 Global 的澳大利亚公司认为，如果要富有创造力地解决这个问题，所谓碳从屁来，屁从口入，如果能够通过改善牛的饮食结构，减少牛屁中的温室气体含量，那不失为一种可行的解决方案。

基于对牛排放废气的思考，世界快餐连锁品牌"汉堡王"于 2020 年年初，宣布了一项通过在饲料中添加柠檬草来改善奶牛饮食的方案，该公司负责人表示，饮食结构的变化将使奶牛每天的甲烷排放量减少 33%。

5Why 法是一个"发现真问题，找到根本解"的有力方法。

有效的方式是，提问者可以追加问题："你刚才的回答是否有相应的调研数据或分析等论据支撑？"如有必要，提问者可以多给一些时间，让回答者思考或准备论据后再回答。在得到回答者相应的论据支撑后，提问者再继续追问下一个 Why 才更有效。

我在辅导多家企业的绩效改进项目时，都遇到过类似"为什么近期同比员工的离职率这么高"这样的问题。

大多数人很快回答："员工感觉工资待遇低。"（这些回答都是在公司高层不在现场情况下听到的）

这个时候，我建议提问者追加一个问题："'员工感觉工资低而离职'这个原因是否有按部门和按入职时间统计的数据支撑？"

根据对人力资源提供的真实数据的分析，我们可以发现以下两种情况：首先，通过对部门高离职率数据的统计，我们发现高离职率主要出现在某一或两个领导分管的部门。其次，通过对入职时间的统计，我们发现高离职率主要出现在试用期员工中。

有以上数据的支撑，就很容易发现，高离职率真正的主因并非是员工感觉工资低了，而是某些部门领导的管理风格过于简单粗暴，以及公司没有良好的试用期管理。

正确应用 5Why 法的论据能够支撑的原则，也正是当下很多企业提出的要从经验管理向数据管理转变的要求。

我给许多 2B（面向企业客户营销）类企业做辅导时经常会遇到同类问题，许多项目因交付验收不合格而造成公司大量应收账款居高不下，甚至最后成为呆坏账。

案例：回款难题，轮岗后才发现真因

有一家设备制造企业一到面对项目回款问题的时候，公司的销售总监和技术总监就会吵架，销售总监对技术总监发火，说其产品做得太差，客户不验收；技术总监对销售总监发火，说其为了达成销售对客户过度承诺，对产品的性能夸大其词，导致技术无法实现。这样的事情发生多了，导致两个部门之间天天火药味十足。为了更加客观地发现问题的根本原因，企业的老总在顾问的建议下让两个总监半年内每个月相互轮岗两周，销售总监去负责技术部门的管理，而技术总监去负责销售部门的管理，并且要求不能影响各自新部门的工作业绩目标的达成。销售总监到技术总监岗位后，需要领导技术部门达成技术研发的目标；技术总监到销售总监岗位后，必须完成销售部该半年的业绩目标。

经过半年的轮岗，销售总监熟知了技术知识，对产品和技术有了更加深刻的理解，而技术总监也理解了销售部门的不容易。当两个人再次回到自己的岗位的时候，销售总监能够从技术的角度真实客观地看待各项问题，能够和技术人员一起更好地理解客户的需求以及技术实现的方法；而技术总监也能和销售人员一起从客户的真实需求出发进行数据调研，进而做出解决客户痛点的技术研发调整。轮岗半年之后，客户的满意度大幅提升，公司的回款难题得到良好解决的同时，业绩也增加了很多。

案例解析：

稻盛和夫先生曾说过：工作现场有神灵！正是有了轮岗的安排，才让两个部门的总监有机会走出去，从原来的位置交换到对方的位置。相互更深度地了解了客户和技术，拓宽了各自对整体业务流程的视角，进而共同客观地发现了真问题并找到了根本解。

（3）聚焦主线追问的原则

我们提问的现象问题往往是复杂的，不太可能有标准的、唯一的答案。或许很多人是被如"华盛顿杰斐逊纪念堂的 5Why 对话"的展示案例误导了，认为标准的 5Why 问答对话应该就是那样一条因果逻辑线。实际上，那样的案例只是经过删减原因分支后的简化问答对话的成果版。

在真实应用 5Why 法时，我们提问的任何问题都会有若干个原因。所以，对每一个问题的原因，我们都要进行科学分解式的追问，这是保障 5Why 法有效性的一大关键。

因此，提问者在等回答者回答后，可以补充追问"除了你刚才回答的原因，还有呢？还有呢？……"这样，每一步问题都可以追问出 3 个以上的原因。实战中，可以是 1 个提问者对多个作为回答者的问题知情人。

提问者在获得 3 个以上的原因后，需要抓住那个最重要的原因分支往下问。提问者可以用配套的问题问回答者们："以上回答，如果选择一个最主要的原因，是哪一个？"

另外，为保证聚焦主线追问这一原则，还需要提问者引导回答者回答 3 个原因时，要符合两个子原则。

子原则一："各自独立原则"，即几个原因不能有重合或包含的关系。具体应用时，建议提问者可以借鉴如下结构化的引导提问。

a. 从制造上分析，为什么会发生？

b. 从检验上分析，之前为什么没有发现？

c. 从体系或流程上分析，为什么没能从系统上预防？

当然这样的结构化提问，也会限制回答者进行充分可能的思考，从而遗漏重大原因。所以，这种 5Why 法的进阶版，一般不建议新手使用。如果使用，则需要提问者提前准备现象问题的结构化原因分类框架，或直接使用较成熟的框架。

被称为绩效改进之父的吉尔伯特提出了 BEM（行为工程模型），总结发现影响绩效的因素分类及权重如下。

环境因素【技控】（75%）：数据、信息和反馈（35%），资源、流程和工具（26%），后果、激励和奖励（14%）。

个体因素【人控】（25%）：知识技能（11%），天赋潜能（8%），态度动机（6%）。

大量的国际、国内各类企业绩效改进项目案例证明，BEM 是一个分析绩效不良因素的非常有效的结构化原因分类框架。结合 5Why 法使用，对探寻企业绩效不良问题的根因有很好的效果。

子原则二：要符合"接近穷尽原则"，即造成上述现象问题的 3 个原因回答总和应占比 80%～100%。如果造成现象问题的 3 个原因回答总和占比低于 50%，那么立刻追问下去得到的回答很难是我们希望探寻的要因和根因，应该先回到"轨道"上探求是否有遗漏的重大的原因后才能继续向下追问。

最后，还需强调一点，为保证子原则二，提问者在提出第一个现象问题时不要犯一种低级错误：提问需要分两条线回答的问题。例如，为什么孩子会玩手机上瘾，而不专注学业？这实际上就是一个存在两条线的问题。进行拆分后，选择其中最希望探索本质的一个问题进行追问。

（4）结果回溯验证的原则

在具体使用 5Why 法时，学员经常会提出这样的问题："是否一定要坚持问完 5 个 Why？"

实际上，5Why 法并非一定要问全 5 个 Why，可以灵活处理，问 Why 的数量取决于对话双方认为是否找到了现象问题的要因或根因，即是否追溯到了问题的源头。

那么，对话双方如何能清楚地判断是否找到了现象问题的要因或根因呢？

这就要介绍一下使用 5Why 法的最后一条注意原则：结果回溯验证。即由下至上，用每一步回答验证该原因是否确实是要因或根因。

我们还是用华盛顿杰斐逊纪念堂的案例来看一下。

是不是灯光带来的飞虫？是的。

是不是飞虫带来蜘蛛在这安巢？是的。

是不是蜘蛛吸引鸟在周围聚集？是的。

鸟多了是不是鸟粪就多？是的。

鸟粪多了，迫使我们用这个带有腐蚀性的清洗液清洗，造成墙面破损。

可以看到，这个问题的逻辑链被打通了，证明我们挖掘的原因还是强有力的。以上就是结果回溯验证的具体操作。

最后，我们可以提出完整验证 5Why 法有效性的一个问题："有效地解决最后一步的原因答案后，是否能完全或极大地解决最初的问题？"如果答案是肯定的，那么就证明刚才 5Why 法的问答对话是有效或成功的。

如果做到以上四项原则，相信未来我们应用 5Why 法这一利器来厘清问题的逻辑链，就能势如破竹了。

通过 5Why 法探索问题的根因，通常是一个比较花时间的过程，但当见到根因，再以极小的投入有效地解决问题时——只是"拉上窗帘"和"配上一个沙漏"，所有参与者都会很享受发现"原来世界如此简单"的成就感。

同时，德鲁克在《卓有成效的管理者》中指出管理者的有效性在于"做正确的事情，把事情做正确"。这里，"正确地做事"强调的是效率，其结果是让我们更快地朝目标迈进；"做正确的事"强调的则是效能，其结果是确保我们的工作是在坚实地朝着自己的目标迈进。换句话说，效率重视的是做一件工作的最好方法，效能则重视时间的最佳利用——这包括做或是不做某一项工作。

如果说升维法（见2.3节中升维思考）是确保我们在"做正确的事"，那么5Why法就是保障我们能够"把事情做正确"。因此，每一个创新者都应该投入精力，从勤以练习这些有效方法开始创新者的卓越之路。

什么时候适合问"溯源性问题"？当总是不能根本解决的问题反复出现的时候。

除了连续问5个Why外，典型的溯源性问题可以这样提问。

（1）出现这个问题/结果的根本原因是什么呢？

（2）是什么原因导致了现在这样的结果呢？

创新坚果 & 章节练习

练习1　交通不畅也是一个世界级难题，请尝试用3～5个形成原因的分类，对这个难题构建结构化原因进行分类。

练习2　某公司的新产品销量不好，我们探寻销量不好的原因，下面是使用5Why法的问答对话。

第1个Why：为什么公司的产品销量不好？

答：因为购买我们的产品的客户数量少。

第2个Why：为什么购买我们的产品的客户数量少呢？

答：因为很少有客户知道我们的产品。

第3个Why：为什么知道我们的产品的客户数量少呢？

答：因为我们在市场营销推广方面做的工作不够。

第4个Why：为什么我们不在市场营销推广方面多做一些工作呢？

答：因为我们在市场营销方面的预算不够、人力不足。

第5个Why：为什么我们在市场营销方面的预算不够、人力不足呢？

答：因为一开始没有想到我们需要在营销方面投入太多，以为是个简单的事情。

请用5Why法的注意四项原则，检查上面的对话可能存在哪些会造成探寻的原因并非要因和根因的问题？如何改进能让5Why法的追问更有效？

---

3. 假设性问题——跳出"事实泥沼地"的绝佳问题

用脚走不通的路，用头可以走得通。

——彼得·德鲁克

假设性问题是人类独有的，也是人类的一种高阶思维。"人类具有设想不存在世界的能力，正是这一能力将我们与类人猿祖先以及地球上的其他生物区分开来。

其他生物能看到'是什么'，而人类的这种天赋能让我们'看'到'假如……则可能是什么'的非事实"。

假设性问题的思考对象是可能世界，它基于事实，但又不限于事实。它无法被观察，也可能无法通过实验被验证。因此，在英美学术界，假设性问题也被称为反事实思维。

那么，什么叫假设性问题呢？

假设性问题，是通过提问有目的地让对方在想象中扮演另一种角色、处于不同的时间、情境或价值观中，引导对方从更多的视角进行思考，激发其用想象去生发可能的观点和洞察。

假设性问题是最具创意特征的一种提问方式，它充满了趣味性、创造性以及各种可能性。有时候它充满了各种回忆，有时候它充满了未来世界的梦幻，有时候它又可能充满了如《绿野仙踪》一般的场景想象。

但需要强调的是，假设性问题并非不切实际和无意义的幻想，它可以产生非常实际的价值和作用，如激发人的灵活性、反省能力以及改善过去行为的创新洞察力。

案例：德鲁克与韦尔奇的关键对话

杰克·韦尔奇在上任 GE（通用电气）董事长前，曾向彼得·德鲁克求教企业成长的难题。

德鲁克没有给出任何直接的建议，而是问他："假设你是投资人，你会想要收购通用电气的哪些业务？"

经过思考，韦尔奇感到醍醐灌顶，他决定努力让通用电气的每一项业务都成为业界领先者。

于是，一个至今仍被人称道的管理思想诞生了："只做第一或第二，否则就砍掉。"

就好像给一个健康的人做减脂手术一样，杰克·韦尔奇正式上任后，在公司整体经营数据良好的情况下，他疯狂裁员，员工人数由最高时的 41 万人裁减到 23 万人，裁员率高达 40%。

韦尔奇始终践行"数一数二战略"，在其长达 20 年的任期内，通用电气的市值从 120 亿美元增长到 4100 亿美元。他也被称为"全球第一 CEO"。

案例解析：

实际上，这个案例存在一个隐藏较深的心理作用——禀赋效应。禀赋效应是指当个人一旦拥有某项物品，那么他对该项物品价值的评价要比未拥有之前大大提高。它是由 Richard Thaler 于 1980 年提出的。这一现象可以用行为金融学中的"损失厌恶"理论来解释，该理论认为，一定量的损失给人们带来的效用降低要多过相同的收益给人们带来的效用增加。当存在"禀赋效应"或"损失厌恶"时，最大的危害就是会导致一个人陷入已拥有事物的"沉没成本"越来越大的困境中难以脱身。正是伟大的德鲁克通过假设性问题，帮助杰克·韦尔奇成功地跳出很多人都容易陷入的"事实泥沼地"的思考困境。

因为假设性问题往往能快速打破我们的思维局限，所以它极具创新洞察的价值。但提出高质量的假设性问题并不容易。让我们先了解一下 4 种常见的相关假设性思维场景，相信会为创新者提出这类问题打开 4 个"假设思维入口"。

（1）不自觉的假设

这种假设又被称为"无意识的假设"。它是人们思考的必要过程，由于它没有足够的证据支持，经常被忽视。虽然这种假设能帮助我们快速地进行思考和推理，但会经常限制我们的深度思考和认知升级，进而导致我们不能有效地洞察和创新突破。

思考测评：摆放难题

给你 6 根火柴，在不折断火柴的情况下，将其摆出边长和火柴相等的 4 个等边三角形，如何摆放可以实现？

线下课堂中，很多人会在桌面上试着摆弄半天，觉得好像是不可能的，或者一些非常聪明的人已经摆出了多个等边三角形，如下图，中间的图有 8 个正三角形（6 个小的、2 个大的）、右边的图有 6 个正三角形（4 个小的、2 个大的），但是它们的边长却小于火柴的长度。

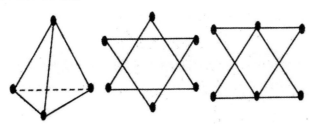

思考解析：

为什么大多数人都不能完成上面的任务？

这主要是因为的大多数人的内心被一个"不自觉的假设"禁锢了：6 根火柴只能在平面上摆放。如果有一个人能跳出平面空间的假设，那么所有人都能跟着他在三维空间内快速摆出一个完全符合思考题要求的立体正棱锥。

"不自觉的假设"常常来自我们所处的文化环境、风俗习惯、自身经验，因而我们深信它像真理般"必然"正确。由于我们已经"信以为真"，所以通常不会察觉到它的存在，更不会意识到，它可能并没有事实根据或推理证实，又或者已经是"过时"的正确存在。例如，吃药会苦、打针会痛、电风扇要有扇叶等。

● 案例：下雨天上下车收伞时的烦恼

雨伞在雨天给我们带来方便的同时，也给我们带来了不少麻烦。比如进屋后伞面上的雨水顺伞流下弄湿地板、湿伞面在外打湿衣服，甚至有人因为上下车收伞时，车门卡住了雨伞，被后面驶来的摩托车挂伤。

有人反思到常人认为雨伞就应该从上往下收的"不自觉的假设"，进而打破传统雨伞的设计理念，改变了雨伞伞巢与伞骨的设计，伞巢由两个上下滑动的元件控制，上下元件靠拢，伞骨就收伞；上下元件分开，伞骨就开伞。因此，现在市面上就能见到这种由下往上收合的反向雨伞。这种反向收合的方式，使收伞时雨水淋湿的一面被兜住了，彻底解决了传统雨伞带来的不便。

很多创新，特别是产品创新，关键就在于创新者首先反思到被多人忽视却又存在的"不自觉的假设"。例如，儿童体检的无痛采血技术（不自觉假设采血就要痛）、詹姆士·戴森首创的无风叶风扇（不自觉假设风扇就要有扇叶）、美的首创的免预热烤箱（不自觉假设烤箱就要预热）等。

通过反思"不自觉的假设"，调整假设就等于调整视角，意味着可获得新的观点、扩大视野、释放创意潜能。因此，反思"不自觉的假设"的价值在于大大拓宽了我们的思维。

而打开这个假设思维入口的绝佳问题可以是："我（或他们）的这个决定或一直的行为背后存在的'不自觉的假设'是什么？认识到这个隐藏假设后，我有什么新的思考呢？"

（2）待检验的假设

待检验的假设是一种有意识的假设，人们清楚地知道它只是一种处于证据不足情况下的想象或推测，其是否成立有待进一步证实。这就是我们经常说的"大胆假设，小心求证"研究方法里的假设；它很适合作为问题探讨的起始议题（出发点），引导人们做更有效的进一步的探索和验证。

当我们能对别人的论述或已有的"待检验的假设"去"大胆假设，小心求证"时，往往会开启一个创新。

案例：助推人类实现飞行的贡献者

人类很早就有飞行的梦想，但很多观察到会飞的鸟都长了翅膀，就急忙践行的人都成了并没有让我们记住名字的"先烈"。今天的小学生都知道鸟儿能飞起来并不是因为它有一双翅膀。鸟儿能飞行的关键在于它们能扇动翅膀，从而使空气的浮力大于身体的重力。

洞察鸟儿能飞行的本质，助推人类实现飞行梦想，离不开意大利科学家伽利略。是他通过耳熟能详的阿基米德发现的浮力定律，大胆假设："如果液体存在浮力，那么空气应该也存在浮力。如果一个物体的比重比空气轻，它就会浮升到空中去，就像轻于水的物体会浮在水面上一样。"

正是有了对气体具有浮力的大胆假设，这才有了 1783 年 6 月 4 日法国造纸商蒙哥尔费兄弟研制的热气球在昂纳内的首次升空。1903 年 12 月 17 日，莱特兄弟制造的第一架飞机"飞行者 1 号"在美国北卡莱纳州试飞成功。

可见，翅膀并没有让人类飞起来，而用"大胆假设，小心求证"才最终让人类"飞"了起来。

直接对"待检验的假设"的证实可作为创新机会点，对"待检验的假设"的证否也具有"减法"的创新价值。

案例：巴奴如何找到自己的定位？

提到巴奴，很多人会想到"毛肚火锅""产品主义""公开挑战海底捞"这些关键词。可以说，巴奴是火锅品类细分化打法的发起者和代表者，也是利用差异化战略突围的搅局者，因此它备受业界关注。

但曾经的巴奴也走过一段迷茫的弯路。

2008 年年底，巴奴制定了五年发展战略，进驻省会城市郑州，遇到巳经有了 7

年客户积累的火锅赛道中最强劲的竞争对手——海底捞。

巴奴作为后来者，不可避免地学习起了海底捞，巴奴在郑州开了3年，也学了3年海底捞，可越是一心想超越，就越是与海底捞相去甚远。按巴奴创始人杜中兵的话来说："我们也就差没提供擦鞋、修指甲这样的服务了。"

杜中兵一度有点儿灰心，"我们有信念，凡事努力，产品、味道都不在海底捞之下！但面对海底捞就像一只牛面对一头巨象的感觉"。

痛定思痛，杜中兵发现问题应该没有出在态度和能力上，或许是出在战略和方法上。他开始找朋友聊，找专家帮忙，进行了方方面面的研究论证，其中一个重要的动作就是做市场调研。

通过调研发现，当顾客被问到为什么来巴奴时，他们大都回答："你家的毛肚、菌汤好吃啊。"

一语惊醒梦中人。杜中兵又回想到，最初在安阳起家时，别人家的火锅店不收底料费，但巴奴收；毛肚也比人家贵很多，但也赢得了顾客的认可。这靠得是什么？靠的就是巴奴在原材料和产品品质上绝不妥协的态度。

通过此次调研，巴奴明确了自己的产品的核心竞争力，不再一味地学习海底捞的服务，而是开始砍菜单、聚焦毛肚，甚至把"巴奴火锅"改名为"巴奴毛肚火锅"。

案例解析：

曾经很多餐饮企业，特别是火锅企业都在努力学习海底捞，这背后实际上有一个待检验的假设："客户都是冲着好服务来消费的。"当通过倾听自己的忠实客户而证否了这个假定后，巴奴才理解"食客更在意的还是原材料和味道"。于是巴奴开始在服务上做减法，找到并回归了自己的品牌价值主张："服务不是巴奴的特色，毛肚和菌汤才是。"

而打开这个假设思维入口的绝佳问题可以是："存在什么'待验证的假设'？""经过'小心求证'证真或证否后，会获取哪些可能的创新机会点？"

（3）完成性的假设

假设人的右脑最擅长追求的是假设性目标（梦想），它具有一项重要用途：引导人们去探索未知事物，结合已知事物，看看是否能组合成一个可实现的计划，从而梦想成真。

人们常从现状往未来延伸，以各阶段的"完成性的假设"来要求左脑，强力支撑右脑对未来目标的想象（梦想）。因为左脑常常按部就班，习惯于先思考如何完成下一步，才会去想下下步。一旦我们假设下一步已经完成了，此时左脑就会投入到下下步。然后再假设下下步已经完成了，此时左脑就会投入到下下下步了。如此依序循环下去，在右脑的带领之下，左脑随之来到遥远的未来，去思考梦想成真之后的情境。以上内容基本上完整还原了我们复杂的全脑思考的过程。

通常，人们认为要先有好的创意，之后才能去设法实现。也有人认为创意大多是天马行空的想象而已，很难实现。然而"完成性的假设"就如同一个横穿创新行程的"直通隧道"。让我们把看似天马行空的构思逐步修正到有意义的境界，而且把创意视为起始假设，不会让我们一定等到有明确的解决方案后才开始思考其行动计划。

✿ 案例：能录制美食受热过程并分享的特酷烤箱

一次海尔找到设计公司洛可可做用户调查，有个用户提出了一个很无厘头的需求："能不能在烤箱里装个摄像头？"

再一追问，这个用户说："我在玩滑板的时候，会装一个运动相机，这样就能拍到运动过程中的精彩镜头了，以便分享到社交媒体上。同样地，假设能在烤箱里装个摄像头，拍下食材在烤箱里变化的整个过程，再分享到社交媒体上，那肯定也特别酷呀！"

后来，海尔真的推出了这样一款烤箱，内嵌一枚耐高温摄像头，可以清晰地拍下蛋液沸腾、蛋糕膨胀、颜色变化等烘焙细节。用户把这些视频上传到社交媒体上，不再和原来一样，只能放几张完成后的静态图片。摄像头的成本也不算高，就这样一个小改动，把烤箱从纯粹的家用电器变成了社交工具，这款烤箱也一下子大火。海尔也实现了提高用户黏性的设计目的。

思考"完成性的假设"最大的价值在于其大大激发了我们的创新动力。因为"完成性的假设"能让我们暂时跳过某一段未能验证的过程或"瓶颈"（因此我们也可以称其为"跳过卡点的假设"），先想象到最终结果的美好，以终为始再反推更多解决"瓶颈"的创新可能性。

而打开这个假设思维入口的绝佳问题可以是："假设我们实现了什么，会达成什么美好的结果？""假设我们已经完成了这一环节，后面的过程可以继续进展，并会达成什么结果呢？因此，我们该如何尝试更多的可能从而实现这一假设呢？"

（4）万一性的假设

"完成性的假设"是乐观的，意在激发人们脑海里"看到"非事实的能力，像爱迪生发明灯泡、莱特兄弟发明飞机等,都是先把所要发明的事物化为有形,从而激发乐观的信心和想象力。

而乐观与悲观是两个视角。"万一性的假设"是一种基于悲观的假设性思维,用来侦测事物在哪一个环节的失败,会导致前功尽弃,或产生不堪设想的灾难性后果。其中,值得注意的是,这种灾难性后果发生的概率往往非常小,可能远低于万分之一,常常被人们忽略,因此被称为"万一性的假设"。因为"万一性的假设"会产生不堪设想的灾难性后果,造成非常惨重的损失,所以会引导人们重新检视原来所忽略的环节。

例如,一个团队想开吉普车去荒山野岭进行多天的跋涉旅行,依据"完成性的假设",大家兴高采烈地想象美好的旅行,为了确保安全,就将车轮全部换新,降低爆胎的概率,这通称为"概率性思维"。接着,可做"万一性的假设"思考:"万一新轮胎也爆胎了,我们被困于荒山里,后果将会是灾难性的。"于是,引导大家想到应急预案,如携带备胎。

创新者不应专注于回避失败,因为失败是难以避免的。失败是极可能的事,能洞悉自己和对手的失败也是创新者的一种洞察视角,因为能够预见失败,才能放眼未来。对于创新者而言,失败的重要性不在于它发生的概率有多高,而在于一旦发生,其后果的灾难性有多大。即使失败的发生只有万分之一的可能性,但是如果它会带来极大的灾难,就必须特别关注。其常见的行为是,抓紧时间,为内部管理或外部客户思考"备胎"预案这一创新机会点。

在洞察用户需求时,对"万一性的假设"的思考往往是挖掘客户痛点的一大利器。它可以引导潜在客户在灾难或麻烦发生前准备替代性方案,以及遇到灾难或麻烦时的应急预案,并愿意为此采购相应的解决方案。

案例:"万一性的假设"成为宠物店的一大项收入

据数据统计,2022年"双十一",全网销售表现最好,逆势增长的就是宠物用品行业。中国宠物经济发展前景广阔,有望成为下一个千亿级市场。

不过真去了解一下宠物经济赛道中的线下宠物店店主就会知道,受到电商及新冠肺炎疫情等多方面的影响,线下宠物店的生意其实特别不好做。

但我认识的一个开宠物店的朋友只是做了个"万一性的假设",门店就新增了一大项利润来源。

不同于其他开宠物店的老板,他有一个深度洞察:"铲屎官们要照顾'主子'们的吃喝玩乐,看似最担心的是'主子'的身体健康,但实际上最担心的是'主子'走丢了。"

　　根据不完全统计，每年中国上报丢失的宠物不少于十几万只，而最终找回的不超过 30%。特别是对于散养宠物的用户，宠物一旦丢失，几乎就找不回来了。

　　为了找回精心养育的如亲人般的宠物，主人们都会许下重金，几百元或几千元是常态，一万元是道槛，若是有钱任性，赏金就不受限制了。

　　所以，这个朋友除了在店内售卖一些防宠物丢失的 GPS 项圈外，更是为到店服务的客户送上一张印有"宠物急救 + 宠物找回"服务热线电话的卡片。因为他积累了对猫和狗习性的研究，也拥有基于宠物丢失常见原因分析的探寻经验，并配备了一些专业生命探寻设备，所以他具备了 72 小时内高概率找回宠物的业务能力。宠物找回这项业务也让他收入颇丰。

　　因此，"万一性的假设"的价值在于：预见失败，预留弹性空间。它让人们在迷雾遍布的不确定原野中，能够沉着冷静，随时预防意外状况的出现。可能是陷阱，可能是惊喜偶遇，也可能是创新机会点。

　　而打开这个假设思维入口的绝佳问题可以是："未来这个假设万一发生，后果不堪设想或非常麻烦吗？ 如果会有灾难或麻烦，那么现在的决策和行动是否有助于逢凶化吉？为此我们准备了什么应急预案？ "

　　最后，让我们串联总结一下 4 种常见的假设思维在洞察创新机会点方面的价值。

　　第一，反思自己"不自觉的假设"，你才能离开"洞穴"，走向"原野"，调整视角来捕捉新机会。

　　第二，"原野"上充满机会，但也危险重重。你必须领悟机会与你的各种关系，然后把"待验证的假定"转化为"大胆假设"，寻找事实。求证为真则可以直接利用"先机"，若求证为否则可排除此因素后利用"减法"的价值。

　　第三，基于"大胆假设"，如果你敢做"完成性的假设"，就有能力联想到最后阶段的美好成果，激发你（和团队）的信心和创新笃定力。

　　第四，在信心满满之际，还要做"万一性的假设"。由于环境变化迅速，失败是可能的事；你必须洞悉可能导致失败的影响因子，避免灾难，就能捕捉更大的机会。因为能够预见失败，才能放眼未来。

　　在虚华复杂的科技、商业和生活中，要想化繁为简地创新，需要灵活的心智。那么可以先从训练和利用好这 4 类假设性思维开始，用直觉把形式与实际世界结合在一起，便能蕴育出你的瞬间洞察力。

　　典型的假设性问题还可以这样提问。

（1）假如你是客户，你对咱们的 ×× 产品 / 服务满意吗？

（2）假如我们不用目前的方法或方式解决这个难题会如何？

（3）假如项目再重来一次，我们会选择增加 / 减少 / 改变什么？

（4）假如 5 年后，再回头看你今天的这个决策，你仍会坚持这样做吗？

（5）假如你认为的这个关键困难解决了，目标真的就能实现吗？如果不能，要更多思考什么？

什么时候适合问"假设性问题"？

当自己或他人，陷入对现状事实存在的思维局限时，例如对事物、方法、手段、场景、资源等的思维局限时。

最后，敲开创新大门的绝佳好问题应该符合以下标准。

（1）一个好问题值得拥有 100 万种好答案。

（2）一个好问题能开启一个思考、产品、学科，甚至一项事业。

（3）一个好问题不能被立即回答，但在未来时间里可以一直被回答。

（4）一个好问题与能否一定得到正确答案无关。

（5）一个好问题出现时，你一听到这个问题就特别想回答，但在问题提出之前不知道自己对此很关心。

（6）一个好问题处于已知和未知的边缘，既不愚蠢也不显而易见。

（7）一个好问题创造了新的思维领域，它可以是科学技术、艺术、政治、商业领域中创新的种子。

（8）一个好问题能生成许多其他的好问题。

创新坚果 & 章节练习

练习 1　如何用一笔连续不间断的四条直线将九宫格中的九个点全部连接起来呢（见图 2-1）？

图 2-1　九点连线

相信很多人思考后都能完成这个任务，请思考起初不能完成这个任务是因为自己内心存在什么"不自觉的假设"？

如果再给你一项新挑战：如何用一笔连续不间断的一条直线将九宫格中的九个点全部连接起来呢？如果不能完成，就先思考一下自己内心存在什么"不自觉的假设"，然后再试一下。

练习2 基于生活或工作场景的一个现象，尝试用4类"假设思维入口"进行问题思考，发现潜在的创新机会点。

2.1.2 定义：引发深度创新的抽象之法

你定义问题的水平，决定了你解决问题的水平。

——爱因斯坦

定义法是指我们对于一种事物的本质特征属性或一个概念的内涵和外延做界定的思维方法。因为定义法的核心是需要用概念思维来界定事物的"属性"是什么，所以也可以称其为"概念思维法"或"属性法"。

由于概念定义反映的是事物的特有属性，而特有属性是从具体事物中抽象出来的，所以定义是抽象性的。而"不抽象，就无法深入思考"。因此，使用定义法的核心技巧是对事物的抽象概念化，具体使用时又可细分为两种情况：一种是回归或探究事物内涵的"概念本质"，发现创新机会；另一种则是对原有概念"重新定义"，动态发展创新机会。

1. 探究概念本质的定义法

让我们先看一个回归"概念本质"的定义法应用于组织激励创新的小案例。

案例："员工福利"的发放方式创新

很多公司在中秋节和端午节都会发放月饼和粽子作为员工福利。而有一些公司会采用新的做法：把同实物价值的礼品卡作为福利发给员工，而且是有效期比较长的，可以选择除月饼和粽子以外礼品的礼品卡。因为员工通常会倾向于使用公司给的福利，礼品卡不仅有效期长，也让员工拥有了选择权，员工从心理上会觉得公司这样的福利形式更好。

或许一些人会站在发放福利的公司的角度说发放礼品卡不如发放实物更能体现

关怀。我听到支持这种做法的员工发表意见："既然福利属于激励的一种形式，那么我不要公司以为，我只要我以为。"

案例解析：

先让我们回归定义本身，员工福利是指企业为了保留和激励员工，采用的非现金形式的报酬。我们可以看出这个概念属性中"激励"是定义的本质，而"激励"的形式和手段要服务于如何有效"激励"，这才是概念的核心。这样，我们就会发现"员工福利"的价值本质并非一定为实物价值，而是让员工感受到被重视和尊重的情感上的满意度价值，那么有选择权的礼品卡或许就比"雷打不动"的例行实物更符合福利的价值本质了。

概念本质的定义法是一种识别没有明显联系的事情之间内部联系的本质特征的能力。换句话说，就是面对不确定的现象时，它可以找到里面的关键要害，高屋建瓴，一针见血，一语道破。

概念本质的定义法之所以能提升我们的洞察力以及发现创新机会点，是因为其回归事物本质"属性"的概念思维方式，从更底层逻辑来定义和解读原有事物。

比如，我经常遇到企业在"是否选择进入一个新场景、新区域、新行业"这个问题上纠结不决，一些企业会在没有想清楚时就快速投入，直到产生不好的结果后才发现决策出现重大失误。

一个公司决定要不要进入一个新领域，进入什么新领域，最应该考虑的不是"这个市场有没有机会"，而是"我的核心能力能不能迁移过去"。

这个要不要抓"新机遇"的概念本质是"能力匹配"的问题：我们已有的能力是否能经过发展或整合而迁移应用到"新机遇"场景下为客户创造价值？

案例："公牛"闯入新能源，是创新还是跟风？

听到"插座大王"公牛入局新能源汽车的新闻，我起初怀疑这不靠谱，怎么谁都要来插一脚新能源汽车？不过，在了解了公牛抓"新机遇"的整体策略逻辑后，我觉得这是相当明智的增长战略。

公牛推出的产品，是新能源汽车的便携式充电枪。充电枪和插座，看起来好像是两个完全不同的东西，外观差别很大，但仔细思考，会发现二者有很多相同点。首先，它们的基本功能是一样的，都是做电源连接的。其次，电源连接产品的核心要求一是标准化，二是安全性。再次，目前便携式充电枪还处于起步阶段，市面上流通的很多便携式充电枪都是"三无"产品，安全隐患大，而且标准不统一。

而这正是公牛的强项：在电源连接的安全性上，公牛有足够的技术储备；在标准化上，公牛凭借现有的品牌和渠道优势，可以抢先一步，做充电枪的标准的制定者。公牛抓住这个机会入局充电枪赛道，从市场数据来看，在天猫和京东，公牛充电枪的销量一直稳居第一。

案例解析：

麦肯锡定义组织的"核心能力"是指某一组织内部一系列互补的技能和知识的结合，它具有使一项或多项业务达到竞争领域一流水平的能力。

不少企业盲目地实施资本驱动多元化扩张战略，结果大概率成为了失败的案例。而公牛踏入新能源领域却能取得不俗的成绩，这主要源于其决策层概念性的定义思维。公牛决策层能清楚识别自己的"核心能力基因"，并优先进入与其基因匹配并能发挥其优势的新领域。

探究概念本质的定义法适合在什么时候应用呢？当我们的决策存在重大分歧而难以确定时，当我们的思考或行业现有的做法长期停留在对事物表象的理解而无法创新突破时，就可尝试让思考回归到"概念本质"的定义上。

探究概念本质的定义法，可以通过下面的提问来具体应用。

（1）这个事情的定义或属性是什么？

（2）怎样理解这个事情概念背后的本质定义？

（3）这个事情到底是什么？而不是什么？

2. 重新定义概念的定义法

"概念"本身虽然是由历史沿袭下来的，但概念的内涵却一直在与时俱进。所以对已有"概念"进行重新定义是"定义法"的另一种常用方法。

每次想到"重新定义"这个词，我的脑海里首先浮现的就是阅读后启示颇多的《重新定义公司：谷歌是如何运营的》一书。谷歌从管理哲学的视角重新定义了公司的存在价值和核心目的就是"创新"。而谷歌深知未来企业的成功之道，是聚集一群聪明的创意精英，营造合适的氛围和支持环境，运用他们的创造力，快速感知客户的需求，愉快地提供相应的产品和服务。

实际上，"重新定义"这个词近年来可以说是太有魔力了。因为，突然间，好像所有的一切，都能被"重新定义"。无论是一件事物还是一个人，经过"重新定义"，就如同有了新生一般。"重新定义"如同创造万物之法。

案例：被重新定义的红灯

2022 年 8 月 24 日，湖南省长沙市交警交通设施大队连夜施工，将五一商圈周边，黄兴路步行街口往北至五一广场、西至湘江路口的六处路口信号灯的红灯改为"心形"。8 月 25 日零点，"爱心红灯"正式启动，迅速引爆了市民的朋友圈，大家纷纷为长沙交警的暖心创意点赞。

在这样有爱心的红灯下等待，整个人都觉得舒坦了，最起码减少了等红灯的焦躁感，许多司机表示，这样的红灯应该被推广，虽然说红灯有国际标准，就是个大圆盘，但其实心形的红灯也是可以的，和圆饼差不多。这样的爱心红灯，好看又好玩，就像斑马线上单独设置的人行横道和自行车过道一样，都是人性化的创意，值得推广。

案例点评：

虽然也有反对的声音说这样的做法有失交通安全的严谨性，但近几年上海、南京、济南、保定等城市都有同样的做法。这说明增加人性化的执法是一种趋势。从结果上看，这种重新定义遵守交通规则为一种"爱"的心形红灯，大大减少了大众闯红灯的危险行为，我想这就已经是价值创新了。

"重新定义法"的核心其实是用不同的方式来看待问题。其价值在于帮助创新者跳出思维框架，转换思维模式，从而能够另辟蹊径，发掘出不同的新产品、新服务、新场景、新市场、新渠道、新概念等。

罗振宇在跨年演讲时说过一个金句：所谓的创新，就是用新手段把旧东西重做一遍。得到 App 现在的商业创新逻辑，实际上就是用音频的方式，把人类的知识重新生产一遍。把以前在纸上呈现的知识，通过音频去传递。实际上就是"重新定义"了"学习"这一概念。

所以，基于"重新定义法"，琢磨一下你手头上的产品，或者市场上已经存在的产品，看看是否可以通过重新定义，让这个已有的产品具有不同的属性与边界内涵，从而自然形成一个新产品、新服务，甚至一个新行业。

案例：为什么"熊猫不走"能在传统的蛋糕市场杀出一片新天地？

这几年传统烘焙行业出了个黑马传奇品牌——"熊猫不走"蛋糕。甚至在坊间流传这样一句话：火锅看海底捞，蛋糕看熊猫。不管是不是有意炒作，但"熊猫不走"的确把传统烘焙行业中一直属于短板的客户体验做到了一定的高度。这是一个非常值得研究的创新案例。

"熊猫不走"在 2017 年 12 月 5 日诞生于国内二线城市广东惠州，只用了 4 个月就做到了区域行业第 1，复购率第 1。不到 3 年，就遍布全国 19 座城市，用户数突破 900 万。2020 年仍保持 15% 的月增长，人均购买次数达到每年 4.3 次，复购率达到 70% 以上。

"熊猫不走"成功的原因有很多，但能让它在传统蛋糕市场找到生态位，并杀出一片新天地的关键在于创始人杨振华对这个行业的深度洞察与思考："顾客买一个生日蛋糕是为了吃蛋糕吗？"

不是，他们其实是为了过生日。所以过去生日蛋糕把产品设计作为重点是错的：生日蛋糕重要的不是蛋糕，而是"生日"。生日蛋糕的本质是顾客过生日时的一个道具，他们需要给它点上蜡烛，吹蜡烛，许愿然后分蛋糕，拍照等。

正是基于杨振华对顾客需求的洞察力及重新定义的能力，"熊猫不走"开始把很多人都很重视的过生日的仪式感作为一种商业模式的创新。

虽然熊猫人为每个顾客服务的时间只有 2 分钟，但玩法众多，包括跳舞、魔术、朗诵情书、拉小提琴、抽奖、远程连线等，用几分钟的时间为过生日的伙伴创造了幸福的高光时刻。

这个环节迅速抓住了顾客对仪式感的需求，满足了人性中希望被重视、被尊重的特点。再加上中国人本身个性内敛，不善于表达，更使得这些创意玩法迅速走红。

用杨振华的话来说，这个环节让过生日的人开心，让送蛋糕的人有面子，让聚会有更热闹、更好的氛围。

案例解析：

一个有回归本质定义的好问题——"生日蛋糕的本质是什么？"，让"熊猫不走"重新定义了一个行业。其实许多成功的商业创新，往往是简单的。所谓的简单，往往在于探究本质背后的内容，从本质也就是客户深度需求上做创新。

重新定义的过程就是在创新，或正在打开创新机会的大门。这种方法往往拥有神奇的力量，它能将复杂的世界简约化，使我们可以把过去习得的经验和知识运用到新的情境之中，解决新的问题。

"重新定义法"适合在什么时候应用呢？当行业已经严重同质化，而外界宏观环境如技术、政策、消费观念等变化时，就可以使用。

另一种情况正好相反，就是当行业内产品或技术有太多样式、规格时，可以通过重新定义建立一个标准，从而提升在行业中的领导地位。

可能很多人不知道，那个胡子发白、身体微胖、身穿红色衣服的圣诞老人形象，是可口可乐重新定义的结果。而在此之前，圣诞老人有着各种各样的外形，他会穿红、白、绿、蓝、紫等各种颜色的衣服，高矮胖瘦不等。为了令圣诞老人更加符合可口可乐营销与传播的诉求，更加突出品牌在大众心目中"温馨欢乐"的印象，1931 年可口可乐公司聘请著名的广告插画师海顿·珊布重新定义了圣诞老人的外形。

在电子门锁界也有这样的案例。2010 年前后，亚瑟王研发了一款当时最先进的电子门锁，拥有双芯双电子系统，一把锁拥有两套锁芯，在安全性上碾压市场上的其他产品。但因生产成本太高，一把锁的售价高达 8600 元，产品的销量非常惨淡。经过市场调研发现，居家安全的需求是客观存在的，各种防盗门、防盗窗都卖得很火。只是，当时的电子门锁主要是用在酒店等场所，图的是刷卡开门的快捷方便，并没有和"居家安全"这个需求对接；另外，大家对居家安全的迫切感还不够强，没有到愿意花 8600 元的地步。如果能成功地唤起这两点，就有希望扩大市场。最后，团队对产品进行了重新定义，把产品名从"亚瑟王电子锁"改成了"亚瑟王智能防暴锁"，这等于是在原来的机械锁、电子锁之外，建立了一个"防暴锁"新品类，而且一听名字就知道产品主打安全、防抢防盗。加上后面亚瑟王联合电视台和媒体，搞了一场"百万美元开锁大赛"，征集全国各地的开锁高手来参赛。活动一举两得，既用事实为产品做了品质背书，也通过持续半年的大赛让产品广为人知。一方面教育了消费者，另一方面也吸引了经销商。结果当年就实现了 7000 万元的销售额，第二年的销售额突破 3 亿元，第三年的销售额突破 5 亿元，成为电子门锁行业的第一个爆款产品。

另一个案例是被称为饺子界老大的喜家德水饺。它们重新定义了传统饺子的形状，研制出了 9 厘米长的一字形水饺。这种特色的水饺形状有利于顾客用筷子夹起，并且每一个都是两口吃完，让顾客吃起来既方便又满意。也能让顾客看见饺子馅，就感知到喜家德用的馅料到底好不好，是什么颜色，什么比例，是否干净卫生。另外，这样的规格，也有利于工厂流线型生产，加快生产率的同时也降低了生产成本。

以上案例，正应和了企业经营管理圈流传的那句话：三流企业做产品，二流企业做品牌，一流企业做标准。

重新定义法，可以通过下面的提问来具体应用。

（1）原有事物的概念的引申意义是什么？引申后，是否可以重新定义？

（2）当新趋势、新技术、新消费观念出现时，原有事物的属性不变，如何重新定义它们？

（3）对行业内什么技术、样式规格进行重新定义，统一标准后，能为客户带来便利或价值？

定义法两种使用方法的不同之处在于，本质定义法具有识别创新机会深度的价值，而重新定义法具有识别创新机会高度的价值；相同之处是二者都属于对事物的抽象概念后的价值创新。

创新坚果 & 章节练习

练习 1　请基于本质定义思考，将下面左边的七种事物与右边的七种概念进行对应连线，并解读你为什么这样连线。

1. 剧本　　　　　全局
2. 剧本杀　　　　动线
3. 沙盘　　　　　还原
4. 桌游　　　　　推理
5. 密逃　　　　　演绎
6. 地图　　　　　解锁
7. 跑男　　　　　模拟

练习 2　思考一下你所在的企业或你个人到目前形成的核心能力是什么？这些核心能力的本质属性是什么？可以迁移应用于哪些新的领域、行业、市场或客户等？

2.1.3　破界：企业如何三步破局死海困境？

你所拥有的，往往会变成制约你的最大因素。

——李善友

🕷 故事：蜘蛛行为的不同启示

一只蜘蛛在断墙处结了网，把家安了下来，但是，它的生活并不安宁，因为它常常会遭受风雨的袭击。

又是这么一天，大雨来临，它的网又一次遭受了劫难。大雨刚过，这只蜘蛛向墙上支离破碎的网艰难地爬去。由于墙壁潮湿，它爬到一定的高度就会掉下来。它一次次地向上爬，一次次地又掉下来……

一直在里面避雨的三个人看到蜘蛛爬上去又掉下来的情景，开始讨论起来，他们的观点却大不一样。

第一个人觉得自己如蜘蛛，一直忙忙碌碌可结果却一无所有。于是，他继续沉迷于颓废之中，日渐消沉。

第二个人想到自己不能像蜘蛛那样愚蠢地一味苦干，要学会用头脑思考和寻找解决问题的捷径。他变得聪明起来。

第三个人则被小蜘蛛执着而顽强的精神震撼，认为有这样的精神就一定可以取得成功。他从此坚强无比。

这是我初中时在老师提供的作文素材中读到的小故事。大多数同学会认同第二个人或第三个人的启示并顺着他们的思考写作文。而如果从工作多年的成年人的视角思考这个作文素材，我们又会有什么新的启示呢？

我认为，第二个人和第三个人的启示都有不可取的地方。因为二者的启示最大的风险是没能从"道"的方向上改变"术"层面的能力。近几年我们经常看到如"N 种会被行业没落淘汰的人"这样的网文，确实是这样的，如果一个人在错误或没落的方向再提升技能和努力度，最终的结果仍可想而知。

或许蜘蛛这种物种本能如此。而作为当下组织或社会中的个体，首先就要想到物种虽然难以在短期内进化，但我们的思维和能力可以在短期内得到提升。

打破原有赖以生存但也束缚我们的"价值网络"，帮助我们实现思维进化的有效方法之一，就是"破界思维"。

破界思维，是指打破原有系统（或认知）边界，分析原有系统的前提假设，识别问题背后的问题，判断什么是更关键、更有价值的真问题，进而重构新系统的思维过程。

从定义可以看出，破界思维是在提问和定义两个子能力提升后的更强大的探索本质的综合应用能力。提问的能力、探寻隐含假设的能力和重新定义的能力是破界思维的三项基础能力。破界思维是一个具有完整闭环思维系统性的过程，涵盖了输入、过程和输出。身处系统之中，我们用常规的思维方式往往很难找到"隐含假设"的踪迹，只有通过下移思维深度和外延思维边界的方式，才能找到并打破束缚系统的隐含假设。

具体使用破界思维提升创新洞察力可以分为三个关键步骤。

1. "挖"问题本质

首先，挖出真问题是破界思维的基点。任何问题都在一定的系统内发生，每个系统都有边界。但不同系统的边界不同，这由我们对这个系统的主观认知决定。

可以应用提问法和定义法中的一些问题清单挖出真问题，或思考以下几个问题。

（1）我们要解决的问题是什么？

（2）这个问题为什么重要？

（3）是什么原因导致了这个问题？

（4）什么才是我们要解决的最本质的真问题？

我们来看一个经典的挖掘用户真问题的案例：

福特公司的创始人亨利·福特接到了一个任务：提高某大型货运公司的物流效率。

福特来到一线做实地调研，他找到几位师傅聊天。

其中一位师傅反映："我们这里的马太慢了，您能否给我们找一些品种优良、年轻力壮的马？"

其他师傅纷纷应声，表示同意："对，您看看能否帮我们找到跑得更快的马？"

"能否找到跑得更快的马"其实就是用户的"表象问题"，或者说是假问题。

我们看看福特是怎么做的。

福特先到运送货物的实地现场观察，他发现这些师傅在运货时，做的第一件事，就是去挑马槽中最好的马，甚至为了争一匹好马而大打出手。

福特就去问一位挑马的师傅："您为什么需要一匹最好的马？"

这位师傅答道："当然是为了更快地把货送到目的地，这样一来，一天可以多送好几单货了。"

福特马上接着师傅的答案反问道："所以，您要一匹更快的马的真正用意是用更短的时间、更快地把货运到目的地？"

显然，"如何用更短的时间、更快地把货运到目的地"才是用户的真问题。

就是因为这段经历，才有了后来福特的那句名言："如果你问用户想要什么，他们会说更快的马而不是汽车。"

2."破"思维边界

破界思维的难点和重点都在于"破"这一步，包含了"如何识破"和"怎么打破"现有"隐含假设"的系统边界。

第一，识破边界的问题思考有："我们要解决的真问题存在怎样的隐含假设？其存在什么样的认知边界？这样的隐含假设总是成立吗？有没有例外？除非……什么情况不成立？这样的假设存在什么样的局限限制我们的发展？"

大多数隐含假设的认知局限在组织内或大众心里以"就应该如此"和"就是这样"的认知存在，并形成了不可逾越的根深蒂固的边界墙。要想识破这类看不见的认知"边界墙"，就要敢于质疑群体性的共识和已有的群体信念。

举个例子：为什么乔布斯给人类带来了那么多颠覆性的创新？因为他就是一个善用破界思维的高手。

在《史蒂夫·乔布斯传》中有一段内容，乔布斯的"极简主义"向同事们提出了一个大胆的要求："做出一个不能有开关键的 iPod。"

而在此之前，业界的群体性共识是电子产品理应拥有开关功能，而且固定的流程就是"按下去→等待关机→再见"。正因为有了乔布斯从美学角度的质疑，开关的存在变得完全没必要。从而有了"如果一段时间不操作，苹果产品会自动进入休眠状态；当你触摸任意按键时，它又会自动'醒来'"的颠覆性创新。

再看一下原来的功能手机，不管是翻盖式还是直板式的传统手机，所有手机都自带固定键盘。乔布斯同样对手机就应该有键盘的群体性共识，发起了挑战。这才有了完全取代功能手机的键盘的苹果手机的触摸屏。苹果公司极大地延展了手机的边界，智能手机的时代也就此拉开帷幕。

乔布斯对此也十分自豪，多次在公开场合宣称："苹果重新发明了手机。"

现在大家会觉得用触摸屏替代键盘很简单，但回到当时的情境，在乔布斯做这件事情之前，诺基亚、摩托罗拉、爱立信、索尼等诸多手机制造商为什么就没有提出这个隐含假设呢？

第二，打破边界的问题思考是："比这类假设更深和更广的系统会是什么？"

也举个例子：John Deere 是美国最大的农用拖拉机制造商。

大众认为拖拉机就是造得越强劲越好，这样使用者的生产效率才会越高。

但是，John Deere 的 CTO 打破边界的问题思考后发现："用户买拖拉机，一是为了省力，二是为了多产粮食，进而多赚钱。如果我们帮农民分析数据，结合种子的情况、天气情况、期货市场的农作物价格，帮助农民做决策，教他们明年应该种什么。这种数据分析服务才是农民更需要的，而我们的业务边界也能得到更有价值的扩大。"

3．"立"新的系统

在打破原有系统思维边界的"隐含假设"后，就可以构建新的认知或商业系统。新的系统，务必要比原先的"隐含假设"基础更深、强度更大，这决定了新系统的边界是否能得以增大增强。

破界思维"不破不立"，往往创造的是颠覆性的创新。提升破界思维意味着创造颠覆性创新的机会，特别对于一些传统企业，利用好破界思维往往可以帮助组织走出增长萎靡的困境。

让我们从下面的案例中体会一下破界思维在颠覆性创新上的强大力量吧。

案例：传统企业如何三步破局死海困境？

办公文具行业似乎是一个在萎缩的传统行业，而且其萎缩好像还不是暂时的。因为有两大不可逆的趋势：一是老龄化带来学龄人口的减少；二是智能化办公的普及。

在这种趋势下，办公文具行业中的企业已经从原来高度竞争的红海，转变到更可怕的商业死海中了。

困境中，总是有企业不断地通过自我颠覆探寻第二曲线创新，让我们用破界三步法来拆解一下近几年得力的创新之路吧。

（1）"挖"问题本质

首先，得力根据行业整体业绩下滑的表象深度分析后发现，要解决的问题不是品牌营销、门店运营、原有系统产品的成本、便捷性等系统内的问题。真正的本质问题是如何适应并满足客户的需求变化。

（2）"破"思维边界

得力经过洞察分析发现，传统办公文具的市场看似在萎缩，但这并不意味着整个办公文具行业都不行了，只不过是原来用户完成办公任务需要的具体的产品形式和场景变了。办公文具行业内存在一个使用了长达两千多年的"用笔和纸来办公"的隐含假设。

事实上，跳出纸笔这些传统的文具，站在"大办公文具"和"移动办公"的趋势视角上看，这个市场其实还在增长。谁能提供智能化办公场景下的产品，谁就能吃下这块蛋糕。

（3）"立"：构建新的系统假设

这些年，得力把业务重心从传统文具转移到大办公文具的办公设备、数码打印，以及"移动办公"场景的云科技与智慧互联等领域。比如，在数码打印领域，得力打破了国外品牌对打印机技术的垄断，成为国内唯一一家同时掌握激光、喷墨打印核心技术的企业。

再比如，得力推出"得力＋App"，功能涵盖了考勤、门禁、签到、智能会议、收银支付等，简直是个小号的钉钉。单论 App 的功能，它可能不如钉钉、飞书，但得力还有智能会议设备、智能考勤机、智能摄像头、打印机等硬件，这些产品打包在一起产生的协同效应就很明显了。

基于新一代消费者的新需求，得力进一步从"综合文具供应"向"办公整体解决方案"转型，并在业内首先提出"办公 3.0"概念，全面打造智能办公生态，以丰富而完整的产品集群模式全方位满足企业级用户"一站式"整体采购的消费需求。

已经有 40 多年历史的得力通过不断地自我颠覆，实现了从文具到文创，再到科创的稳步发展。该企业目前已成为全球知名的文创科技型企业，并在多个工作和学习的场景中提供整体解决方案，领导者的地位日益巩固。

案例解析：

我们会发现许多大公司从来不是被小公司打败的，而是死于自己的隐含假设。传统企业只有洞悉行业内存在的隐含假设，对现存假设的认知边界提出更深层的思考，才能找到破界创新的关键。不同于行业内其他企业身处困境却依然坚守传统的纸笔办公的隐含假设，得力近几年的良性增长趋势得益于其很好地识破并打破了这种隐含假设的发展局限。用持续创新驱动发展，最终重构了"大办公"和"移动办公"系统假设的新商业模式。

在自然界，动物选择适应环境的方式多种多样。如在天寒地冻的北极地区，北极熊的进化选择是长出厚厚的皮毛来防止热量流失；北极黄鼠的进化选择是发展出在地下冬眠、躲避严寒的技能；而北极燕鸥的进化选择是在北极的冬天，长途飞翔上万千米到南极去避寒。

面对大自然的生存考题，没有唯一的标准答案，能够让自己存活下来的方案就是好方案。在市场环境下，组织进化也应该如此。但不同的进化的共性关键，都需要我们破除旧有习惯或打破擅长的舒适区边界，迈入我们重构的新的价值网络，然后有一天需要再次打破这个价值网络，探寻和重构新的价值网络。周而复始，这将是一个让我们组织实现基业长青或个体保持持续竞争力的唯一法则。

最后，需要强调一点的是，破界与跨界还是有较大区别的：破界面对的是内在认知，而跨界的对象则是视野。破界破的是内在心智，而跨界跨的是外部链接。如果说创始人的认知边界才是企业真正的边界，那么我们的认知边界，则是我们成长的边界。只有打破旧边界的局限，才能真正拓宽新的成长空间。

创新坚果 & 章节练习

练习 1　近几年许多企业提出数字化转型战略，请思考这个问题的本质是什么？存在什么隐含假设？这个问题背后的真问题是什么？

练习 2　目前对传统行业的定义主要指劳动力密集型的、以制造加工为主的行业，如制鞋、制衣、光学、机械、农业、林业、畜牧业、矿业、机械制造、纺织、冶炼、化工、食品、零售等。请尝试对其中的 1 类行业，用破界思维识别该行业存在哪些局限发展的隐含假设，如何打破旧有假设并建立新的系统假设？

 ## 2.2　拆解要素：为什么说"拆"字意味着财富？

众所周知，因城市化发展，城市扩建产生的拆迁补偿让不少人一夜之间实现财富自由。所以很多人戏说：一个"拆"字就意味着财富。

而作为 π 型创新人才，"拆"字同样可以将认知财富转变为真实财富，因为"拆"字是我们提高职场创新力的一项重要技能。

人类社会生活之所以能够变得越来越美好，最重要的原因就在于人类善于运用自身的智慧对自然资源进行拆解和重组。拆解和重组是人类不断发明、创造新工具的基本前提，可以说很多伟大的创新都是拆解出来的，没有不断地拆解和重组就不会有今天如此"琳琅满目"的物质生活资源。

每天我们在工作和生活中都会遇到很多难题，为了应对复杂的世界，良好的拆解能力往往就是创新解决方案的前提。

我们要明确一点，拆解思维的最底层思维，是还原论。

什么是还原论呢？简单来说，还原论是一种哲学思想，是将高层的、复杂的对象分解为较低层的、简单的对象来进行理解和描述。

被称为"硅谷钢铁侠"的埃隆·马斯克就极度推崇物理学中的还原论。他的 5 次创业都成功了，而且后面还一次性创建了 3 家公司，每一家都获得了辉煌的成就，打破了业界纪录。让他成为众多领域佼佼者的关键，在于他可以无所不能地应用还原论，善于抓事物的本质，能对关键问题进行超强拆解。

事实上，每个人先天都具备这种基本的创新潜能力。想一想，我们小时候是不是都有在家拆东西的经历。有时候刚刚买的玩具，拿回家没玩几分钟，就被拆得七零八散了。这实际上是孩子探索事物原理或规律的一种很好的方式。

但随着被长辈们误以为其属于"破坏性"的行为而多次责备后，没有得到正确引导的这种能力就会弱化和退化了。

拆解元素的核心目的同样是洞察更多的创新机会点，它和下一章节的创新共创力中的组合变形法是一对强 CP（搭档）组合，它是实现组合创新的关键前置步骤。按任务拆解的结果形式不同，可以把拆解要素的方法分为拆解（结构）模块、拆解（步骤）流程和拆解（变量）公式。

接下来，让我们成为 π 型创新人才，通过以下 3 种方法重新恢复这项天赋创新力吧。

2.2.1　拆解模块：拆对了问题，就没了问题！

将面临的问题尽可能细分，细致到可以用最佳的方法将其解决为止。

——笛卡尔

大家都知道庖丁解牛的故事，庖丁那么厉害是因为牛在他的眼里已经不是牛了，而是结构性的骨架，他具备拆解思维和大量的拆解实践。

所以说，解决问题的最佳办法不在我们的脑袋里，而在我们对现实的拆解中。

案例：健身会所的一个尴尬难题

一个高级健身会所为了更好地回馈会员，在淋浴间放置了高级的瓶装沐浴液，会所因此得到了会员的广泛好评。

只不过，不久之后，会所工作人员发现沐浴液经常不翼而飞，这导致会所每天不得不持续补给沐浴液，大大地消耗了会所的人力及物力。即便如此，会所也不敢立即停止提供沐浴液，因为这很有可能会引起会员的不满。

面对这种情况，你觉得会所应该采取什么措施来解决呢？

当时会所找了很多有经验的人士来解决这个问题，有人说安装监控，也有人说检查会员的携带物品，也有人说限量提供，就在大家讨论得热火朝天却始终没有得到解决方案的时候，健身会所一个员工说了一句话："把沐浴液的瓶盖拆掉不就好了吗？"

拆对了问题，就没了问题！会所采用这个办法后，问题得到了圆满的解决，提出方案的员工也得到了奖励。

我身边也有这样的案例。大学时一个关系不错的同学不到 3 个月连续丢了两辆自行车，最后他每次停车时都把自行车的车座拆下来放在背包里，从此就再也没丢过车了。果然是"拆对了问题，就没了问题"。

可以说，拆解基本要素的能力，是创新的一项核心基本功。就好比同一个事物，在普通人眼里是混乱的一团，在高手眼里却能看到条分缕析的基本单元。只要你能将问题拆解为若干基本要素，然后再逐一解决，便能基本解决这个问题。

拆解模块的方法是指把复杂的事物、形式、概念等从大结构拆解为更小的单元，进而使问题容易解决。也就是我们经常说的"化整为零"。

拆解模块时，需要注意以下 3 个事项。

（1）拆解原则：遵循结构化思维的 MECE 法则，即拆解出的所有模块的关系要符合"相互独立，完全穷尽"法则。

比如，品牌是一个抽象的东西，但好的口碑对品牌非常重要。做好一个品牌，可以用品牌的三要素进行系统拆解，即品牌知名度、品牌美誉度、品牌忠诚度。这个拆解就符合 MECE 法则中的"不重复""不遗漏"。

（2）拆解角度：拆解模块没有固定的角度，很多时候要尝试通过切换不同的拆解角度从而发现创新机会点。

我在给一家保险集团政保业务事业部进行行业绩提升咨询项目辅导时，引导一个课题小组对企业客户进行拆解分类，当小组成员发现把客户尝试分成已买他保企业、已买保险企业、未买保险未出事故企业和未买保险已出事故企业后，不同分类的客户的销售动作的重点就更清楚了。特别针对新增"是否发生事故"的拆解角度划分出后两种客户类型，就更方便销售人员有针对性地制定团队作战的销售策略和话术创新了。

（3）拆解程度：按纵向由大到小，拆解的层次越多，拆解的程度就越深。但需要防止拆解不足或拆解过度，而不足和过度的界定标准要兼顾能否洞察到创新机会点和现有能力是否可控，不可控的拆解就不具有创新操作性。这也是为什么乐高积木玩具要分年龄段，主要划分依据就是不同年龄段孩子的动手能力，即对不同颗粒度大小积木块的可控能力。

当我们明确拆解的目标后，就能更好地把握拆解程度，也会让拆解更高效。因此，可以按不同拆解的目标导向把拆解模块分为以下 3 种类型。

（1）原理借鉴类：了解系统组成模块之间的原理，以便模仿借鉴。

我们都知道马斯克成功地解决了当时占特斯拉电动汽车近一半成本的电池问题。提炼他创新成功的两个关键动作：第一个是从元素层面把电池拆解为碳、镍、铝、钢等不同材料；第二个就是结合了市面上已有的松下 18650 钴酸锂电池的电池管理程序技术。这个创新案例便属于原理借鉴类拆解。

人类仿生创新也较多属于此类拆解案例。如专家通过解剖和研究鱼类，发现鱼类是通过控制体内鱼鳔中空气的多少来控制沉浮的，从而发明了潜水艇。潜水艇中有个类似鱼鳔的结构——压载舱，通过模拟鱼鳔的功能，潜艇便实现了上浮和下沉。

这一目标导向类型的拆解，重点在于了解系统中各模块相互间的逻辑或原理，这样就为进一步的有效创新输出了可借鉴的"样板"。

（2）微创新类：拆解复杂系统为更小的单元结构后，以便做微创新。

如何能够快速创造新的产品？如何研发新的产品？

不妨先用一下"拆"字诀。将同类产品都拿来，不管三七二十一，全部拆开，直到不能拆解为止，然后针对每一个部件从多个属性维度上去考虑，例如材料、形状、质地、颜色等。

接下来，针对每一个结构单元及不同属性，可以使用奥斯本九问创造法，这样就可能产生 N 种不同的产品微创新方案。

①能否他用：现有的事物有无其他的用途？保持不变能否扩大用途？稍加改变有无其他用途。

②能否借用：能否引入其他的创造性设想？能否模仿别的东西？能否从其他领域、产品、方案中引入新的元素、材料、造型、原理、工艺、思路？

③能否改变：现有事物能否做些改变？如颜色、声音、味道、式样、花色、音响、品种、意义、制造方法。改变后的效果如何？

④能否扩大：现有事物能否扩大适用范围？能否增加使用功能？能否添加零部件、延长它的使用寿命，增加长度、厚度、强度、频率、速度、数量、价值？

⑤能否缩小：现有事物能否体积变小、长度变短、重量变轻、厚度变薄以及拆分或省略某些部分（简单化）？能否浓缩化、省力化、方便化、短路化？

⑥能否替代：现有事物能否用其他材料、元件、结构、力、设备、方法、符号、声音等代替？

⑦能否调整：现有事物能否变换排列顺序、位置、时间、速度、计划、型号，内部元件可否交换？

⑧能否颠倒：现有事物能否从里外、上下、左右、前后、横竖、主次、正负、因果等相反的角度颠倒过来用？

⑨能否组合：能否进行原理组合、材料组合、部件组合、形状组合、功能组合、目的组合？

许多人都会问为什么戴森的产品都那么贵？电吹风、无叶电风扇、吸尘器等都比同类品牌产品的价格贵 10 ～ 20 倍，包括最新发布的起售价为 6615 元的首款空气净化耳机。

除了品牌定位、产品外观因素外，主要还是因为在客户眼里戴森的产品都充满了黑科技。

戴森的创新哲学可以总结为一句话：没有一蹴而就的黑科技。过去几十年里，戴森几乎所有的产品都是在存量市场中做增量，通过挖掘存量市场的用户痛点，通过革新设计和技术来完善用户体验。

比如吸尘器、吹风机这些我们用了近百年的产品，它们的产品技术和大众认知的熟悉程度非常高，这都是典型的存量市场。但在存量市场里，产品的成熟度高并不意味着体验好，就像 50 年前的欧洲吸尘器市场一样，品牌方为了销售吸尘器的尘袋而赚取利润，迟迟没有解决袋式吸尘器防尘网容易被堵塞造成吸力减弱的问题。

于是戴森发明了一款不需要尘袋且吸力强劲的真空吸尘器，这个产品一上市，就成了当年的热销产品。

直到 2021 年，革新用户痛点依旧是戴森坚持在做的事情。当市场上大部分吸尘器还在努力提升吸力时，戴森又发现了新的用户痛点。比如，在吸尘器使用的过程中用户无法判断清洁效果的好坏。

针对"能否扩大"（增加功能）的问题，戴森的一款新品 V12 Detect Slim 通过激光探照技术，以特殊角度的调节，让激光照亮灰尘而不仅仅是照亮地面，形成视觉上的明显反差，让灰尘第一次实现了肉眼可见。

这些颠覆性的产品创新，实际上都是戴森基于科技驱动应用在原有产品基础模块上的"微创新"。

因此，这种类型的拆解模块为进一步的有效创新提供了充足的基础"原材料"（包括第 3.1 节中的"交叉联想"和第 3.2 节中的"组合创新"两个核心方法）。

（3）重点破局类：识别整体拆解后的关键模块，以便重点破局。

20 世纪初，意大利统计学家、经济学家维尔弗雷多·帕累托从大量具体的事实中发现社会上 20% 的人占有 80% 的社会财富，即财富在人口中的分配是不平衡的。由此他指出，在任何特定的群体中，重要的因子通常只占少数，而不重要的因子则占多数，因此只要能控制具有重要性的少数因子即能控制全局。

有效地应用帕累托提出的"二八法则"，就需要我们先用拆解思维对一个系统整体进行拆解，识别出关键模块并以其为基础，然后才能有针对性地重点破局。

● 案例：大环境不好的健身行业，不办卡的"超级猩猩"凭什么还活得不错？

我们都知道历时几年的新冠肺炎疫情，对线下健身房行业的影响非常大，甚至很多店都因此倒闭了。

传统正规的健身房往往在好地段动辄就占地上千平方米，各种健身器械的配置也一应俱全，但其大场地、重器械、重资产的商业模式，本身就存在投入回报周期长、风险大的弊端。

"超级猩猩"健身房的门店规模基本都在 200～300 平方米。其门店不设前台，没有淋浴间，只有一个休息室、一个团操课室、几间更衣室和少量的储物柜，而课室仅提供如杠铃、小型瑜伽垫、踏板、战绳等轻便设备，没有类似跑步机等占地较大的设备。

超级猩猩选择的这种小场地、轻器械的团课模式在市场上形成了明显的差异化。它针对的目标客户主要为生活在一、二线城市，月收入 1.5 万元以上，年龄在 25～40 岁之间，热爱运动的城市白领群体。超级猩猩打出"不办年卡、按次收费"的价值主张，主流价位为每节课 69～150 元。

传统健身房平均会员留存率仅为 17.33%，而超级猩猩的会员留存率超过 50%，因此可以看出，同样的疫情环境对超级猩猩的影响不大，其能实现稳步增长的主要原因之一是其商业模式中的成本结构创新，形成了长期的成本控制优势。

案例解析：

超级猩猩创始团队从一开始就对传统健身房的各项成本结构进行了拆解，发现房租是其中占比最大的一项固定成本，而通过继续细颗粒度的拆解，发现健身房占地最多的就是器械以及使用率并不高的更衣室和冲澡间。有了这样的成本拆解后的洞察，才有了超级猩猩产品、运营到收费模式等可行的商业模式创新。

记得 2021 年走访评审深圳国家粮储中心时，我同样看到他们应用此方法成功地降低了成本。总经理向我们介绍，他们把粮食仓库的体积拆解为"长 × 宽 × 高"，对粮仓"高"这一维度继续进行拆解后发现，每 10 袋粮食中存在一个 10 厘米高的木架隔板，整个粮仓从下到上就存在 4 ～ 5 个木架隔板，占据了储粮空间。有了这个发现后，才有了下面的创新举措：将成本更高、更易损耗的木架隔板，替换为一种不到 0.5 厘米厚的超薄耐磨并方便叉车运输的 PVC 材质隔板（见图 2-2）。

图 2-2　深圳国家粮储仓库

德鲁克有一句话："一切的创新，本质上都是把成本降低了 30% 以上。"这强调企业创新成果的一个关键衡量指标就是成本的降低，这样企业才有可能把降低的成本让渡出去，让客户实现利益最大化。

在创新实践中，应用重点破局类的拆解模块法可以很好地在组织中实现成本创新，而降本破局的关键就在于拆解并识别到成本结构中占比最大的模块。

以上 3 种目标导向的拆解类型，都有一个共性的基础：不管我们面对何种难题，先用 80% 的精力拆解并分析这个问题，然后用剩下 20% 的精力寻找解决方案就变得非常容易了。

当我们学会拆解复杂问题时，我们就已经站在了更高层次上进行思考，如此便能更好地实现自我的高效成长。

创新坚果 & 章节练习

练习 1　相信你也有通过拆解成功解决难题的经历，那么回顾一下，最近一次成功的化复杂为简单的拆解案例，它属于什么目标导向的拆解类型？有效拆解问题后的感悟是什么？是否可以转化为长期的价值经验？

练习 2　假设你是一家传统自动车厂的产品经理，请使用奥斯本九问创造法，尝试设计出更多可能的新应用场景的产品。

2.2.2　拆解流程：小努力就实现 10 倍好的方法

专注于一件事，花点时间把事情做到极致，这是许多人成功的奥秘。

——巴菲特

把一件事做到 10 倍好，是否一定需要付出 10 倍的努力呢？

答案是并不一定。实际上很多时候我们只需付出非常小的努力，就可以获得 10 倍的成果。

本节分享的方法，即拆解流程后的创新"小努力"。让我们用下面一个真实并伟大的创新案例印证一下上面的结论吧。

案例：像卖汉堡一样做手术的眼科界"麦当劳"

据统计，全球约有 4500 万名盲人，其中印度就有 1200 万人。印度盲人中，80% 的人是因为白内障致盲。更残酷的事实是，印度农村地区的白内障患者失明后的寿命通常仅能维持 2～3 年。白内障其实完全可以通过简单的手术治愈，但印度落后的医疗条件以及普通人的贫困境况，无法支付一次 300 美元的白内障手术的费用。

被誉为医学界"麦当劳"的亚拉文医院，有效地解决了这个难题。

医院创始人是年近六旬的眼科医生文卡塔斯瓦米先生，他通过学习和观察麦当劳餐厅获得了一个有意义的洞察：流水分工的作业流程可以大大提高效率，而这也可以运用到眼科手术的流程上。

他和同事们通过拆解整个流程发现，整个手术过程，只有在眼睛上划的一刀最关键。这一刀的好坏将决定手术的成败。

于是他们改变了手术流程，别人是一台一台地做手术，而他们是一排一排地做手术。一排 7 个病人躺在那儿，从第一个护士开始，后面跟着大夫，中间是最厉害的大夫。最精准、最有效的大夫只负责在病人的眼睛上划一刀。

就这样，通常需要 30 分钟的手术，而在亚拉文医院只需 5 分钟；一般眼科医生每年最多做 400 台手术，而亚拉文医院的眼科医生一年能完成 2600 台手术。

手术流程的改变，也把原来需要 300 美元的手术的价格直接降低到 50 美元以下。亚拉文医院平均每年接待超过 270 万名患者，实施近 30 万例手术，大大造福了这些盲人。

案例解析：

德鲁克曾说过一句话："一个组织不可能依靠万能的天才来达成绩效，而只能依靠有一技之长的普通人，让平凡人做出不平凡的事。"如何让这句管理理念落地呢？一个有效的方式就是用"拆解思维"来拆解烦琐细碎的日常工作，持续改进，就能让平凡的事变得不平凡。该案例的成果不能说不足够显著，但这个创新的"努力"投入确实并不需要那么大。正是因为亚拉文医院创始人及团队通过拆解流程后的创新，实现了增效降本，创造了奇迹，并造福了众多的印度患者。

拆解流程可以让小努力也能实现超 10 倍的成果。我们可以推演一下这个结论的逻辑模型，如果把一项任务拆解成 5 大步骤，然后将每一个步骤优化提升到 1.6 倍，那么，5 个步骤产生的综合效益将是 $1.6 \times 1.6 \times 1.6 \times 1.6 \times 1.6 = 10.5$ 倍。

这就是拆解流程的其中一大威力：对每一个步骤进行较小的优化提升，就能产生数倍的效果。

拆解流程是指以创造客户价值的流程思维，按动作先后顺序拆解某项任务的用户参与全过程，并基于洞察机会点的流程创新。

其中流程思维为认知，创新行动为拆解。这里的流程思维是指为达成"用最小的努力获得最大的回报"的目标而设计一系列执行步骤，并持续优化至最佳的一种思维模式。系统性的拆解是落地的关键保障。我们仍可以用"认知决定布局，行动决定终局"来进行总结。

那么，实现成果倍增的拆解流程的 3 个关键步骤如下。

1. 明确目标，以终为始

拆解流程的第一步是要明确流程的终极目标是什么。

任何的流程只有能达成目标，才有价值。而不同的流程有不同的目的，我们在拆解流程时一定要清楚目标是什么，避免南辕北辙。

决定流程目标的价值一定是基于客户的需求（也包括内部客户），如组织外部客户的目标往往是对整个交易过程便捷、流畅的体验需求；组织内部客户的目标包括组织高层追求的降本增效，以及业务前台部门更注重的方便与快捷。

明确流程目标有两点原则。

第一，当流程需求包含内外部客户时，一定要优先外部客户。要坚持"把复杂留给自己（内部），把简单留给客户（外部）"的目标导向。

这一点被乔布斯在设计苹果产品时提炼为两个影响非常深远的产品哲学：

越是好的技术，就越是别人感受不到的技术；

Keep It Stupid and Simple（一个产品要保持很蠢很简单），连傻瓜都会用。

第二，流程需求要以终为始，切记局部流程的目标要服务整体的目标，不要忽视整体的目标的完整性。

让我们通过一个被争议的营销广告的案例更好地理解这一原则吧。

案例：刷屏级的百雀羚营销广告是成功中的失败？

2017 年发生了一个现象级的营销大事件。百雀羚母亲节的营销广告《时间的敌人》，因其经典唯美的画面和悬疑跌宕的情节，以及长图一镜到底的创新设计，而火爆朋友圈。短短几个小时就达到 10 万＋的传播力，点赞数高达 5 万，不到 4 天时间超 3000 万＋浏览……

称赞者赞扬其为"可作为营销教学案例的一个作品"。

但几天后，更多专业人士对这则广告最终的阅读转化率不到 0.08%，销售转化只有可怜的 2311 件的数据结果进行分析，认为这是一次严重的失败。因为保守估计百雀羚此次广告制作投放超 300 万元，而活动最终的销售总额还不到 80 万元。

案例解析：

好的广告能带来巨大的流量，但不要忘记流量的最终销售转化才是我们营销投入的最终目标。百雀羚这次广告转化率极低的原因就在于失败的流程设计，我们一起拆解一下顾客有购买意愿后的流程动作就明白了。

首先，顾客返回去找"百雀香粉"的广告牌，还要截图。在这里，一部分想尝试的潜在顾客就流失了。

其次，截图之后，顾客需要打开淘宝 App，只一个跨平台行为，用户就损失殆尽了。

再次，顾客需要搜索天猫百雀羚旗舰店，并找客服兑换优惠券，还要展示截图。

又次，顾客要在纷杂的页面中找到母亲节特别定制款"月光宝盒"的专属页面。

最后，进入产品页面，顾客先付定金，过几天再来付尾款。

竟然需要 5 个流程动作，如同设置了 5 重购买"关卡"，因此最后能有 2311 份预订单已经是万幸了。

2. 拆解还原，探寻卡点

不还原，就看不到事物的本来面目。拆解流程的第二步，就是要对任务的流程进行拆解还原，并通过动作操作者或动作被影响者的反馈或观察，进而识别出流程中存在的卡点（流程"瓶颈"）。

在面对具体任务时，从事物发展的流程上进行思考。按照时间顺序、步骤顺序，将事件进行拆解细化，如可以分成事前、事中、事后三个大模块进行管理。每个大模块又可以拆解为几个更小的模块去分析。比如教只有 4 岁的儿子还原三阶魔方时，我就是把整个过程拆解为七大步骤，又把各步骤拆解为几个动作手法，让他逐一练习，每天只教授不到 45 分钟，5 天过后他就可以自己成功地还原魔方了。

把任务整个活动分模块、分步骤进行拆解并梳理，使任务变得易于理解和掌握。这实际上正是流程思维的精髓所在。

在面对复杂的任务时，我们需要拆解还原的就不只是流程动作，还有其他相关的支撑模块的要素。

这里推荐一个创造工具的工具——6W2H 工作分析法（也叫八何分析法），即 8 个维度的提问思考：动作的目的为何（Why）、动作由谁做（Who）、动作影响谁（Whom）、具体动作做什么（What）、动作在何处执行（Where）、动作在何时做（When）、动作怎么做（支撑的工具方法）（How）、多少费用成本（需要的人、财、物、工时）（How Much）。

我们可以根据不同的任务目标选取 6W2H 问题，并组合构建成相应的任务拆解还原分析表。

比如，华商基业在《技控密码》版权课程中，将个人绩效改进的课题"发现方法"的过程拆解为 4 个阶段：选对、找准、做精、推广，分别对应 CODE（技控密码模型）的 4 个步骤，即选题、展开、开发、定型。在第二步"展开"中提供了一个非常有效的用于对课题的工作任务拆解还原的工具——工作画布，如对"餐饮行业的店面服务人员了解当日厨房推荐及供应情况"课题改进的工作画布拆解样例（见表 2-2）。

表 2-2　工作画布拆解样例

拆解要素	拆解动作后的对应要素关系							
用户：客人	无	阅读菜单	告诉人数	告诉所选菜式	……	确认菜式及酒水	告诉服务员上菜时间	无
操作者：服务员	招呼客人	递上菜单	询问客人人数	记录客人点菜内容	……	与客人达成共识	与客人确认上菜时间	到系统下单
接口1：后厨	无	无	无	无	……	无	无	系统确认下单
接口2：店面经理	无	无	无	无	……	无	无	复核系统下单
支持系统：工具/设备	无	酒楼菜单	点菜记录本	点菜记录本	……	点菜记录本	点菜记录本	酒楼菜单系统

"具体动作做什么（What）"是以操作者的工作任务的时间轴为主线的；"动作由谁做（Who）、动作影响谁（Whom）"分别体现在操作者、用户和接口的几个角色界定上；而"动作怎么做（支撑的工具方法）（How）、多少费用成本（需要的人、财、物、时）（How Much）"都统一体现在支持系统这一项上。

然后按照工作还原后的工作画布中各角色动作或系统工具的提升度和贡献度，进行评分后排序锁定技控点（即流程卡点）。

基于6W2H工作分析法，通过学习如工作画布或用户体验地图（2.5节中有详解）等适用于不同任务目标的拆解还原工具的案例，我们也能创造更多不同任务场景的拆解还原工具。其中验证工具有效性的关键，在于对动作步骤、动作操作者的及影响者的反应等进行拆解后，是否能发现卡点或"瓶颈"。"如有卡点，必存机会"才是我们拆解还原这一步的核心目的。

3. 流程优化，设计杠杆

针对任务拆解的还原结果，就可以进行有效的流程优化和有针对性的设计杠杆解了。

我们可以遵循ECRS原则（来自工业工程学中程序分析的四大原则），对所有任务动作的生产工序进行优化，包括从取消、合并、重组、简化4个角度进行分析和优化，以达到更高的工作效率。

（1）取消（Eliminate）

"具体每步的工作或动作要素能完成什么？完成的是否有价值？是否是必要工作或动作？为什么要完成它？""该动作取消对其他动作是否有影响？"

首先考虑该项工作或动作有无取消的可能性。如果所研究的工作、工序、操作可以取消而又不影响阶段成果（如半成品）的质量和组装进度，这便是最有效果的改善。例如，不必要的工序、搬运、检验等，都应予以取消，特别要注意那些工作量大的装配作业；如果不能全部取消，可考虑部分取消。例如，20 世纪最伟大的发明之一——改变世界的集装箱的发明，就是针对消减传统海运业务中等待装和卸两个最消耗时间的环节的创新。

"取消"这一优先思考的流程优化原则，可以配合本章前面发现性问题小节的方法使用，效果更佳。

（2）合并（Combine）

如果工作或动作不能取消，则考虑能否与其他工作合并，或部分动作合并到其他可合并的动作中。

合并就是将两个或两个以上的对象变成一个。如工序或工作的合并、工具的合并等。合并后可以有效地消除重复现象，能取得较大的效果。当工序之间的生产能力不平衡，出现人浮于事和忙闲不均时，就需要对这些工序进行调整和合并。有些相同的工作完全可以分散到不同的部门进行，也可以考虑能否都合并在一道工序内。

（3）重组（Rearrange）

重组也称为替换。就是通过改变工作程序，使工作的先后顺序重新组合，以达到改善工作的目的。例如，前后工序的对换、手的动作改换为脚的动作、生产现场机器设备位置的调整等。

上文中亚拉文医院的流程优化创新，就包含对合并和重组两个原则的综合应用。

（4）简化（Simplify）

指工作内容和步骤的简化，亦指动作的简化、能量的节省。

经过取消、合并、重组之后，再对该项工作做更深入的分析研究，使现行方法尽量地简化，最大限度地缩短作业时间，提高工作效率。简化就是一种工序的改善，也是局部范围的省略，整个范围的省略就是取消。

设计杠杆解的核心，是为了提高增长效能，设计"消除阻力，增加动力"的所有动作。

亚洲飞人苏炳添在《科学训练让我不断突破》中，介绍了自己在东京奥运会上打破亚洲纪录的"秘诀"。身高只有 1.72 米，先天身高没有优势的他，每跑 100 米要比百米飞人博尔特多跑 7 步。针对自身实际情况，他发现突破口只在强化起跑优势和提升过程跑的步频两个阶段。

他针对两个阶段的杠杆解优化动作分别如下。

（1）随身携带小卷尺，无论是赛前训练时还是比赛时，他都会拿出小卷尺仔细测量，认真寻找摆放起跑器的最佳位置；发现起跑姿势不合理，他就做出起跑脚从左脚改到右脚的非常重大的决定并长期训练而适应。

（2）训练优化了之前存在的股后肌群力量和踝关节力量不足、主动下地速度、发力速率偏慢、脚踝下压、摆臂技术等影响步频的几个技术问题。

我们可以发现，所有体育项目的提升目标都是"更快、更高、更强"，几乎都在"消除一切阻力，增加更多动力"两个方向创新。所以才有"现在体育赛事拼的都是黑科技"的说法，如当年帮助菲尔普斯在奥运会上斩获 23 枚金牌的功不可没的鲨鱼皮泳衣，以及引发争议的，采用碳纤维板加固的可以给运动员带来额外爆发力与平衡力的超级跑鞋，这种超级跑鞋帮助挪威的沃霍尔姆和美国的本杰明在东京奥运会男子 400 米栏决赛上打破了封尘已久的世界纪录并揽下了金银牌。再如前几年，旧金山的 Halo Sport 开发的一款神奇耳机，通过微电流神经刺激技术来刺激神经元，激发人体潜能，使得运动员能够在训练中激活更多肌肉纤维，让训练效果事半功倍。

同理，希望实现商业增长和工作提升的任务目标，对"消除一切阻力，增加更多动力"这两个方向的思考都将是我们创新的极佳切入点。

我们可以发现，形成流程思维的创新者都具备拆解思维与杠杆思维。他们会保持对现有流程拆解的习惯，然后边工作边接受反馈。如发现任务存在关键的卡点或"瓶颈"后，就有针对性地设计杠杆解，即找到支点，以较小的力量撬动极大的资源。然后反复优化自己的工作方式，最终形成复利增长。

拆解流程目的的本质是通过拆解发现事物的发展顺序，找到"瓶颈"点，设计杠杆解。那么，相信一个很普通的人，只要训练这种流程思维，在做事的过程中，认真和用心地把每一个流程都优化到最佳，并让行动都顺势而为，那么面对工作时也能如庖丁解牛般轻松自如，取得惊人成绩也就不难了。

创新坚果 & 章节练习

越来越多的企业关注留住人才的重要性，而入职第一天则是人才对企业产生良好印象的关键时刻，请对你们企业的新员工的入职流程进行拆解，并使用 ECRS 原则思考哪些环节可以优化以及是否存在新增创新机会点，来提升新员工入职第一天的体验。

2.2.3　拆解公式：移民火星不是梦，创新就是解方程

拆解公式，是指基于公式化思维，把一个系统或社会现象的要素拆解为若干变量，并用数学公式来表达"变量"间"连接关系"的分析方法。简单来说，就是把复杂问题用加减乘除的数学公式简化表达的一种方法。

让我们先看下面一个案例：

一名麦肯锡前员工跳槽到谷歌，担任广告部门业务主管，负责提高该部门的广告收入，通过与整个部门员工的沟通，得出一个业务公式：

广告收入 = 展现量 × 点击率 × 每个点击的价格（1 元）

这个公式能让公司员工清楚地看到，广告收入取决于有多少用户看到了这条广告（展现量）并真的点击了广告（点击次数），其中谷歌广告按照单次点击定价，而每个点击能够让广告主付费 1 元。

有了这个公式，整个部门的人都更加明确地知道了可以通过哪些途径来提高广告收入。未来提升业务的方向就变得非常清晰，且执行起来不再困难了。

日常工作和生活中的大多数问题，我们都可以用加减乘除的等式来表达影响关键结果的各要素间的关系。

加法：销售额 = 类别 1 销售额 + 类别 2 销售额 + 类别 3 销售额 +……

客户数 = 类别 1 客户数 + 类别 2 客户数 + 类别 3 客户数 +……

减法：利润 = 收入 − 成本

乘法：销售额 = 客户数 × 平均单价

除法：投资回报率 = 营业利润 ÷ 营业资产

首先，我们要明确基于公式化思维的拆解公式法存在以下两大价值。

（1）提升决策的质量

开创了行为经济学这一经济学分支的丹尼尔·卡尼曼，在其经典代表作《思考，快与慢》中认为我们的大脑有快思考系统（系统一）与慢思考系统（系统二）两种做决定的方式。很多时候，要克服快思考系统极容易产生的偏颇和错误的高风险决策，就需要我们提高使用慢思考系统的能力和频率。而拆解公式正是提高慢思考系统能力的一种有效方法。

我在金融行业做交易训练师时，股民问得最多的问题就是："老师，有什么好股票推荐吗？"我有时就会和他们分享下面的公式：

股票总收益＝盈利值 × 盈利概率＋亏损值 × 亏损概率

这个公式主要有两个变量：盈亏概率和盈亏值。第一个就是大多数普通股民喜欢关注的"买什么股票呀"的买对股票胜率，实际上这个变量是相对不可控的，而且其长期统计结果基本会趋近于 50%。最容易被忽略的是第二个变量"盈亏值"。所以当一个人建立了完整的股票投资公式，就会极大地减少因盲目听取信息赌买股票的单一变量决策偏差。个人构建系统的投资策略应该包括五个操作策略：市场策略、买入策略、止损策略、止盈策略、仓位策略。

公式化思维往往能大幅降低我们以偏概全的单点决策风险。

商业领域同样如此，很多时候我在引导创业团队做商业模式创新推演时，当问到创业团队："是什么产生（商业）决策的差距？"大多数人会回答："决策者的认知。"但当问到"是什么产品认知的差距？"回答就不尽相同了。这个时候我也会分享另一个提升系统性商业思维的公式：

认知＝信息 × 逻辑

这个公式是在提醒大家，即使我们拥有足够的多元化和高质量的信息，但如果信息间没有形成有效的结构关联，仍会影响我们的认知质量和决策质量。所以，当创业团队认为构建商业模式的各基础模块都已经成立时，如果模块间没有形成相应的逻辑支撑，那么大家构建的商业模式同样有不可落地的风险。如我们的产品价值、渠道以及客户需求都成立，但收费方式无法支撑一定周期需要的持续的资金投入时，一味地靠能在合适的时间吸引投资方就是一种过于赌徒式的创业。

（2）探索创新机会的基础

拆解公式的过程，就是一种对化不可能为可能的创新路径的探索过程。很多时候创新就是解方程式，而关键就是要先列出这个创新方程式。

案例：移民火星方程式，让大家说的"天方夜谭"成为可能

埃隆·马斯克已经让我们知道，他一生要做的所有的事情目前都是围绕着一个巨大的目标：把 100 万人送上火星生活。这听起来似乎有点儿天方夜谭，因为根据美国 NASA 公开的数据，光把一个人送上火星，大约就需要 100 亿美元。全世界没几个人能负担得起这笔差旅费，更别说是 100 万人。

马斯克认为如果能把运送一个人的成本降到 50 万美元，那么许多中产家庭的人都可能负担得起，购买力就不成问题了。那么从 100 亿美元到 50 万美元，就是 2 万倍的差距。

通过拆解，他发现影响成本的因素有 3 个：火箭的载人能力和发射成本，以及

现在的火箭都是一次性的，不能被回收再利用。

随后，"拆解大神"马斯克就构建了这个拆解公式：$20000 = 20 \times 10 \times 100$。

即通过"人力成本提升 20 倍""效率提升 10 倍"以及"通过火箭回收降低成本 100 倍"，就能从数学逻辑上实现降低成本 2 万倍。

这个公式中的 3 个变量要提升的数值，就成为他计划在 2050 年实现梦想的继续拆解的创新策略行动了：

马斯克为什么做特斯拉？因为以内燃机为动力的交通工具无法在火星上工作。

马斯克为什么收购 SolarCity？因为在资源匮乏的火星上，利用太阳能进行发电最合适。

马斯克为什么创造 SpaceX？因为马斯克的目标是将 100 万人送往火星，便宜可回收的火箭和用于降落时的反推动技术都是必需的。

马斯克为什么需要 The Boring Company？火星上没有氧气，在真空下 Hyperloop 的技术，将实现更有效率的交通，更可将交通由二维空间架构为三维空间。

马斯克为什么着手 Starlink？人到了火星上，解决了能源问题，交通，吃喝稳定后，还需要通信技术。马斯克通过部署约 1.2 万颗卫星来实现全球联网，这将为火星与地球之间的通信以及火星内部的通信提供先进的技术支持。

马斯克为什么创立 Neuralink？未来社会人类交互，人机结合传递讯息才有望突破利用语言线性输出、解码效率低下的难题。

现在是否看明白了？马斯克为了将人类送往火星定居，将宏大的计划逐一拆解，成为各个可执行的实际目标。他构建的商业帝国也在一步步地向前行，或许移民火星的梦已经不再是"天方夜谭"了。

那么，面对具体问题，我们该如何构建创新方程式呢？

让我们先回顾一下小学、初中时，大家解数学应用题经常使用的一般步骤（四步法）。

（1）读原题：理解问题，并转化为数学语言，找出主要常量与变量间的关系；

（2）建等式：构建常量与变量间的数学关系等式；

（3）求未知：划归为常规基础知识点，并选择合适的数学方法求解；

（4）做检查：把结果代入等式进行验证，判断答案是否正确。

同样是解应用题，类比上述解题步骤拆解商业问题的步骤有以下 3 步。

（1）定问题，找因子

先确定问题是什么以及问题的目标是什么，然后思考主要存在哪些关键变量或因素影响目标的达成。

2018 年我为一家培训咨询公司 2B 销售人员进行"如何有效提升领导力项目销售额"的业绩课题辅导，经过沟通，先确定以提升年度项目成交率为课题目标，并根据影响此目标的关键销售过程确定了 6 个变量因子：目标客户基数、项目需求前期沟通、客户成功参加活动、客户明确需求、项目方案提交通过以及方案讲标后的合同签订。

（2）理逻辑，列公式

接下来就是梳理各因子间的逻辑关系，列出等式。即通过加减乘除符号串联，使各变量因子之间的关系一目了然。

继续上面的实例，梳理出最终的公式如下。

项目成交率 = 目标客户基数 × 需求沟通率 × 参加活动率 × 明确需求率 × 方案通过率 × 合同签订率

（3）识变量，定策略

针对可能的多个变量，基于内外部的对标数据、内部资源获取难易度或变量提升空间等维度，识别优先提升的机会变量，然后针对优先机会变量，和团队共创形成具体的创新策略计划。

基于上面的实例统计的整个销售团队成员 1.5 年的数据，见表 2-3。

表 2-3　销售过程行动数据表

销售	客户基数	需求沟通		参加活动		明确需求		方案认可		合同签定	
		个数	通过率	个数	通过率	个数	通过率	个数	通过率	个数	通过率
L	100	40	40%	27	67.5%	12	44.4%	11	91.7%	4	36.4%
W	90	40	44%	35	87.5%	10	28.6%	8	80%	4	50%
Y	75	35	47%	31	88.6%	15	48.4%	15	100%	2	13.3%
J	80	20	25%	13	66%	9	69.2%	4	44%	0	0%
X	120	30	25%	12	40%	15	125%	9	60%	2	22%
W	39	16	41%	6	37.5%	4	66.7%	0	0%	0	0%

通过把项目成交率拆解为公式，并代入真实的历史数据，基本上每个销售的策略改善点都被识别出来了，比如数据让成熟销售 Y 知道影响自己业绩的竟然是"临门一脚"的合同签订环节，通过同事和部分客户的反馈，他发现自己习惯性地在这个环节松劲，几次都在签订合同的前两周因没有持续落实细节而可惜地丢单，改善这一点后，他连续两年都拿到了分公司的销售冠军；而对于新销售 W 来说，经过数据分析发现优化目标客户的获取将是他做出业绩的最优路径，经过动作优化，半年后他的业绩也提升了 40% 以上。

当然，在生活或工作中可以先直接借鉴一些成熟的公式，再转化为更适合自己的公式。

如线下门店销售公式：销售额 ＝ 流量 × 转化率 × 客单价 × 复购率

电商销售公式：销售额 ＝ 店铺粉丝 × 日转化率 × 客单价 × 成交天数

餐饮店利润公式：利润 ＝ 营业额 ×（客单价 × 进店数）× 成本率 － 固定运营成本

还有一些名人也是拆解公式的高手，例如，百度原产品副总裁俞军提出的产品公式：产品价值 ＝ 新体验 － 旧体验 － 迁移成本

中欧商学院杨国安教授提出的公式：企业成功 ＝ 战略 × 组织能力

不仅企业增长和经营有公式，个人成长也可以被拆解为公式，如人生商业模式 ＝ 能力 × 效率 × 杠杆。

在使用拆解公式法时还需要注意两点：首先，一个问题的公式拆解并没有唯一的标准表达公式，不同的公式表达存在不同视角的分析价值；其次，不同企业或团队对同一个公式的不同变量做突破都有可能找到创新机会。

比如对于公式——餐饮店的收入 ＝ 消费桌数 × 平均客单价，太二酸菜鱼选择"按住"消费桌数这个变量，把翻台率做到了极致，它们只配二人或四人桌，只有一道主打菜，这种经营策略客观上缩短了顾客的就餐时长，大大提升了高峰期间的翻台率。而另外一种餐饮店，不求满座率或者翻台率，而是把单个客户的服务做到极致，就餐要预约，每次限量接待，虽然客单价格较高，但良好的用餐环境依然让很多人慕名而来。

因此，通过这样的公式拆解，我们对问题的认知就会越来越清晰，也能更容易地找到自己创新解决问题的路径。

无论在工作还是生活中，当问题明确时，我们可以不断地逼问自己："这件事情的公式是什么？该如何把一个问题拆解成公式化的思路和逻辑？"这样答案离我们就不远了。

最后，要想将拆解思维培养成为自己创造"财富"的良好习惯，刻意练习是必不可少的，当我们在实际生活中遇到复杂问题时，可以对下面 3 个动作进行为期 21 天的训练。

（1）默念："我不急着解决问题。"

（2）深呼吸，静下心来。

（3）问自己："这件事怎样拆解可以变得简单？是更小的单元，还是流程步骤，或是关系等式？"

创新坚果 & 章节练习

练习 1　成为 π 型人才的关键要素之一就是要识别和构建自己的优势，请尝试拆解出一个"优势"公式。

练习 2　某电商的销售公式为销售额 = 店铺粉丝 × 日转化率 × 客单价 × 成交天数，请根据表 2-4 中实际数据、对标数据、对标差距及目标试算的数据，分析思考你会优选哪个变量作为关键改善路径？为什么？

表2-4　店商销售公式数据表

	店铺粉丝（万个）	日转化率	客单价（元）	销售额（万元）
我们数据	5	2.40%	400	1440
对标数据	30	2%	300	5440
对标差距	-25	0.40%	+100	-4000
目标试算				5000
优选路径				——

2.3　升维思考：降维打击先要升维思考

在生活中，你发现有时候玩游戏也非常郁闷，打了很久，也打不过敌人，该怎么办？

在学习中，你发现身边的一些同学大部分时间都在玩，一考试却总是轻松拿高分，该怎么办？

在工作中，你发现自己在周而复始地很痛苦地解决同样的问题，却总是解决不好，还为此挨领导骂，该怎么办？

如果你发现自己面临上面的处境，那就需要提升自己的思维层次，用"升维思考"来"降维打击"，从而完成人生中的破局。

让我们先从一个简单的实验开始。

将一束光投射到墙上，形成一片光亮的区域。把手伸到光源前面，光亮的墙上就会出现手掌的影子。如果想要改变墙上影子的形状，一种方法是想办法修改墙上的影像，另一种方法是改变手掌的姿势。

墙上的影子，处于二维平面，而现实中的手，处于三维立体世界，影子只是三维立体的手在二维平面上的投射。当你还在盯着墙上的影子思考如何修改影像时，我已经通过变动自己的手改变了墙上的影子，这就是一个通过升维思考实现降维打击的过程。

降维打击一词最早出自科幻小说《三体》一书，是指外星人使用"二向箔"将太阳系由三维空间降至二维空间的一种攻击方式。高维生物之所以能够轻而易举地降维攻击低维生物，一个重要的原因就是高维生物拥有更多的维度，能够看到许多低维生物看不到的东西。比如，一只蚂蚁在二维平面上只知道左右、前后移动，而我们人类除了能左右、前后移动，还能上下移动，感知三维空间。虽然我们只是多了一个维度——高度，但我们已经可以轻易地决定蚂蚁行进的方向。

因此，想实现降维打击竞争者或解决久而不解的问题，可以通过升维思考形成高维优势。

升维思考，简称升维法，是指突破眼前的思考限制，让自己的思维从现有层次进入更高层次的思考方式。升维思考会使我们获得一种"元视角"，也就是能从点、线、面、体、空间、时间、具体到抽象"全方位俯瞰"到事物本身的一种立体视角。这种视角下的思考，会让我们更加全面、完整、有深度、有广度地看待问题或事物，不为一些现象层面的问题所困。升维思考也是提升创新洞察力的有力方法之一。

那么，如何建立比常人更具优势的升维思考呢？这里给大家介绍 3 种有效的方法。

2.3.1　目的升维：避免在错误的方向上越努力越陷入悲剧

记得给一家珠宝企业销售团队做绩效改进项目辅导时，我听到一个学员分享自己刚做门店销售时的尴尬失败的案例。

案例：一次积极主动却失败的销售经历

有一天快到中午时，柜台前来了一位不到 30 岁的男士，我主动打招呼问好后，就非常热情地拉着他详细地介绍柜台里几款新品的卖点以及优惠活动，差不多自顾自地介绍了十多分钟。结果，他的女朋友走了过来，用异样的眼光打量了下我，对那位男士说："干什么呢？你不是请我吃饭吗？在这儿瞎耽误什么时间呢？"然后那位男士一句话都没说就被拉走了，留下好像被抛弃的我独自在那儿尴尬。

我对于这次经历最大的感悟就是：如果不希望被别人当成傻瓜，那么销售前的第一项任务就是要明白客户的目的。这样，哪怕知道客户只是等人，也可以用我们的引导技巧慢慢地引发客户可能的购买动机，而不是一个人傻傻地讲。

案例解析：

不管是面对自己还是面对客户，没搞明白自己或他人的目的是什么，千万别急着行动，小心错把手段当目的。

相信在日常生活中，我们会经常遇到领导、同事、朋友、亲人提出下面的需求或问题。

领导：帮我安排一下下周去一个重要合作伙伴的公司的参访行程。

同事：帮我下个月给销售部搞一场培训。

朋友：能不能给我推荐一些书？

孩子：我到底如何选择兴趣课？

一般来说，我们在遇到这些问题时，第一反应可能就是"应该怎么办"或者直接给对方建议和答案，而很少会先思考和搞清楚问题的目的是什么。

凭直觉和经验就去行动，很多时候的行动努力只能是无用功。

我经常见到企业过于强调执行力的重要性，特别是近几年更喜欢说"干就对了"，但如果企业的决策层和管理层是这样的可就真不对了！这正是一种"用战术的勤奋掩盖战略的懒惰"的行为表现。

目的式升维法则主张：清楚"为什么"要比"如何做"更重要！

目的式升维思考的关键在于需要我们在面对难题或决策时，先放慢行动，从思考问题和事物的目的是什么开始。不仅搞清楚自己的行动目的，也搞清楚提出问题的对象的真实目的。

◈ 案例：是否收购的经营决策难题

2020 年年中，我给一家专供盒马鲜生卤味食品的企业进行引导高管创新增长研讨培训时，高管团队提出："是否应该向上游收购一家湖北的养鸡公司？"

我首先说当年周黑鸭的扩张阶段也面临同样的问题，即"周黑鸭要不要养鸭？"

　　我说这个"是否应该"属于一种"如何"的问题。要想更好地回答这个问题，我们要先有一个目的式思考："我们向上游收购一家养鸡公司的目的是什么？"

　　甚至，我们最好先一起研讨"所有餐饮企业和食品生产企业选择向上游收购原材料供应商的目的是什么？"最后，我们得出产业链扩张战略的向上整合战略的目的可以总结为以下 3 个。

　　（1）实现产品差异化；

　　（2）规避原材料供应风险；

　　（3）规模经营的成本优势。

　　明确以上 3 个收购上游原材料供应商的目的后，我们就能很好地做不同的企业经营决策了。

　　我们来分析一下周黑鸭的情况。

　　一方面，从外部消费者的认知角度，周黑鸭的差异化主要源于配方和加工工艺，而非源于鸭肉食材；另一方面，即使周黑鸭自主经营"养鸭"，也并不能规避原材料供应风险，以及实现规模经营的成本优势。那么，周黑鸭最后选择只是战略合作而没有向上游投资扩张，正是因为它清楚"为什么要养鸭"。

　　最后，该企业经过分析得出和周黑鸭一样的经营决策：选择战略合作式参股，而非收购后的完全自主经营。

　　有时候我们还需要思考我们目的的"目的"，后面的"目的"实质是我们的客户或服务对象的目的，当我们犹豫不决时，就需要再多思考一层"目的"，毕竟客户的"目的"直接影响我们内部经营动作的"目的"。

　　平台战略现在特别流行，因此企业决策者就会纠结："我们应该选择平台还是自营？"

　　用目的升维法思考就会比较简单：比决定做平台还是自营更重要的是，要先把客户利益和客户目的放在第一位。我们需要自问，是平台服务还是自营服务能实现客户的利益最大化？如果我们的客户的痛点是快，为了客户利益，我们可能就要做自营。

　　什么时候适合用目的升维法呢？当我们觉得已经努力很久，事情仍如一团乱麻没有办法解决时；或难以对未来进行决策，像在迷雾中找不到方向时，就可以先试试这招简单有效的目的升维法。

　　如何使用目的升维法呢？

　　具体方法就是：将工作或生活中遇到的"如何"（How）的问题先转化为"什

么目的"（Why）的问题进行思考。例如，把"我们要不要做……"转化为"为什么要做……"把"我们是否应该这样……"转化为"我们是否清楚为什么这样……"把"我们是否可以学习……？"转化为"我们是否清晰学习……的最终目的是什么？"

需要强调的一点是，不同于 5Why 法中探究事物结果产生的原因的"为什么"，目的升维法中的"为什么"是探究事物的本质目的或意义。

首先提出"当下这些行为或面临的问题，真正的目的是什么？"然后"知其然并知其所以然"，清楚"目的"如同登高一望，最后再面对"我们应该如何做"时就会豁然开朗，实现升维思考，降维打击就容易了。

创新坚果 & 章节练习

练习 1　朋友收到一个 offer，工资增加 50%，但工作地点从深圳变动到武汉，他问你是否应该选择这个机会？

练习 2　客户对你提出的解决方案有意向，但提出了竞争对手提供了几个你们并没有优势的附加价值，怎么用目的升维法引导他？（提示客户可以有多个目的，但目的分优先级别，以及 2B 企业又分为关键决策人和相关者的目的）

2.3.2　动态升维：你在刻舟求剑，我能草船借箭

什么是荒谬？持续不断地用同样的方法做同一件事情，但是期望获得不同的结果，这就是荒谬。

——爱因斯坦

故事：总是比别人赚钱的农民

有一年，某地的茄子出乎意料地贵，有一个农民由于种了许多茄子而大赚了一笔，那些没有种茄子的人看在眼里悔在心里，抱怨自己失去了一次发财的好机会，许多人暗暗下决心第二年多种茄子。

结果由于人人都种了茄子，第二年茄子的价格暴跌，大家都损失惨重。可是却有一个人又大大地赚了一笔，正是那位第一年种了茄子的农民。因为他提前了解到很多人来年会选择种茄子，茄子收成多了，价格就不会太高，那么自己第二年专门

种大家都需要的茄子秧苗。结果，别人还在发愁田里那么多茄子卖不出好价时，他已经把钱赚回家了。

如果我们说第一年这个农民大赚一笔是靠运气，第二年他依然能大赚一笔则一定是因为他具有其他农民没有的升维思考优势。我们把这种升维思考方式，叫作动态升维法。

动态升维法，是指用动态变化的眼光或思维方式思考问题的方法。就是我们经常说的"以发展的眼光看世界"。

动态思维与静态思维相比，看见的虽然是静态的，但判断应是动态的。动态思维是静态思维在时间维度的升维。二者具体的对照区别见表 2-5。

表2-5 静态思维与动态思维对照区别表

区别项	静态思维	动态思维
关注重点	对过去和当下的"静态"关注	对当下和未来的"变化"关注
思维模式	"因"产生"果"的线性或骨牌模式	"因"和"果"往往是环形或互动模式
思维特征	事物原因与结果形成简单，形成后是不变的	事物原因与结果形成复杂，形成后仍会变化

那么，如何做到从静态思维到动态思维的升维呢？

我们可以从以下 3 种应用场景学习动态升维法。

1. 变化前的场景应用：未雨绸缪

这种动态升维应用是指我们需要建立多步骤的"未雨绸缪"的思维习惯。

借用初中的一个物理知识点：作用力与反作用力。就是要对一个动作会产生的连锁反应进行事先预判。如同在棋类对弈中高手会推演对手两三步可能的应对思考。

如果说"刻舟求剑"是一种只关注到"静态的"变化的思维，那古典名著《三国演义》中"草船借箭"的故事就是一个经典的未雨绸缪式动态升维案例。故事中的诸葛亮既有对气候因素"动态性"变化的趋势分析，又能前瞻性地预判性格多疑的曹操必会用弓箭防备敌军偷袭的连环布局。

在商业中，也需要我们前瞻性地分析思考我们发出一个新动作后，外界（竞争对手、客户、合作伙伴等动作相关方）会采取何种措施影响我们的回应动作。例如，当我们做出打折降价动作后，竞争对手马上以更低折扣的降价动作回应的双败案例；或品牌产品节假日低价打折后，消费者就会产生有需求也要等到下次打折再买的非品牌企业希望的回应动作。

以下 3 个问题可有效地提升未雨绸缪的动态升维思考能力。

（1）如果我们发出一个新动作，相关方会产生什么回应动作？

（2）这些回应动作是我们希望的还是不希望的？

（3）最后，我们选择替换有风险的新动作，还是继续新动作并准备相关方回应动作后的预案动作？

让我们再看一个利用动态思维成功地以弱击强的经典商业案例。

案例：中国火腿肠大战，开山鼻祖春都卖到 3 毛一根，为何还能输给后来者？

提到火腿肠品牌，估计很少有人还会记得火腿肠的开山鼻祖——洛阳春都集团。

20 世纪 90 年代，春都因一个"会跳舞的火腿肠"的广告而红遍大江南北，开创了以中国西式灌肠系列产品为主导的新兴产业，并成就了行业内绝对的霸主地位。

但今天在市场上，为什么很少看到春都的火腿肠了？

用春都曾经的一位宣传部部长的话来说，"老大"春都不小心败在了"小弟"双汇精心布置的一场价格战的局里了。

当时中国企业竞争的特点是，打到最后，就是打价格战。

首先双汇发起了价格战。火腿肠的主要成分是肉，其他的成分包括淀粉、味精、食用油等。对于火腿肠企业来说，打价格战，最好的办法自然就是降低肉的含量。常规的火腿肠，肉的含量一般是 85%，价格一般是一根 1.3～1.5 元。我们就算它 1.3 元吧。双汇开始把肉的含量降低到 75%，价格降到 1.2 元。

双汇通过降低成本来打价格战的消息很快就被春都知道了。春都当然不能看着双汇通过这种方式攻城略地，挤压自己的市场空间，必然要跟进，于是也降到了 75%、1.2 元。春都跟进的消息马上被双汇知道了。双汇一看，继续降到了 65%、1.1 元。春都当然不会善罢甘休，随即马上跟进。双汇一看春都跟进了，继续降。春都继续跟进，双汇继续降……几个回合下来，火腿肠的肉的含量已经降到了 15%，5 角一根。

但这个时候火腿肠几乎已经没法吃了。

过去火腿肠的主要成分是肉，肠是有弹性的，掰一下它会弹回来；现在的肠，基本就成了面疙瘩。很多人买了之后一咬，呸！不是那个味道了。春都的火腿肠也降到了这个份儿上。

但就在这个时候，春都突然发现了问题。

双汇在所有的宣传渠道里大张旗鼓地宣传的就是这种廉价火腿肠。但是双汇在实际的操作中,肉的含量每降低 10%,产品的产量也相应地降低 10%。所以到了 5 角钱一根火腿肠的时候,这种产品只占双汇所有产品产量的 10%。而春都 100% 的产品,全部降到了这个地步。这意味着什么呢? 10 根火腿肠之中,双汇只有 1 根是劣质火腿肠,而春都 100% 是劣质火腿肠。

消费者很快就不吃春都的火腿肠了,经销商也不进了。春都一看不好,赶紧回来生产高端的火腿肠。但是市场上一个品牌一旦倒掉,想重建信任是非常困难的。春都的高端火腿肠上到 10%,就再也上不动了。由此,在各自的产品结构中,双汇是高端火腿肠占 90%,而春都是低端火腿肠占 90%。双汇从此牢牢地把春都压在了低端市场上。

案例解析:

有人说春都衰败是因为其忽视了产品品质,让火腿肠从"跳舞的火腿肠"变成了"烂面棍"。主要原因还是其跟双汇打了一场没有一点儿动态思维的价格商战。本是王者的春都被初生牛犊的双汇,一步步引入了对其非常不利的低端市场。更要命的是,春都既没有产品布局的应对策略,又不关注市场消费者的动态反馈。当春都为了价格战把产品全都变成"烂面棍"时,消费者的体验是骗不了人的,最后品牌砸了,走向失败也就成了必然。

2. 变化后的场景应用: 探寻变量

这种动态升维应用是指面对变化后,我们要建立一种识别关键变量后创新解决问题的思维习惯。

小时候我们都学过曹冲称象,把大象宰了,切成块来称的解决思路就属于静态思维。而曹冲创造出了用石头代替大象,在船舷上刻画记号,然后再一次一次称出石头重量的创新办法。从数学视角点评,曹冲有效地使用了"等量替换法",即让大象与石头产生等量的效果,使"大"转化为"小",分而治之。从创新洞察力的角度看,这一难题得到圆满解决的关键在于曹冲具备动态升维思考的识别关键变量的能力。

相信大多数人都经历过这样的情况:"以前很好用的方法,为什么无法有效地解决现在的问题呢?"

"过去有效,现在失效",这实际就是动态升维法的另一价值应用场景。

我们首先要意识到一定有什么隐藏的因素发生了变化。我们的关注重点是要探寻引发不良变化背后的关键变量。下面两个问题可以指导我们做动态升维思考。

（1）当产生了不好的结果时，是什么前提发生了变化或出现隐藏前提？

（2）发现和识别前提变化或隐藏前提后，我们的新动作将是什么？

如面对近几年咨询客户提出的最多的问题："我们的业绩大幅下滑，如何实现业务升级？我们的业务量拦腰减少，如何实现战略转型？我们的销量没有增加多少，但利润大幅减少，如何保利润并活下去？"

实际上这些问题就属于动态环境下的创新增长问题。这时就需要重新评估和检视组织的商业模式，可以使用商业模式画布分成 3 类问题进行系统性的变量识别。

（1）价值创造类问题检视

我们的客户群体是否发生了变化？是否产生了新的客户群体？

基于客户群体或客户需求的变化，我们原有的商业价值是否发生了变化？

我们的渠道通路和客户关系是否发生了变化？

（2）价值交付类问题检视

我们与客户建立链接的关键活动是否发生了变化？

我们原有的核心资源是否已实现价值最大化？我们是否需要新的核心资源？

我们已有的重要伙伴是否已实现价值最大化？我们是否需要找寻 / 培育新的重要伙伴？

（3）持续发展类问题检视

我们的收入来源、收入结构是否会发生变化？如何调整实现控本增收？

我们的成本结构、资金投入是否会发生变化？如何调整实现增效节支？

如果不想让过去的优势变为劣势，持续保持对关键变量变化的动态升维思考，然后有针对性地重构商业模式创新，才是破局之道。

3. 变化中的场景应用：发现机会

这种动态升维应用是指我们身处多变的环境时，要建立化"变化是危险"为"变化存在机遇"的思维习惯。

以下 4 个问题可以指导我们做动态升维思考。

（1）有什么因素发生了变化？

（2）这些变化会引发什么趋势？

（3）这种趋势会产生什么样的积极的和消极的影响？

（4）我应该有何调整或新动作来规避风险并将变化转化为机会？

"今年种西瓜，还是明年种花生？"农民大叔的故事，时时会在竞争激烈的行业里演绎。

有一种说法，"一个行业的内卷（内部竞争）越严重，这个行业的上游企业的日子就越好过"。

比如，我们都知道最近几年奈雪、喜茶、茶百道、沪上阿姨、一点点等新茶饮品牌在高速发展，这些品牌除了进行区域布局、门店扩张之处，也在不断高频地推出新品。在行业头部（如奈雪）都还处于高投入后的亏损状态时，靠给这些头部茶饮品牌销售原料果汁的供应商田野股份，最近 3 年的业绩却一路高涨：2019 年营收 2.90 亿元，2020 年营收 2.66 亿元，到 2021 年营收提升至 4.59 亿元，较上一年增长 72.56%，净利润为 0.65 亿元。

因此，化别人在抱怨的竞争越来越加剧的趋势为可以驾驭的创新机会，是动态升维的一大应用价值：淘金路上永远是卖铁铲的最赚钱。让我们再来看一个化"变化为机遇"的案例。

● 案例：你看到的是全民低头族，他们却看到了单手经济时代

"世界上最遥远的距离，是我就在你的对面，你却在玩手机"，这句调侃道出的却是太多的无奈。有一则"80 后"夫妻同睡一张床，每晚却用手机发晚安的新闻，引发了许多人对手机上瘾和低头族的热议。

现在几乎人手一部手机，在上下班的地铁上、聚会吃饭时，甚至男女朋友约会时，大多数人大部分时间都在看手机。人们的生活中已经离不开手机，这就造成了低头族现象。

因为考虑到低头族越来越多以及长期低头的趋势可能引发的种种危害，许多公众场景已经开始发出"不做低头族"的倡议。

大众接受这种趋势存在长期必然性。不少企业却发现这种趋势背后的一种经济时代的到来，即单手经济时代。

比如一家鸭脖店和一家小龙虾店开在相同地段，但是鸭脖店的客流量比小龙虾店多；一家奶茶店和一家甜品店也开在相同地段，相比之下，奶茶店的客流量更大。调查显示，可以单手完成吃喝的店铺的生意更好，这就是单手经济。

休闲食品的消费者们全部都是手机用户，在食用休闲食品时，他们越来越难以把两只手都从手机上挪开，最多能够腾出一只手。在这种情况下，休闲食品企业想要争取消费者，就得让用户单手就能够搞定整个食用过程。

这些休闲食品企业都做了哪些创新动作呢？

（1）改包装，把以前的大袋包装改成独立小包装还不够，还得从块状、圆球状变成长条状。

（2）在包装袋上做撕线，让消费者单手也能够撕开。

（3）把食品包装袋里的调味液换成调味粉，这是为了让消费者在单手操作时，不会把液体滴漏在衣服上。

比如现在便利店里有一种速冻海苔小饭团的销量特别好。这种品牌的商家虽然很多，但各家都有一个共同点：饭团们不约而同地采用了一种易拉型的包装。顾客购买饭团后，在超市或者家里的微波炉里热两三分钟，就可以单手拉开包装的易撕口，边走边吃或者边吃边刷手机。

我从超市老板那里了解到，早餐饭团是卖了好几年的经典货了，这两年最大的变化就是改成了可以单手撕开的包装。在不同的超市里，这种饭团 2020 年的销量比 2019 年增加了 3～7 倍不等，而且进入 2021 年还在涨。它就是受益于"单手经济"。

虽然很多人也用"唯一的不变就是变化"来表明对变化的重视，但动态升维思考的根本在于更关注"动态性"变化以及能够关注变化的"动态性"。

提升动态升维法有两个关键：首先，要建立"拥抱变化"的积极认知；其次，要小心无深度思考的盲目跟风式"随变而变"。短趋势小投入，长趋势大投入。

最后，可以确定不变的一个认知就是：提升对动态变化趋势周期长短的研判能力以及趋势与资源的匹配能力，将是每个人及组织应对不确定常态社会的核心能力。

创新坚果 & 章节练习

练习 1　小包经济趋势：根据调研显示，在 2016 年以前，主流中国女性的包的平均尺寸是 45 厘米 ×35 厘米；到了 2018 年前后，缩小到了 28 厘米 ×12 厘米；最近两年，又缩小到了 19 厘米 ×12 厘米。不仅如此，现在的包越来越迷你，人们已经不再把包当成装物品的容器，而是当成装饰品。请思考哪些相关行业或企业的产品，需要有所创新以满足此趋势变化？

练习 2　有一家名叫 WearLively 的做女性内衣的公司，其创始人曾是维多利亚的秘密的高管。她敏锐地发现，年轻女性们越来越讨厌维多利亚的秘密主打的"性感"元素，她们认为穿内衣不应该是为了塑造完美体型，转而把"舒适健康"看得更重要，并且相信女性应该为自己的本来身材感到坦荡和骄傲。基于上面的可能出现的趋势变化，请思考还有哪些相关行业或企业的产品，需要有所创新以满足此趋势变化？

2.3.3 系统升维：低水平重复和高维度破局，你选哪个？

🍵 案例：谁是造成公司业绩下滑的"罪人"？

公司的销售经理总在抱怨产品太少了，客户有这个需求、那个需求，产品部门却说太忙不能全面满足。销售经理认为如果能满足这些需求，公司的销售额早就上去了！

与此同时，产品经理的怨气也不小：销售部门不给力啊，我们上次做的产品又卖不出去，如果你们能多卖一些，我们就有动力做新产品了！

两个部门的经理相互抱怨，大家都想找出谁才是造成公司业绩下滑的那个"罪人"。

事实上，生活和工作中存在太多这种"先有鸡还是先有蛋"的难解问题。如被普遍传播的"公司内部鄙视链"（见表 2-6）就是上述升级版的复杂问题，我们称之为"轮回问题"。

表 2-6 公司内部鄙视链

	研发部	生产部	销售部	客户服务部	管理部门
研发部眼中	我们是"雷布斯"	只是一个"干活的"	卖东西的	多余的，干杂事	官僚
生产部眼中	只是"纸上谈兵"	我们是真刀真枪的"实干家"	卖东西的	只是收尾或"打打杂"	不懂，净瞎指挥
销售部眼中	只是一些"技术男"	"干活的"	我们才是真正的价值创造者	没多大必要	干不好服务的服务员
客户服务部眼中	不知整天在捣鼓啥，根本不明白客户需要什么	要是他们能做好自己的工作就好了	自以为和客户很铁，其实只是搞搞关系、"耍嘴皮子"	没有我们，公司怎么收得上钱来	净出一些冗长的流程、僵化的规定
管理部门眼中	惹不起的"大神"	只知道低头干活儿	另外一尊"大神"	经常"小题大做"	没我们，公司根本运营不起来

如果用小时候看动画片时先要分清楚好人坏人的散点思维或线型思维来解决这种"轮回问题"，必然是无解的。

大部分人的大部分时间和精力，都在低水平重复地消耗于这种"轮回问题"之中，就像轮圈里面的小白鼠，怎么努力向前跑都停不下来。一件事之所以来来回回，是因为这个局里根本没有解决方式。除非你能看透这个局，破局跳出，才能停止这种轮回。

事实上答案根本就不在前方，只有退后登上更高的维度，才能看到整个系统并找到破局之处。这就是系统升维。

系统升维是相对散点思维和线型思维的升维思考。

散点思维，又称点状式思维，是指一种非常片面的思维，只能看到问题的表面，但不具备了解事物原因和本质的能力。具有散点思维的人，所有的知识或者认知都是独立的、零散的，没有建立相应的联系。

比如，公司业绩上有问题，自己不知道哪里出了问题，听到朋友说是产品设计的问题，就去解决产品设计的问题。看了一篇文章说团队激励可以提升业绩，就又去关注团队激励。

线性思维，是指思维沿着一定的线型或类线型（无论线型还是类线型，既可以是直线也可以是曲线）的轨迹寻求问题的解决方案的一种思维方法。线性思维虽然相比散点思维有一定的逻辑性，但它仍有缺点。线性思维的人只能通过有明显路径的方式来解决问题，他们看不到事物之间更复杂、更曲折的因果关系，只关注到局部，从而忽略了整体。线性思维在一定意义上属于静态思维。

比如，公司招人时因工资待遇不符合对方要求，招不来人才怎么办？因急着用人，就加高工资把人先招进来了。结果看似解决了一个问题，实际上会导致内部老员工不满意等更多的问题。这就是典型的线性思维解决问题的模式。

那么，到底该如何从散点思维、线性思维升维到系统思维呢？

首先，我们要了解系统的概念。

这个词我们并不陌生，因为我们每天都身处各种系统中，如社会系统、经济系统、网络系统。系统这个词的内涵非常广泛，人体是一个系统，人体内还有各种子系统，如消化系统、免疫系统。大自然是一个系统，一个家庭是一个系统，公司是一个系统，国家是一个系统，一个球队也是一个系统。

那什么是系统呢？系统是由一组相互连接的要素，在一定时间内，以特定的行为模式相互关系并相互影响的整体，作为整体又有一个共同的目的。

任何一个系统的运转都由 4 个要件共同决定：系统目标（或功能）、系统要素、系统结构、系统外部环境的约束。

例如，如果我们把一家公司的营销看作一个系统，则该系统的目的和功能是为公司带来收入增长；渠道、产品定价、产品模式、销售模式等是其中的系统要素；上述 N 个要素一定会遵循某种结构在公司的营销体系中被联系起来，而一家公司的营销系统可以由策划体系模块、品牌与宣传体系模块、客户产品体系模块、渠道体系模块、运营支撑模块和管理支撑模块六大部分组成（具体各家公司营销系统的主要构成会有所差别）；想要实现预期的营销效果，还需要遵循特定行业和区域政府政策等环境的规则。

基于对系统的概念的理解，我们可以简述解决复杂问题的系统思维的构建过程：

明确系统的根本目的和目标（目的升维），围绕系统各要素及相互间的结构关系进行分析（动态升维），识别系统关键要素，再基于特定规则对关键要素进行干预和调整，最终创造性地达成系统目的（系统升维）。

因此，我们面对复杂问题时，可以通过对下面 4 个问题的思考来实现系统升维。

（1）该问题所在系统的目标（或功能）是什么？

此项应用前面章节的目的升维法内容就可以轻易地解决。

（2）该系统由哪些基本要素构成？是否遗漏关键要素？是否有可借鉴的成熟的"系统模型"？

这个世界太过庞大、复杂，让一个新人很快就能理解和清楚整个"社会系统"或是"商业系统"，注定不现实。所以在一些大家都面对的共性难题上，可以尝试找到已存在的可借鉴的系统要素构成分类标准，即学习已有的成熟的"系统模型"。如分析企业宏观环境系统的 PEST 模式，分析组织营销系统的 4P 理论模型等。然后再在实践中不断地优化和内化。至少这样做就不容易忽视或遗漏系统其他关键要素的散点思维。

（3）该系统的 N 个要素之间，是按照怎样的结构关系被组织和联系到一起的？关键要素间的关系是什么？

在一个系统中，很多时候要素是最显性的，要素间的结构关系却并不明显，但要素之间的关系是比要素更重要的，甚至是决定性的。虽然系统由 N 个要素组成，但系统的整体功能并不等于它的各个组成部分功能的简单相加。孤立的各个组成部分本身并不构成系统，只有在各部分的相互联系、相互作用中才能形成系统。实际上，正是系统各个组成部分的相互作用、相互联系才形成了系统的整体性能。因此，系统的整体大于部分之和，多出来的部分就是要素之间的关系。同时，要素的结构关系不变，系统的结果也不会变。

所以，很多时候单独看，每一个要素都是对的或好的，但要素之间的关系如果没有契合，系统的功能就并不是最佳的。这就是为什么一个人做的每件事可能都是对的，但是如果每件事并非相关联地朝着同一个目标努力，就会导致"持续性努力，而长期性迷茫"。

因此，清楚要素间的相互联系、相互作用才是解开一切复杂难题的关键所在。

（4）该系统在运转过程中，会受到哪些环境的约束？是否需要继续升维到更大的系统中去思考？

很多时候，一个系统被另一个更大的系统嵌套，就像一家公司会被行业嵌套，而一个行业又会被整个社会嵌套。同时，每一个系统都必定会被更大的系统环境的规则约束。就像竞技体育一样，理解了这些规则，我们才能更好地利用好规则，在不犯规的情况下与其他人进行竞争和互动，从中获取更大的收益。围绕着如何理解和利用好所在环境的规则，就产生了"竞争策略"。而在复杂的竞争面前，好的策略和差的策略，也就是我们在前面的章节中提到的战略级增长和战术级增长的区别，可能会带给我们数十倍以上的差别。

那么，带着系统升维的思维方法，我们再看本节前面"找公司业绩下滑的'罪人'"的案例。

首先，销售经理和产品经理的死磕，肯定不是人品问题，也不是制度问题，即使再换新的销售经理或产品经理，以及出台激励或处罚制度，都不会改变这种"轮回问题"。

但把这个难题升维到"商业模式系统"，用其中的价值主张画布（见图 2-4）模型来分析，就能精准地诊断出上面的难题的根本解。

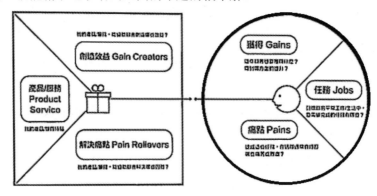

图 2-4　价值主张画布

价值主张是整个商业模式系统的核心，它描述了产品提供的价值（图 2-4 中左边的方形）和顾客需求（图 2-4 中右边的圆形）之间如何建立联系以及为什么顾客要去购买产品。价值主张画布的价值是用于创新和改进价值主张。它的终极目标是让创业者或企业提供的产品与市场相匹配，符合市场需求。好的价值主张，强调产品和服务应该优先满足用户最重要的痛点、收益，而不需要解决用户所有的痛点和收益。

因此，看似销售经理抱怨产品太少，提出了客户的众多需求。在理解了价值主张的左方右圆模型提出的产品和服务与客户需求的元素间结构的契合关系后，就会清楚上面问题的根因是企业的客户细分和客户定位不清晰。

由此，就造成了产品研发者没法集中火力针对某一目标客户群体迭代出足够好的产品，自然也没法获得决定性的市场优势；产品没有竞争力，而销售要在短期内创造利润，只好转向其他客户，提出各种产品需求。产品经理如果接招，一定会加速这个"死循环"。否则，企业往往进入的不是一个有 1 万家公司的市场，而是进入了 1 万个市场，一个市场中才有一家公司。这样企业的资源消耗极大，却肯定带不来规模经济效应。

有了对问题的根本原因的分析后，那么问题的根本解的方向就是重新调研，圈定大市场的核心痛点，暂时不要以销售额为第一目标，而应该以目标客户的满意度为首要目标。这样才可能重新回到客户满意，订单增加与成本降低，有充分的现金流继续研发和生产更有竞争力的产品，客户更加满意而不断增长复购，企业销售额和利润双增长的良性循环。

"轮回问题"在我们身边处处可见，只有构建系统升维，才能探寻到职场和组织的增长引擎，否则就会持续陷入人生的死循环。系统升维的价值就在于，让我们思考决策的质量和认知能力直线上升，进而让我们能够依靠有效的决策和创新获得更大的成功。

但我们要清晰地明白任何系统升维都不可能一劳永逸，我们的问题在原有系统内被很好地解决了，但系统外大环境的约束条件会发生改变，这就需要我们将系统升维作为一种持续的思维习惯。

总结一下本章的 3 种升维方法，目的升维强调从"术"到"道"的高度维度升维；动态升维强调从静态到动态的时间维度升维；系统性升维则是从点、线、面到体及结构性的全局维度升维。本节的系统升维在前两节基础的升维里，可以说是升维的最高境界。所以我们可以逐步从目的升维到动态升维，再到系统升维训练提升自己。所有人最初眼中都习惯看到单点，只有经历积累到了一定阶段，我们才能看到单点之外的全局，才会慢慢形成自己的系统思维能力。

经常会听到有些伙伴提问：到底拆解要素的还原论好，还是升维思考的系统论更好？

其实，角度没有好坏，都是简化世界和创新解决问题的一种思维模式。

这两个方法有各自的适用的场景：在解决独立、单点、静态、局部的简单系统时，还原论的思路更加有效；在面对动态的、复杂问题时，系统论的方法更加有效。

在分析物理、化学这种非生命体、自然科学的时候，还原论更有效；在讨论生物、社会、心理这种生命体、交互性多的领域，系统论更重要。

在具体解决复杂难题时，还原论视角和系统论视角不仅不是对立矛盾的，反而是相互关联的。

创新坚果 & 章节练习

练习 1　近几年持续出现"果链"（苹果公司供应链）企业因不确定原因被踢出局，造成企业重大经营风险的事件，请用系统升维方法思考，如何破局"果链"企业带着"蜜糖与枷锁"的延续增长困境？

2.4　洞察用户：如何成为客户的"天使"？

洞察别人需求的能力，是获得成功幸福人生最重要的一种能力。

——戴尔·卡耐基

做创新，最怕两种过度关注。一种是过度关注自己的产品，会变成穿着新衣的皇帝，产品最终成为"我以为"客户喜欢的自嗨式产品；另一种是过度关注竞争对手的动作，陷入无谓的对抗消耗，产品最终成为"我也是"无差异化的平庸式产品。

这两种过度关注，往往是因为没搞明白企业存在的真正目的。

许多人会想"企业的目的在于盈利"，再多想一层的是"企业的目的在于获得客户与保持用户的同时还能盈利"。这两种观点都没错，但他们只是从传统的内部角度看待企业本质。是否还应该有更深层次的思考？

那就是德鲁克提出的"企业的目的只有一个，就是创造顾客！"这句话强调"创造"而非"满足"，强调"顾客"而非"产品"，字字珠玑地为创新者们揭示了企业存在的终极目的。

做创新，就应该从两种过度关注回归到最应该关注的"以客户为中心"上，但"以客户为中心"并不是"把客户当作上帝"，因为"上帝"需要我们敬畏，敬畏就让我们和客户之间的距离过于遥远。我们需要成为客户的"天使"，因为"天使"的使命就是了解和帮助人们实现美好幸福的生活。

其中最核心的行为就是洞察客户的真实需求，客户需求是发现创新机会点的北极星，客户需求更是所有商业的起点。只有了解客户内心的需求，才能提供贴心的产品或服务，这样获得客户、保持用户以及盈利，都只是水到渠成的结果而已。

但洞察用户真正的需求却并不简单，因为很多时候用户自己都并不清楚自己到底想要什么。

需要感谢的是创新大师克里斯坦森在《创新者的窘境》之后的又一力作《创新者的任务》，为所有创新者清晰并简化了这项复杂任务。经过 20 年的不断研究，克里斯坦森提出了用户待办事项（jobs to be done，JTBD）理论，指出"用户实际上购买的并不是某项产品或服务，而是为了让自己的生活更美好，这样他们才能将这些产品或服务带入生活"。

换句话说，用户只是在"雇用"这些产品或服务以完成待办任务。用户要的不是产品，而是更美好的自己；用户选的不是产品，而是道具、剧本和角色。在理解这个理论之后，洞察用户需求就非常直观地转换为"探索用户的任务目标"。因此，洞察用户的本质就在于对用户待办任务目标的本质理解。

这样，就需要创新者成为用户的"天使"，通过用心倾听、观察等方式，更好地帮助用户在待办任务中更美好地出演自己喜欢的剧本和角色。

2.4.1　倾听：倾听这 4 类人群，不要再说创新很难了！

倾听是我们对任何人的一种至高的恭维。

——美国钢铁大王卡耐基

美国商学院有一门让学生去感受用户的感受的课程，课程方法是"黏土塑形练习"。两个学生组成一组，一位学生提出需求，另一位学生用黏土塑造产品。

比如我们俩一组，你问我中午吃啥，我说吃烤鸭。

于是你就开始制作工具，不一会你制作出来了一套完美的工具——刀、叉……

你很满意地递给我，然后问我，喜欢吗？

我会告诉你，我不喜欢，因为我吃烤鸭的时候习惯直接抱着啃。

问题出在哪里？

你根本没有去听我的想法，更不用说倾听我的内心了。

这个体验课程就会让学员发现，只有我们跟对方进行深入的聊天并倾听对方的内心，才有可能发现这个人吃这个东西的目的、方法、背景、乐趣等，这样才能找出对方真正需要的是什么。

倾听用户内心，才能听出需求。洞察用户可以先从同用户对话和倾听用户开始，但一个产品或服务的消费者那么多，我们究竟应该选择问谁、问什么以及倾听什么呢？

其中 4 类人群非常重要，这 4 类人群按与企业的亲密度和贡献度分为 4 个象限（如表 2-7）：第一象限高亲密度、高贡献度的是深爱你的人；第二象限高亲密度、低贡献度的是喜欢你的人；第三象限低亲密度、低贡献度的不爱你的人；第四象限低亲密度、高贡献度的是怨恨你的人。只要针对这 4 类人群进行有效对话和深度倾听，发现创新机会点就不难了。

表 2-7　四类用户倾听对象

亲密程度	贡献程度	
	低贡献度	高贡献度
高亲密度	2. 喜欢你的人：已关注的潜在用户	1. 深爱你的人：超级与忠诚用户
低亲密度	3. 不爱你的人：未知者或竞品用户	4. 怨恨你的人：差评或抱怨用户

1. 深爱你的人：超级用户与忠诚用户

深爱你的人，往往是你的重度消费者，就是我们所说的超级用户和忠诚用户。

这类人群往往具有"三高"的特征：高购买频率、高购买单价、高使用频率。这类人群，也是企业最爱的。

企业要保持和这类人对话，因为这类深爱你的人，才真正知道你的"美"在哪里。而能够回答你的人，也就是深爱你的人。通过倾听他们、和他们的对话，可以挖掘两类创新价值。

（1）发现产品的新功能、新服务或新场景创新

一个优秀的产品经理要做到两点：到用户中去、从用户中来。甚至很多时候，深爱你的超级用户可能才是你最好的产品经理。不信，让我们看下面的一个经典案例。

案例："死在当下"蟑螂喷雾剂的创新

正常情况下，1 瓶蟑螂喷雾剂可以用 4 个月，但是有个老太太 1 个月就用了 4 瓶，于是蟑螂喷雾剂公司就找到这个老太太做调研。

老太太的丈夫已经离世了，目前独居。对公司的调研，老太太很欢迎。

公司调研人员问她："您平时是怎样使用蟑螂喷雾剂的呢？"

老太太说："我就是正常使用，发现蟑螂，就喷它，把它喷死。"

这时，正好出现了一只蟑螂，老太太就拿起蟑螂喷雾剂，对着蟑螂一顿喷，直到蟑螂不再动弹，嘴里还骂了一句"该死的××（其丈夫名字）"。调研人员随即明白，正常人喷几下，蟑螂就会跑到角落，然后死掉，而老太太要亲眼看着蟑螂死掉，她杀死的不只是蟑螂，还有心中的怨气。

于是，一款名为"死在当下"的蟑螂喷雾剂诞生了，成为这家公司卖得最好的产品之一。这款产品只有正常产品一半的大小，但价格一样，只是里面添加了麻醉成分，可以让蟑螂死（不动）在当下。

关注客户，特别是这些"深爱你的人"当中差异化的、用量大的、使用很频繁的、用途莫名其妙的特殊用户，就会获得产品新的使用方法、使用场景、使用产品解决问题的途径信息，进而激发新产品的功能创新、服务创新或场景创新。

（2）提升复购率和推荐率的营销创新

懂你的"最美"的人，不一定是企业自己，反而是身边"深爱你的人"。因为他们真金白银买了那么多，一定是觉得有值的地方，只有他们才最知道你的"美"，并可以把你的"美"继续放大，做到最好的传播分享。因此，要多与"深爱你的人"对话，并倾听他们的声音，这既是提升用户复购率与推荐率的创新机会点，也是许多品牌营销创新的机会点。这些你想要的正确答案都在爱你的人心中。下面就分享一个经典的案例。

我们都知道百事可乐一直是可口可乐的晚辈。两乐之战的前期，百事可乐一直惨淡经营，最大原因就是受到巨头可口可乐的狙击，可口可乐以自己悠久的历史和美国的传统文化为卖点，嘲笑百事可乐是一个刚刚诞生的，没有历史，没有文化的品牌。而当时的百事可乐作为一个初创品牌，确实没有太大的实力通过广告战来直接对抗可口可乐。

真正让百事可乐产生破局思路的就是拥护它们这个新品牌的超级用户，这些用户选择百事可乐就是因为它的"新"，他们认为可口可乐是他们父母辈的选择。于是，百事可乐就打出了以"新一代的可乐，新一代的选择"为主题的广告，宣讲新可乐的好处，并主攻喜欢尝试新鲜事物的年轻人，可口可乐铺天盖地的广告反倒帮助百事可乐树立了新一代可乐的品牌形象。最终百事可乐那年轻、有活力的形象悄无声息地在年轻人心里生根发芽。

营销高手们喜欢说这样一句话：口碑才是最高级的营销。而用心倾听超级用户的"口碑"正是企业转化为自己营销宣传的一种有效方式。任何一个产品不可能让所有人都深爱，但深爱你的人更容易影响可能会爱上你的人，这样提高产品的复购率和推荐率就并不太难了。

和"深爱你的人"进行对话和倾听的重点如下。

（1）为什么他们这么喜爱（一直高频大量地购买）你的产品？

（2）他在什么场景完成了什么任务？达到了什么效果？

（3）他为什么向朋友推荐你？他认为最值得分享的价值是什么？

（4）他跟朋友是怎么推荐你的？他最喜欢的描述语言是什么？

2. 喜欢你的人：已关注的潜在用户

喜欢你的人也可以称为暗恋你的人。他 / 她早就知道你了，并可能已经关注你很久了，知道你的好，但总因为一些顾虑而没有最终购买你的产品或服务。

宝洁旗下的帮宝适在最早进入中国时，许多婆婆担心纸尿裤会闷宝宝的屁股和隐私部位而非常抵触给孩子用纸尿裤，甚至认为妈妈如果用纸尿裤就是因为自己太懒，只想自己睡个好觉而不管对孩子好不好。因此，在这样的观念压力下，许多妈妈就存在购买和使用纸尿裤的心理顾虑。

这个时候，帮宝适经过调研了解到用户家庭中存在这样的顾虑后，开始有针对性地推广各种营销活动。如大力支持设立"中国婴幼儿睡眠日"的提案，向大众普及睡眠对婴儿的注意力、处理信息能力和沟通能力等具有重要的意义。并进而推出"金质睡眠"活动，活动的核心诉求就是唤起父母对婴幼儿睡眠问题的重视，促进宝宝的健康成长。后来非常成功的"沉睡是金"电视广告的持续播出，从用户认知层面彻底打破了所有的心理顾虑后，就好像万里大坝被打开了一个缺口一样，纸尿裤的销售量得到了大幅提高。

总结起来，暗恋你的人却一直没有大胆示爱的（购买）行动，往往可能存在以下 3 种顾虑。

（1）认知型顾虑：存在某些来自公众或受身边人观念影响的心理顾虑。

一旦通过倾听了解用户未购买是因为存在此类认知型顾虑，那么应对之道可以如帮宝适一样，从重建观念的营销宣传着手。

（2）信任型顾虑：还存在希望对你进一步了解的信任顾虑。

在了解用户还存在这类信任度不够的顾虑后，可以采取三管齐下的解决方案。首先，以专家、专业认证机构及已购熟人用户背书的方式，通过增加权威性消除信任顾虑；其次，做出如"七天无理由退货"等品牌承诺，消除这类人对购买产品的品质不佳的担心；最后，策划或推出用户购买前的使用体验活动，用真实的产品品质和使用体验进一步消除这类人的信任顾虑。

（3）价格型顾虑：存在购买到底值不值的价格顾虑。

在了解这类人还存在产品或服务"到底值不值"的顾虑后，除了采取信任型顾虑的三管其下的动作外，还可以增加 3 类动作。首先，可以采用分期或延期支付的方式，来降低支付能力不足的用户面临的高门槛；其次，可以增加使用产品或服务前后效果价值的对比宣传，以消除这类用户的犹豫心理；最后，还可以利用心理账户理论消除用户的付款疑虑，如某儿童兴趣班的话术："用一顿饭的钱（每天半包烟的钱）就能给孩子报这个班了，孩子从这个班里面能够学到 ××，为将来 ×× 打基础。"

此外，还有一类更特殊的"喜欢你的人"，明明你和他 / 她都明确了关系（已经购买了你的产品，并且使用满意度很高），但对外却不承认你的好或不公示这种关系（不愿意展示在使用你的产品和向身边朋友推荐你的产品）。这中间也必然存在隐形的心理顾虑或不方便的卡点。和这类特殊的"喜欢你的人"进行对话和倾听同样会发现许多创新机会点。

如非常值得创新者学习的一个不得不提的案例"三顿半返航计划"。

"将散落在星球的咖啡空罐进行回收，就像巡游太空的舰队返航。"返航计划是三顿半一项长期的空罐回收计划，平时喝完的空罐不要扔，可以提前通过专属小程序预约，在指定的日期带着它到分布在城市各个角落的返航点兑换新款咖啡或者限定主题周边。

零食的包装袋和饮料的瓶子，在大部分人的认知里，都是会被随手扔进垃圾桶的垃圾。但是三顿半开辟了一条出其不意的路线，它摒弃了传统速溶咖啡的塑料袋包装，创造性地设计出了"小杯装"，不同口味的小罐子还有不同编号，罐子的颜色也不同，由此塑造了品牌的独特符号资产。三顿半并没有只停留在这一步，因为"小罐子"充其量就是一个有意思的包装而已，它进一步提炼出了罐子的可玩性，把空罐回收包装成一场有意思又有意义的代号为"返航计划"的活动。

案例解析：

一个个咖啡罐子本身并没有魔力，只有把它游戏化的时候，它才能成为社交货币。三顿半借助仪式感满满的活动，把多彩的咖啡罐做成了社交货币，也成功地把

"返航计划"沉淀为一种流行于年轻群体中的品牌文化。隐形的一大价值还在于给予了喜欢它的人，更多参与和分享正能量的机会——我是一个愿意为环保做贡献的人。记住，比起分享你的产品或服务，用户更愿意分享的是自己美好的生活方式。所以三顿半"返航计划"的成功正是践行克里斯坦森教授提出的 JTBD 理论的一个极佳案例，成为用户的天使，帮助用户成为更美好的自己！

和"喜欢你的人"进行对话和倾听需要关注的重点如下。

（1）他们喜欢而没有购买你的产品或服务，存在什么隐形的顾虑？

（2）他们明明对你的产品或服务很满意，又存在什么顾虑或不便而没有分享或推荐呢？

3. 不爱你的人：未知消费者或竞品用户

还有一类人我们要与之进行对话和倾听，那就是有产品或服务的购买需求，却没有购买的"不爱你的人"。

那么，"不爱你的人"会是谁呢？

如果我们把消费者的购买过程拆解为认识需要、收集信息、选择评价、决定购买、购后感受 5 个阶段，就可以把出现在前 4 个阶段的"不爱你的人"，分为未知消费者和竞品用户。而和"不爱你的人"对话，可以创造渠道、营销和运营等多方面的创新价值。

（1）未知消费者

这种人是因为不知道你，所以没办法购买你的产品或服务。如果用户是因为不知道你，所以没有购买，那大多是营销渠道、品牌识别或价值定位存在问题。

了解营销渠道的有效性，近几年除了使用数字化手段识别外，通过线下接触倾听消费者的心声，也是企业应该定期做的工作。因为很多时候数字化手段采集和分析的结果不能完全反映，或者会延迟反映消费者的行为变化。

在提高品牌的易识别度方面，同样需要与消费者保持持续的了解和测试。除了会有竞争者模仿干扰的因素外，消费者也会存在审美疲劳。这样才能适时、有效地采取一些品牌识别强化或识别系统升级的新策略。

在价值定位方面，也大有倾听消费者心声后的改善创新空间。很多时候因为企业过于从内部研发技术的角度介绍产品的价值，专业深奥的介绍只会让消费者不知所云。如药品包装盒上印着的大大的"颠茄磺苄啶片"，远不如"泻痢停"更直接，其实这二者就是一回事，只是后者讲的是普通人听得懂的"人话"。

（2）竞品用户

这种人知道你，但购买了竞品，就可能是你的竞争对手的超级用户。

在前文中，我们提到创新不应过度关注内部和竞争对手，但完全忽视竞争对手也是非常愚蠢的做法。创新者关注竞争对手的重心应该放在了解是什么原因让他们的超级用户产生高忠诚度上。这样知己知彼，方能百战不殆。和这种心有所属的"不爱你的人"进行对话和倾听同样非常重要。

如果找"不爱你的人"来访谈，你或许马上就会知道你到底在消费者认识需要、收集信息、选择评价、决定购买的哪个阶段出了问题。

既然他不爱你，他不知道你，那他为什么会知道你的竞争对手呢？通过倾听他们的声音，你就会找到竞争对手的获客渠道，这样就可以优化你的获客渠道并提升你的进店率。

还有，他知道你但却不买，那奇怪了，为什么他知道你的竞争对手就买了呢？通过倾听"深爱"竞品的超级用户的声音，了解竞争对手到底在哪些方面做对了，就可以发现你在产品功能、品牌认知或购买转化过程中存在的问题。

案例："山寨"后起之秀的用户洞察

东鹏特饮曾经很长时间被认为是"山寨版红牛"，从包装的红、金底色，到口味，都透露出一股山寨气质，还有它的那句广告语"累了困了，喝东鹏特饮"，也高度模仿了红牛之前用的广告语"困了累了，喝红牛"。其实，模仿只是东鹏特饮的起步阶段，2021 年年初东鹏特饮的销量就超过了红牛，能够做到国内功能饮料品牌的第一名，真正靠的是它们近几年来持续在洞察用户需求上的努力。

首先，在影响用户心智的品牌营销方面，为什么东鹏广告语坚持选择人弃我用的"累了困了，喝东鹏特饮"？它虽不是原创，也并不新颖，但它基于对回归用户心智的洞察，是非常适用于功能性产品的强购买指令型广告词，是强场景下的最直接的购买指导，这是东鹏营销策略的智慧选择。

其次，在客户群体选择上，东鹏特饮把主力消费人群定位为长途汽车司机、快递员、外卖员等可能会从大量复购到成为忠诚客户的下沉市场人群。由此在渠道端的布局，也尽可能地靠近这类下沉市场人群，积极拓展小卖店、独立便利店、加油站便利店、高速路服务区、报刊亭、网吧、棋牌室等特通渠道。

最重要的是，基于对原有竞品用户的深度洞察，东鹏特饮持续进行产品改进。如通过倾听已有红牛用户的反馈，发现单罐装红牛带在路上喝非常不方便。一罐红牛，要是一口气喝不完，车上不好放，稍微颠簸一下就容易洒得到处都是。因此，东鹏特饮推出了带盖子的瓶装饮料,就像矿泉水瓶那样,喝不完盖上瓶盖拧紧就行。对于长途开车的人来说,东鹏特饮的设计就更走心。此外,东鹏特饮还有一个洞察,就是这些人员的体力消耗很大,250 ml 的红牛对他们来说太精致了。于是东鹏特饮就推出了 500 ml 大容量包装,一上市就非常受欢迎。2021 年发布的《便利店畅销商品榜单》显示,饮料类商品中,东鹏特饮 500ml 大金瓶的销量排名第二。

案例解析:

有些时候"与其不同,不如更好"。如果说企业成功可以复制的一个点,就是比谁更了解和懂用户。东鹏特饮看似是笨笨地模仿别人的广告词,实则是打破了广告就要华丽的认知,明智地选择了"返璞归真"的极简广告语。他们在产品包装、渠道布局和价值传递方面,一直持续关注消费者的需求。这样一点一点地比竞品做得更好一些,东鹏特饮赶超红牛成为第一也就不难理解了。

现实情况是,企业对市场的理解总是建立在对现有用户的认识之上,但这个理解只不过是井底之蛙的理解。彼得·德鲁克强调创新者一定要重视非顾客,因为不管一个企业多么成功,非顾客的数量总是远远大于现有用户的数量,了解"非用户"才能让企业获得更广阔的天空。理解顾客从理解"非用户"开始,企业兴衰的根源也是经常被我们忽略的"非用户",甚至要建立企业战略的重心就是要把"非用户"转化为用户的导向,即德鲁克强调的企业的唯一目的就是创造客户。

要重视和保持与不爱你的"非用户"进行对话交流,可以从以下几个问题展开。

(1)有需要但还不知道你的人,他们更容易通过什么渠道或什么方式对一个新品牌产生认知?

(2)对未知者进行测试,了解他们对你的产品介绍的价值认知和你希望传达的产品卖点差别大吗?是什么让他们产生了这么大的理解差别?

(3)是什么原因让他们快速决定购买竞品对手的产品或服务?(竞品转化率比你好的原因)

(4)在购买竞品对手的产品或服务后,什么地方特别让他们满意以及还有什么地方让他们不满意?

4. 怨恨你的人: 差评或抱怨用户

最后一类怨恨你的人,经常会出现在消费者购买过程的购后感受阶段,他们会向身边人吐槽、抱怨,甚至会说你如何的"垃圾"。但请记住,从来没有无缘无故的恨，只不过是由爱生恨罢了。很多时候是因为你的产品或服务没有满足用户心目中过高的期望。耐心地去了解和倾听他们的声音往往也具有多方面的价值。

（1）首先，对产品怨恨和投诉的用户可能是产品创新的重要来源。

如果用户对产品不满，听取他们的意见是有好处的。了解产品的不足，就可以知道在哪里做改进和创新，通过升级产品或删减某些不必要的东西让更多的用户满意。如下面这个海尔洗衣机的产品创新案例。

案例：投诉出来的产品创新

海尔曾经收到了一位四川农民的投诉：你们的洗衣机的质量也太差了，排水管老堵。

客服人员很诧异，海尔洗衣机的质量品控非常严格，市场上从来没有收到类似的投诉，于是就派当地的售后人员上门维修。在维修的过程中，售后人员发现，当地的农民经常用洗衣机洗地瓜。因为洗地瓜的过程中泥土大，排水管自然容易堵塞。

海尔售后人员并没有推卸自己的责任，将这一情况如实地报给上级，高层很重视，立刻根据这一痛点组织团队研究，提出解决方案，把排水管管口扩大 3 厘米，增加了泥沙过滤网，就这样解决了这个问题。

但海尔高层并没有只关注和解决了这一次用户投诉的问题，而是继续将这类用户提出的产品痛点问题，转化为产品研发设计的创新点，很快就开发出了适合用户要求的产品。

1998 年 4 月，海尔推出了可以洗地瓜的洗菜机，首批 1 万台投放到农村市场，刚上市立刻售罄。

竞争对手压根没有发现或不重视这样的用户的投诉，也就不可能有对应的洗菜机产品的创新。而正因为海尔能关注这类"怨恨你的人"的投诉，化"恨"为机，升级改善了产品，也创造出一个全新的市场。

曾有数据表明，IBM 公司 40% 的技术发明与创造来自用户的意见和建议。包括强生的创可贴、3M 公司的 post-it。因此，可以说用户投诉是一种组织不可多得的创新"资源"。

（2）其次，倾听这类人的声音，也是持续进行服务改善创新的重要来源。

近几年的电商卖家都害怕用户的差评。

其中产品的质量问题、产品描述与实物不符的问题、随意包装的包装问题、物流慢或物品有损的物流问题，是亚马逊总结的最常见的 4 类用户投诉或差评的问题。

但还有让电商伙伴叫冤的两种情况的差评：第一种情况完全属于用户自身的原因，如操作不当或操作失误造成刚购买的产品不能使用；第二种情况是用户没有完全弄清楚新产品的一些独特的功能，也没有弄清楚新产品有多好，就和老产品进行对比。这样让他们感觉不爽，也不管谁的原因，直接给出差评。

这个时候你的工作重心不应该是想着如何解释和辩解，或因为差评去埋怨用户，应该第一时间响应回复用户，因为不少用户比起在意你的解决方案更在意你的响应速度，这一点就是通过倾听大量用户的反馈得出的结论。目前许多电商已经通过智能客服机器人解决了这个问题。然后就要表达感谢，因为用户在免费指出企业自身很难发现的不足之处。最重要的工作重心是思考如何把差评变成好事或从批评你的人身上获得更多价值，将用户的差评反馈转化为改善我们的产品或服务的机会点。

反过来想，用户永远不可能比我们了解产品，存在操作失误或认知误解都属于正常现象。用户要的是方便，一旦不方便或产品使用过程太复杂，会让用户产生自己是不是太笨了的感觉，这就完全违背了 JTBD 理论"帮助用户成为更美好的自己"的核心观念。

因此，所有这类我们可能叫冤的用户差评，都可以通过问题的前置解决方案，让问题解决于无形之间，即提前阻止大量的可能性差评。常见的前置解决方案包括产品不适用人群声明、产品详情页实物图片、产品拆装操作视频、产品独特功能操作指南、退换货排名前三位的原因的说明等。而所有前置的解决方案都需要基于用户的差评及投诉形成，并需要持续优化完善。

和"怨恨你的人"进行对话和倾听，可以由以下问题展开。

（1）整个购买过程中有哪些方面让您的体验不好？

（2）对您的差评 / 投诉我们表示万分的歉意，我们在送出优惠券的同时，也想听一下您认为我们具体哪些方面需要改善，以及您有什么好的看法和建议？

（3）对您的退货申请我们表示万分的歉意，但如果有可能，我们做出哪些改变后，您会再次重新购买我们的产品或服务呢？（此问题也适用于与那些购买后很长时间没有复购的用户进行对话）

创新坚果 & 章节练习

　　为获取 4 类人群的 JTBD（用户待办事项），制订对话和倾听的行动分工计划表，并进行统计和分析，形成可能的改善创新机会点清单。

2.4.2　观察：善于发现客户需求的人都在用的 6 种镜片

绝大多数创新始于观察——观察消费者或消费行为、观察自己行业及其他行业的商务情况，或观察更广范围的文化断层。

——彼得·德鲁克《创新与企业家精神》

创新的基本原则就是从寻找和满足客户尚未得到满足的需求开始，我们首先需要知道客户的需求都有哪些。

通常可以把客户的需求分为"功能需求"和"情感需求"，这两类需求分别由左、右脑管控。

功能需求，是显而易见的外在具体使用层面的需求。比如对低价、安全性、多功能、易操作、高效率、高性能、低风险等的需求。功能需求是用户的"左脑"需求，也是用户最基本的需求。

情感需求，是与功能需求相对的，隐性的、抽象的内在心理层面的需求。比如对个性定制化、新颖性、过程体验感、自我体现、社交分享等的需求。情感需求受"右脑"驱使，是用户在情绪上的更深层的需求。

因此，创新就需要创新者能看到客户的功能需求或情感需求，这样才能真正地洞察创新的机会点。

但为什么很多人说，我天天接触我的客户，怎么就看不出客户需求呢？

原因很简单，因为你"视而不见"。

"看"不等于"看见"，同样的事实摆在面前，有的人是"睁眼瞎"，有的人只会看到自己想看的信息，他们都不是好的观察者。管理学教授詹姆斯·吉尔摩认为，这是由于他们的观察视角过于单一，只会从一个固定机位用固定焦距去看，当然就看不到事情的全貌了。

要想增加准确识别客户问题和诉求的可能性，必须拓宽视野，并采取多种不同的观察方式。所以吉尔摩教授提出了"6 种镜片观察法"，助力我们提升观察力，即不依赖单一的视角，有意识地通过恰如一组透镜的 6 副镜片，不断地调整观察角度和焦距，捕捉我们之前看不到的客户需求信息。

1. 望远镜观察

我们平时接触新事物或了解客户新需求时，会习惯直奔主题，一头扎进任务细节中，这就很容易陷入盲人摸象的状态。还有很多时候，我们反而难以观察到每天近距离接触的、熟悉的事物的存在以及发生的新变化，这就是所谓的灯下黑现象。

就像你天天穿的衣服，你知道它有几粒扣子吗？

（1）使用望远镜观察法的第一种价值，就是能让我们往后退几步，拉开一段距离后再观察对象的整体，以便能重新找回原来近距离难以"看到"的共性用户需求盲区。

下面就分享一个案例，让你明白为什么有时候只有使用望远镜观察法，才能看到用户的纠结和不便。

案例：一个挂钟，让销量翻番

波兰有一个在火车站站台上售卖零食的小商贩，日子平平常常，生意不温不火。

有一次，他去听了一场演讲，深受启发。

台上的讲师说，要去观察顾客的纠结，帮他们解决这些纠结。

于是他开始隔着一定的距离观察自己的顾客。

他发现很多顾客有一个共同的行为：顾客匆匆地走到自己所在的车厢门口，停在那里，望一眼零食摊位，仿佛要走过来买东西，然后又低头看了看手表，犹豫再三后，走进了车厢。

他一直不明白这是为什么，直到有一天，他恍然大悟。

他想明白了顾客的纠结：列车开车的剩余时间 VS 往返摊位的时间。

于是，他在摊位上挂了一个大大的钟表，当顾客望向摊位时，就可以清楚地看到时间，不需要走到车厢门口，再纠结是否返回。

这样简单的改进，却让销量上升了 100%。

（2）相较于未使用望远镜前的"忽视"，使用望远镜观察法可以增加对边缘消费人群的共性需求的观察。

有一种说法："90 后"是网络原住民，"80 后"是网络移民，"70 后"是网络难民。以此推论，"70 前"已被列为"不予置评"的边缘人群。但随着人口红利逐渐消失，在流量内卷的大趋势下，发现和挖掘这些中老年边缘消费人群的需求，或许能找到最后一块流量洼地。

曾经出于各地核酸检查扫码登记的需求，63 岁的李奶奶也用上了儿子淘汰的智能手机。最开始，手机里只安装了微信，后来又陆陆续续安装了抖音、今日头条、腾讯新闻和美篇等 App。现在她平均每天花在手机上的时间已接近 5 个小时。

在国家政策的推动下，各大 App 通过望远镜观察法洞察这类人群的需求，推出了一系列适老化改造动作，如淘宝、抖音上线"长辈模式"，快手、喜马拉雅推出"大字模式"，滴滴上线"助老模式"等，既是响应政策，也是对明显扩大的边缘消费人群需求的未雨绸缪。

因此，除了需要洞察占主流的、充满冒险精神的年轻人的需求，还要洞察时刻保持生活热情的中老年人的需求。重视这群被冠以"银发一族"的新流量大军将是用户增长和产品创新的一大新机遇。

2. 双焦镜观察

双焦镜是指有两个焦点的透镜。双焦镜观察法就是要求我们对于任何观察对象，至少要找到两个不同的观察视角，对所观察到的事物加以比较和对照。通过互为补充和对比的观察信息，会极大避免许多人常犯的"确认性偏见"（只看自己想看到的，就是带着答案的观察）的可能性。

让我们先从一个案例感受一下使用双焦镜的价值。

案例：不可忽略的小朋友们的需求

360 儿童卫士手表是 360 曾经发布的一款儿童智能硬件产品。考虑到当时小孩被抱走的新闻层出不穷，很多家长对孩子的安全问题表示担忧。为了满足家长对手表电池的长续航的需求，必须最大限度地减少手表的其他耗电功能，于是这款儿童手表最早只有定位功能。

这款手表投放市场后，刚开始卖得不错，但手表初次使用之后的活跃度特别差，持续使用率非常低。

问题出在哪里呢？

原来一款只有定位功能的手表，实在难以讨身为新生代互联网原住民的孩子的欢心，他们根本不想戴，认为"这是我妈妈想要用的，可我一点也不喜欢"。于是，手表难以维持活跃使用。

当产品经理增加了对产品的关键用户——孩子的需求洞察后，重新基于孩子的喜好，在手表上增加了打电话、小游戏的功能。当孩子可以用手表直接跟父母电话沟通，以及添加周围的孩子为好友时，这款手表才开始满足用户持续使用的意愿。

案例解析：

360 儿童手表的产品经理其实一开始就进入了一个关于客户和用户的误区，单一视角地了解和满足了家长最为在意的长时间续航定位的功能，可是却忽略了真正使用产品的孩子的需求，才会造成孩子以各种理由不戴这款手表的结果。"用户是直接使用我们的服务的人，而客户是埋单的人"，增加一个焦点的双焦镜观察法，才能观察到客户与用户的更全面的需求。

在 2B（企业）业务中，更需要通过增加多个焦点的双焦镜观察法，在产品设计、渠道选择以及营销宣传时做到有的放矢。2B 业务的客户由决策人、决策影响人、产品使用者这 3 种角色共同构成，而这 3 种角色在企业中的视角、诉求、话语权是不一样的。只有多焦点地去观察了解这 3 种角色的不同需求，才能发现组织更多可以优化的创新空间。

3. 显微镜观察

如果我们需要在某一个细分领域更加精进，想要从 60 分提升到 90 分，就要用上显微镜观察法。如同观察细胞切片一样仔细观察其更丰富的动态过程细节。就像教练在训练运动员时，会录下他们的比赛视频，一帧一帧地回放，找出每个动作的细微改进点。

进行用户旅程地图的绘制，就是显微镜观察法的一种主要应用场景。如下面的可口可乐的案例。

案例：可口可乐逆势增长的秘密，每天微调一点点

自 2013 年开始，由于饮料市场整体疲软以及出现更多品类选择等因素，碳酸饮料的人均消费量大幅度下降，可口可乐的业绩遭到了不小的冲击，营收连年下滑。但可口可乐 2019 年的营收超 2500 亿元，实现逆势增长 17%！

创造这个成果的原因除了可口可乐的全品类战略布局和销售渠道下沉等动作外，还有一个销量增长的秘密，那就是坚持对用户进行最细微的观察，然后在一件件小事上做好微调动作。

例如他们只在产品陈列上做了一个小小的改变，在可乐上加了一个提手，把可乐散放在地上，结果销量就翻了番。这种产品的陈列方式叫"地龙"。

为什么呢？原因有三。

第一，增加了陈列的位置，摆脱了饮料货架的空间限制，在同一区域内可以在前排呈现更大的排面；

第二，在大包装饮料上套一个提手，并把饮料直接摆在地上，非常利于消费者顺手拿走；

第三，请注意"地龙"的第一要点是"看似随意"。看似随意地摆在地上，给人的感觉是货很多且价格很实惠，还会给人打折优惠不买就没了的暗示。

所以，这排"地龙"其实是在自动对消费者呐喊：走过路过不要错过哟！

又如可口可乐推出的一款叫"魔爪"的功能性饮料。可口可乐要求终端人员将"魔爪"摆在红牛的右边，而且要和红牛的排数保持一致，价格相同。

可这样一个可口可乐重点推出的产品，为什么不放在最畅销的可口可乐旁边，非要放在红牛旁边？还必须是右手边？

这也是源于对消费者心理的分析和对消费者行为习惯的细微观察。

首先"魔爪"的定位是功能性饮料，说到功能性饮料你首先会想到什么？对啦，你首先会想到红牛。消费者在购买功能性饮料时，潜意识里要找到红牛，这是他们的选择基准点。买功能性饮料的人是不会去可口可乐的冰柜里寻找的，因为在他的认知中，可口可乐没有功能性饮料。所以，和红牛放到一起，等于自动地告知消费者，这个新产品是干什么用的。为什么要放在红牛的右边呢？因为中国 99%以上的人都是右利手，大家都是习惯用右手去拿取货架上的商品。

这样很多消费者最初是冲着红牛去的，结果出门的时候拿了"魔爪"。市场调查显示，仅仅因为这个排列顺序的"雕虫小技"，就让"魔爪"的销量提升了13%！

案例解析：

可口可乐作为有着 130 多年历史的大公司，并没有靠大搞运动式的变革，而是使用显微镜观察法对用户系统消费过程的细微行为进行观察，只是要求终端人员每天调整一点点，就实现了销量逆势增长。

正如那个最著名的励志公式 $1.01^{365}=37.8$，印证了有关复利增长的概念。微调，看似是一个很不起眼的动作，但只要做好了，只要坚持做了，日积月累之后，完全可以给我们带来无法想象的收益增长。

4. 放大镜观察

当我们用显微镜观察法识别出所有的细节后，下一步就要抛开一切无关紧要的细枝末节，然后用放大镜聚焦那些需要特别关注的，某个场景下的重要卡点或突出矛盾点。

安克创新最初就是凭借它们的拳头产品充电宝成为全球第一的数码充电品牌

的。后来，安克创新的一款摄像头也在国外热销了，比专门做摄像头的海康、大华卖得还要火。它是怎么做到的呢？

其实，如果光看摄像头的清晰度，安克比起专业品牌还真没什么优势。但是，安克通过仔细的观察，发现国外用户和国内用户相比有一个不一样的使用场景。美国的很多家庭都是有院子的，他们的摄像头一般装在屋檐下或树上。这样一来，摄像头最好是无线的。然而市面上大多数无线摄像头的待机时间是 30 ~ 60 天，最多不超过90 天。架在高处后，用户每隔一两个月就要把摄像头取下来充电，非常麻烦。

聚焦用户这个使用场景下的强痛点，正好在无线摄像头上发挥安克充电宝的电流技术优势，安克让摄像头的待机时间可以长达半年，比市面上原有的待机最长的摄像头还多出一半的待机时间。结果这款摄像头一经推出，就在美国成了爆款。

为什么海底捞能创造出那么多让同行纷纷模仿的服务项目？主要因为"在顾客要求之前服务"的宗旨下，海底捞鼓励所有一线员工观察并反馈客户在消费过程中的各种不爽或需求点，然后才有了许多员工共创出的各种特色服务。

对一些具体场景的用户需求，很多时候我们没有什么价值发现，往往是因为视角太宏观，所以什么都看不到。而使用放大镜观察法的核心就在于聚焦。当我们把如何进行产品和服务创新的问题，放大到足够的程度再去观察时，如聚焦到其中一个具体使用或消费产品场景存在的用户痛点，就可能会发现非常多的创新机会点。

5. 滤光镜观察

想一下，现在我们自拍时是否都会用到滤镜？因为这样就会过滤掉某些缺陷，让自己看起来更美。滤光镜观察法也是这样的，从缺点中看到潜力，从错误中看到机会，从失败中看到收获。

我们往往会因为回避缺点、错误、失败，把其中可能包含的宝贵信息也一并打包扔了，就如同把澡盆里的洗澡水和宝宝一起倒掉。滤光镜观察法就要求我们在倒掉负面情绪的同时，也能保留其中有用的信息并将其作为观察对象。

如今，"情绪消费"已演化成一股强大的消费动力，比如各种主打怀旧的电影，总能引发网友的集体回忆。"丧"作为一种群体性情绪，也因近几年高房价、高竞争、高压力的大环境，年轻人质疑正能量无用的"反鸡汤"情绪宣泄的需求，催生出"丧文化"的盛行现象。

或许有一定的风险性，但利用滤光镜观察这些年轻群体存在的种种负面情绪，有效地设计出戳中用户在生活中消极一面的营销文案，就能迅速获得用户的共鸣。

以网红奶茶丧茶为例，它的广告文案如"你是最胖的！加油""如果可以的话，请好好爱自己，因为这世上没有人会爱你"等，句句戳中现代年轻人敏感、脆弱、孤独且不被人理解的内心，于是一炮而红。看似广告文案一丧到底，充斥着满满的负能量，实则在丧气十足的文字外表下，包裹着积极向上不断追求更好的自己的内核。"丧文化"的存在也是出于年轻人通过自嘲的方式表达自我价值的情绪需求。

事实上，几乎所有的商业创新，也都建立在用滤光镜观察人性弱点的基础上。举例如下。

偷懒：能坐马车，绝不走路；有了汽车，丢掉马车；如果能无人驾驶，可以放弃开车的乐趣。

占小便宜：世界上没有最便宜的东西，只有更便宜的东西。

贪婪：不要问我赚了多少钱，我只关心还能再赚多少钱。

偷窥：不可告人的秘密。刚刚解密的历史，明星名人的私生活，隔壁老王的八卦……

成瘾：在物质上对好吃好喝、烟酒咖啡等上瘾，在精神上对购物、网络游戏、赌博、玩手机等上瘾。

攀比：你家的孩子上了哪些补习班？同事新买了 ×× 牌子的车。

恐惧：我的头发又掉了不少。我又胖了几斤。

虚荣：如果自卑有一个避难所，它就是用各种奢侈品建成的。

创新的一个探索方向就是要回归到对人性的研究上，要坚守"经营欲望就是经营黑暗，经营希望才是经营光明！"

心理学研究有一句话："任何负面情绪的背后，一定有积极的正面意义！"使用滤光镜观察的其中一大价值，就是让我们将观察到的人性中各种弱点的负面信息，转化为用户正面动机的价值信息输入。这不是一厢情愿，而是用一种欣赏的眼光，跳过显而易见的负面信息或缺点，反其道而行之，去观察和探索负面信息中隐藏的创新机会。

6. 遮光镜观察

既然把光都遮住了，还怎么看得见东西呢？

这里的"遮光"就是要我们暂时屏蔽外界的信息，在头脑中整理、回顾、复盘。找出之前可能忽略的细节，倾听内心的声音，产生出创新的灵感。

遮光镜片和其他 5 副镜片迥然不同——如果说前面的镜片都是帮我们更好地"看"，帮我们更好地了解外部世界，遮光镜片则是帮我们"不看"，帮我们更好地了解自己。正如物理属性的遮光片的作用是用来聚光，可以防止杂散光对曝光的干扰。

使用遮光镜观察法的价值，就是能帮我们观察自己如何观察、思考自己如何思考。

从"为什么事情会发生？"到"为什么我会注意到事情的发生？"；

从"这个东西是什么？"到"我以什么样的视角看待这个东西？"；

从"怎么完成这件事？"到"我正在以什么方式行动着？"……

让我们看一下引领华为成为世界级企业的创始人任正非如何使用遮光镜观察法看待来自美国的打压吧。

众所周知，因为美国眼红华为在 5G 领域的亮眼表现，所以近几年来一直利用强权对华为进行了打压和制裁，不仅阻止华为在海外 5G 市场的发展，同时还利用自己的长处——半导体，对华为进行了断供。并要求多家企业不能跟华为进行芯片代工和采购合作，使得华为现在无芯可用。

华为也因为美国的打压损失惨重，于情于理，华为应该跟大部分国人共情，对美国非常不满。然而让人意外的是，任正非在接受采访时却给出自己独特的见解："美国从来都不是华为的敌人。虽然它仍然不承认我们的技术，但美国永远是我们的合作伙伴。"

任正非的独特观点让公众难以理解。然而，这正是任正非的突出之处，他能在外界各种信息涌入时，保持清醒的头脑，使用遮光镜观察法看待美国的种种打压举措。一方面把对手对华为技术进步的恐惧转化为对自主技术研发更强有力的笃定感，另一方面任正非也敏锐地洞察到对抗对于双方都是极大伤害，只有积极地思考双方如何保持开放共赢的合作模式才是出路。

使用遮光镜观察法，我们可以在使用前五副镜片做了密集的信息输入后，定期尝试抽离出来，让那些从外部世界收集到的信息有时间沉淀、发酵。这样可能会孕育出更奇妙的灵感，产生价值不可估量的"顿悟时刻"。

最后，综合使用这几副镜片，帮助我们一起分析来自一线伙伴对客户的需求洞察。如对于新客与回头客、个人与家庭、休闲与商务旅行者等不同分类人群的行为差异，我们可以采用不同的观察方法进行分析。首先，我们可以使用望远镜观察法进行共性观察，并使用双焦镜观察法进行对比观察。接下来，结合显微镜观察法进行细节观察，并使用放大镜观察法来发现不同寻常的活动卡点。然后，我们可以使用滤光镜观察法将缺点、错误和失误转化为重新设计的机会。最后，使用遮光镜观察法进行整理和复盘观察。通过这些观察方法，我们可以更清晰地了解不同人群的需求和行为差异，从而进行相应的优化和改进。

虽然没有固定的观察起点，但综合运用这 6 种镜片观察方法，最大的价值在于帮助我们增加了更多的视角转换和整合了新的用户洞察。这样才能全面地了解各类用户需求的动态过程变化——既见树木又见森林。

在综合运用 6 种镜片观察方法时，还可以充分结合近几年的数字化技术，以减少对主观观察看不到的规律和数据的误判。不过，认为完全运用数字化技术就能实现寻找用户未满足需求任务的想法也是错误的。因为数字化技术的完全理性，会忽视重要的人性线索——具体情境下的情绪、感受和直觉，靠人的理解判断来获取的信息会更加有效。所以需要 6 种镜片物理观察方法和数字化技术以互补的方式综合运用，这样才能让我们看得更远，也能看清全貌。

创新坚果 & 章节练习

　　练习 1　思考一下，列举出你知道的通过滤光镜观察人性弱点的正向创新的成功案例。

　　练习 2　作为个体创新者，日常工作中就有大量使用望远镜、显微镜和放大镜观察法洞察用户需求的场景，思考一下，你或身边同事提出的哪些创新改善建议是基于上面何种观察方法得来的？

2.4.3　体验：当工程师躺进婴儿车，一件创新产品诞生了

汽车之父亨利·福特曾经说过："如果我问客户他们想要什么，他们总是说想要一匹更快的马。"这是一种很典型的经验局限得出的客户需求。洞察客户需求，不能相信客户嘴里说出的字面意思，要做到从"更快的马"中分辨客户的真实需求是更快的交通工具，而非"马"。

很多时候，甚至客户自己都不清楚他们的需求到底是什么，或者他们提出的需求完全是"口是心非"。

每日优鲜创始人徐正就分享过一个真实的案例：当时很多客户都反馈希望买到帝王蟹。于是，每日优鲜的产品经理就提议采购一些帝王蟹，将帝王蟹纳入每日优

鲜的售卖范围。但徐正否决了这个想法，并提出了质疑："有多少家庭主妇能真正在家搞定帝王蟹这种庞然大物呢？"如果用目的性升维进行思考，提出这类需求的客户真正的目的是想要吃帝王蟹，但这并不代表客户想要买一只活的帝王蟹自己烹制。

对于如何转变产品思维为客户需求驱动，提出"营销近视症"的哈佛大学营销教授西奥多·莱维特曾这样教导他的学生："人们其实不想买一个 1/4 英寸的钻头，他们只想要一个 1/4 英寸的洞！"当我们面对客户提出的需求，先探究一下客户需要的到底是他们说的"钻头"还是要打的"洞"。这是一种不让自己轻易陷入自嗨式产品陷阱的有效方法。

事实上，许多产品设计师在做客户满意度或需求调研时，仅靠几份问卷或面对面的访谈，就以为收集到了真实有效的信息，很容易掉入自以为是的"需求假象"的陷阱。

洞察客户的需求，首先要站在客户的角度思考问题，用第一人称视角去感受客户需要的到底是什么。但即使这样，我们的感受也不一定准确。应该再前进一步，试着穿上别人的鞋走走路，才能感受到别人的体验。就如下面一个经典的产品设计的创新案例。

🐦 案例：躺进婴儿车后才体验到的痛苦

从前的婴儿车其实并不同现在一样。之所以发生改变，要感谢一位工程师。

多年前，一家婴儿车生产商的产品销量不佳，于是找到了顶级的设计公司IDEO，希望改进产品。

IDEO 做了一件很奇葩的事情，把设计工程师塞进婴儿车里，让他体验了两周婴儿的生活。

两周后这个工程师做了个报告，主要提出了 3 点痛苦的感受。

首先，轮胎震动得很厉害，晃得我很不舒服；其次，因为躺的位置很低，灰尘和脚气味，让我很不开心；最后，我看不见推我的人是谁，这让我很害怕，很没有安全感。

正是因为发现了从前的婴儿车的这 3 点不足，现在的高级婴儿车都加大了轮胎，车身也设计得很高，给孩子更好的视角，而且可以让车中孩子面向推车的人（妈妈）前行，从而让孩子有了更多的安全感。

案例解析：

相信坐在办公室里的产品设计师是想不出来这些改进的。仅凭所谓的换位思考，无法想象到车里婴儿的种种不舒适，只有当工程师躺进婴儿车，把自己变成客户，才能感受到客户的体验，才会发现真正需要解决的问题是什么，这样一件创新的产品才得以诞生。

如果想要设计出一款前所未有的新产品，跳出经验局限和信息失真的最好方式，就是去真正体验顾客的生活，获得第一手的资料。也许所有的产品设计师在做产品创新时，都应该先成为一个演员，扮演你的客户，像他们一样去体验生活，去使用产品。这样才能发现产品存在的问题，设计出新的解决方案。

如国外一位名叫帕蒂·摩尔的年轻设计师，为了给老年人设计方便实用的产品，把自己化装成一个 85 岁的老人，实验了整整 3 年。

帕蒂发现，很多老年人的手腕都有关节炎，他干脆戴上手套、绑住腕关节去做饭，专门体验那种手不听使唤的感觉。经过不断地尝试，他终于发现原来厨具上最需要改进的地方是把手，因为一般的锅把手都太光滑了。他为锅把手专门加上了有些涩的橡胶材质，结果大受欢迎，后来这个创新也被应用到削皮刀、搅拌器、小量勺等一系列厨具产品上。而设计者如果没有扮演老年人，体验到老年人存在的使用痛点，就难以发现其中巨大的产品创新需求。

那么，产品设计师或创新者，如何将扮演用户角色后的结果转化为有效的用户洞察呢？

这个时候，使用用户体验地图将是一种非常好的选择，因为通过其固定的思考框架，会更加有效且科学地发现产品存在的问题。

用户体验地图，是指一种以用户视角的方式，梳理记录用户在产品使用过程中的整体体验路径，通过用户的数据及使用过程中的情绪，从中发现用户痛点与产品机会点，并且绘制成可视化信息，为产品创新决策赋能的洞察工具。

用户体验地图包含以下 7 个关键要素，即阶段、用户目标、行为、接触点、疑问、情感（情绪）曲线、痛点 / 机会点。

（1）阶段：即关键节点，用户在完成一件事时所触达的几个步骤。

（2）用户目标：阐述用户在每个阶段中要达到的真实诉求，也就是用户目标。

（3）行为：根据阶段拆分为独立的行为节点，使用一个工具来满足一个需求的行为就是行为节点。

（4）接触点：是指用户从接触我们的服务开始，到实现其任务目标之间，会跟我们的产品有哪些接触，我们需要在这些地方服务好客户。

（5）疑问：对用户的疑问 / 问题进行定性分析，需穷举每个步骤中用户思考的内容。

（6）情感（情绪）曲线：顾名思义，就是用户的情绪变化曲线。根据对应阶段的用户行为，还原当时用户的思考和想法，然后提炼用户每个节点的情绪并进行标记，通常可以用积极、平静、消极这三种情绪水平来表述用户感受。再将各节点情绪水平用连线串起来，便可识别用户的痛点在哪一个环节上了。

（7）痛点 / 机会点：痛点是让目标用户付出某种行动的最大阻碍；机会点是基于痛点思考每个关键环节可以如何改变，满足用户的目标，提升用户体验的节点选择。通过用户访谈、反馈及体验记录汇总，可以对用户行为过程中的真实痛点，进行痛点分级。

具体可以通过以下几个步骤，建立我们的用户体验地图。

（1）前期调研搜集材料

前期基于倾听、观察及体验洞察用户的 3 类方式，通过如用户访谈、问卷调研、用户反馈、产品数据分析、竞品分析、用户角色分析等手段，获取大量真实可靠的原材料，从而充分了解用户使用产品过程中的行为、体验、感受、想法等信息。

此外，还需要搜集准备核心目标群体、产品策略、核心亮点等信息，作为绘制用户体验地图过程中的方向指导。

（2）整理材料

逐一梳理前期汇总整理的材料信息，将材料信息内容摘录拆解为行为、疑问、感受、想法 4 个部分。

行为（doing）：表达用户在做什么，通常用"我 + 动词"表示。比如，我在找和朋友同事聚餐的饭店。

疑问（questions）：用户在完成当前任务打算进入下一步操作时有哪些疑问。比如，怎样才能更容易找到适合和朋友同事聚餐的特色饭店？

感受（feeling）：表达用户有什么感受、痛点或满意点，通常用"我觉得"表示。比如，我觉得很难找到和朋友聚餐的特色饭店。

想法（thinking）：表达用户的思考和想法，通常用"我认为"表示。比如，我认为现在的饭店没什么特色。在建立用户体验地图时，用户的想法可作为辅助参考信息。

（3）提炼选择关键的任务流程

在开始制作体验地图前，可以通过拆解流程法对关键任务流程进行拆解，然后再筛选提炼。

首先，梳理产品的核心价值、用户的核心目标，进而提炼用户完成核心目标必须完成的任务有什么；

其次，筛选并排除那些没有明确任务流程分析或难以了解用户感知的任务。

对任务的描述，建议采用中性动词，用词需精准简洁，见表 2-8。

表 2-8　门店的用户体验—图-阶段

门店用户体验要素	阶段						
	找门店	停车	排队	点餐	用餐	结账	离开

（4）撰写用户完成每个关键任务的目标

比如，对于搜索任务，用户希望更快地找到想要的商品；对于退货任务，用户希望能简单、省心。

（5）写出关键任务的用户"行为"路径

如果是涉及多平台（手机、电脑）、线上线下的 O2O 服务等，建议记录每个行为的触点。

行为：表达用户在做什么，用"我 + 动词"表示。

（6）撰写用户在进行每个行为时的"疑问 / 问题"

疑问：用户在完成当前任务打算进入下一步操作时有哪些疑问。

比如，怎样才能更容易找到适合和朋友同事聚餐的特色饭店？怎样预订桌位？

（7）写出调研获得的用户痛点、满意点，贴在对应的行为节点下方

痛点和满意点可根据前期汇总信息中出现的频繁程度或与这个行为的相关度进行排序。

对于这些痛点、满意点，如果有用户实际接触的界面或功能模块，也可以记录下来，方便日后对这些痛点进行优化改进。

（8）判断每个阶段任务的情感高低，并连线形成情绪曲线

根据痛点、满意点的数量和重要程度来判断。对于某个痛点，多问问用户角色（或回忆自己）对于这个痛点的在意程度。

（9）思考每个行为节点、每个痛点背后是否存在机会点、创新点

第一，思考是否有最佳方案来满足用户的目标，提升用户的满意度、优化体验；

第二，寻找遗漏的没有得到较好满足的场景和阶段，思考是否有创新项目的机会。

（10）分析每个阶段的任务，竞品有哪些优势和劣势（可选步骤）

最后，可以对比竞品的优势和劣势，思考自家产品的改进空间，制订弥补短板和发挥优势的改进计划。

完成以上步骤后，即可绘制成用户体验地图。表 2-9 为某门店的用户体验地图样例。

表2-9　门店的用户—验地图-完整

门店用户体验要素	阶段						
	找门店	停车	排队	点餐	用餐	结账	离开
用户目标							
行为							
接触点							
想法							
情绪曲线							
痛点							
机会点							

创新坚果 & 章节练习

练习 1　以一家你经常消费的饭店的用户体验官的身份，记录并汇总整个用餐体验过程，并尝试为这家饭店绘制用户体验地图。

练习 2　数据显示，新员工对公司的满意度很大程度上受入职第一天的感受的影响。所以请尝试扮演公司一位新入职员工的角色，记录并汇总入职第一天的完整体验，然后绘制新员工入职当天的用户体验地图，并可以和 HR 及相关部门同事一起共创提升新员工入职第一天的体验的创新计划。

第 3 章　创新共创力：
创造更多可能的超效 4 法

3.1　交叉联想：玩转奇思妙想的"创意万花筒"

你有一个思想，我有一个思想，我们相互交换，就有了两个思想，甚至更多。

——萧伯纳

如果人类失去联想能力，世界将会怎样？

我非常认同这样的回答：如果人类失去联想能力，就会失去创新的源泉，那么世界就再难进步了。

我们都知道，人类许多伟大的创意和发明都源于联想能力。联想能力是人类最富活力的一种创造技能。联想是人类在创造过程中运用联想思维的一种技法。联想是从某一事物的现象和变化，想到另一个事物的现象和变化的心理过程。通过联想可以唤醒我们沉睡在冰山底部的深层记忆，把当前与过去的事物关联起来，产生新思路、新构想、新概念。联想还能使我们所学的知识由此及彼，扩展开去，举一反三，触类旁通，产生更高价值的知识的迁移和飞跃。

但联想所产生的智慧火花并不是只有天才才能创造，普通人经过刻意练习，同样可以创造出来。知识面越宽广，越有利于创造出更多的创意。泰勒认为："具有丰富知识和经验的人，比只具有一种知识和经验的人，更容易产生新的联想和独创的见解。"

要想创造更多创意成果，除了拓展我们个体多元化的知识、兴趣以外，与更多不同经验、不同领域、不同文化的人一起联想共创才是最有效的方式。如同我们通过转动由不同颜色小碎片与三棱镜组合而成的万花筒，就能体验万千变化的奇妙乐趣。

将两种或更多种联想思维方法结合并应用于具体情境中，我们称之为交叉联想。如不同领域、不同学科、不同文化间的联想思维的交叉运用。

交叉联想既是一种运用联想的方式，也是一种实践联想的境界层次，更是实现交叉创新的基石。

美第奇家族在推动艺术创造和整个欧洲文艺复兴取得的伟大成就中，最关键的贡献是把科学和艺术这两种看似风马牛不相及的东西融合到了一起，帮助各学科和各领域的工作者，如雕塑家、科学家、诗人、哲学家、金融家、画家、建筑家们，彼此了解、学习，打破不同学科和文化间的壁垒，最终开创了人类历史上一个新的思想纪元。因此，人们把这种在各个领域和学科的交叉点上出现的创新发明或发现称为"美第奇效应"。其本质就是交叉创新。

共创属于我们的"美第奇效应"时代，先从提升交叉创新的核心能力开始吧。

根据进行联想时不同的思维轨迹方式，我们可以把联想方法分为同向联想与逆向联想两大类。其中同向联想是指思维轨迹朝同一个方向展开的联想，又称相向联想。按近似程度大小，又可以把同向联想分为相似联想和相关联想两类。用词语联想举个简单的例子就可以很好地说明二者的区别：坦克与装甲车是相似联想，坦克与战争就是相关联想。

如同小小的万花筒，投入不大却能创造出千变万化的美丽"花"样。如果我们能够熟练运用多种联想方法，同样会创造出许多投入小，收获却意想不到的创新设想。而且，交叉联想的结果往往又是本章组合变形、跨界融合以及借鉴类推 3 种创新方法的重要输入项。

接下来，我们就分别从创新者最高频使用的相似联想、相关联想和逆向联想 3 种方法展开介绍。

3.1.1　相似联想：因为相似，因此亲切，所以联结

相似的事物会让人们产生亲近感，进而为我们提供相互了解的机会。换句话说，相似性是促使人们相识的关键因素。在人际关系中，如果两个人有着相似的兴趣、价值观或经历，他们就会自然地产生亲近感，这有助于建立关系联结。这种相似性可以作为交流的基础，促进彼此的了解和沟通。

同样地，在营销领域，品牌营销经常利用相似性来吸引目标受众。举个例子，健康食品公司经常会选择与目标群体相似的代言人来传播产品形象，引发消费者的共鸣。通过这种方式，消费者更容易接受和信任该品牌，并产生购买的意愿。

因此，利用相似性的内在价值应用相似联想，无论是在产品创新、服务创新、营销创新还是管理创新方面，往往都能让我们获得更多创新的机会，更容易推动组织业务获得成功。

相似联想是指人们根据事物间的某种"联系"，由某一事物或现象联想到与它相似的其他事物或现象，进而产生某种新设想。

具体应用相似联想，我们可以根据其定义中提到的某种"联系"，将其分为包括结构、属性、功能、情感等不同的相似元素类型联想。

（1）结构相似联想：由一种事物的外形、形状或结构联想到有相似结构的事物。如凤尾裙的设计灵感就来源于神话中美丽的凤凰羽毛形状。

再如被人称为拱桥酒的马爹利 XO，瓶底弧线的设计灵感来自号称世界第一单孔拱桥悉尼大桥的弧线。

（2）属性相似联想：由一种事物的材质或颜色等属性联想到有相似属性的事物。

再普通不过的装盐或糖的罐子，一旦注入了相似联想的灵魂，就成了唯美的故宫初雪文创——最好看的调味瓶。许多人买的时候就是被它的图片（见图 3-1）吸引，那一粒粒盐或糖飘落在石狮子身上、飘落在铜鹤身上、飘落在宫墙头，就好像故宫初雪后的景象，让人们为生活加点料的过程，都变得特别美好。

图 3-1　故宫初雪文创

（3）功能相似联想：由一种事物的功能或作用联想到有相似功能的事物。

为众多肾结石病人解除病痛的有效治疗手段之一——微爆破法，可谓一个伟大的创举。医学家们由建筑方面的能将一幢高层建筑物炸成粉末，同时又不影响旁边建筑物的定向爆破技术，联想到了医治肾结石的方法。他们经过精确的计算，把炸药的分量减少到恰好能炸碎病人肾脏里的结石，而又不影响肾脏本身。

（4）情感相似联想：由一种事物或现象的感觉、情绪或精神联想到有相似情感的事物。

如看到小女孩的笑脸联想到美丽盛开的花朵。再如因央视春晚令无数人潸然泪下的歌曲《时间都去哪儿了》，联想到陪伴自己成长的父亲和母亲。

相似联想方法既属于"高产量"的创意方法，又属于"高质量"的让受众共鸣的创意方法。因此许多营销创意的高手就喜欢并擅长应用此类方法。

提到"江小白"，许多人将其视为国货的第一代网红，甚至戏称"一个被卖酒耽误的营销公司"。江小白作为国内知名品牌，正是因为善于全面应用相似联想的方法来打造创意设计，才使人们对其广告宣传印象深刻。

（1）结构相似联想的应用：2023 年 7 月 10 日，有着"建筑界奥斯卡"之称的世界建筑节公布了 2023 年建筑设计入选奖项，重庆江小白农场入围候选名单，是本年度唯一入选的重庆项目。江小白文化艺术中心的建筑设计灵感，就来自中国传统园林"格子门"的结构，让人联想到传统建筑的美好和其中蕴含的历史沉淀。

（2）属性相似联想的应用：如江小白在营销中推广其"纯粮食酒"，结合了传统的"陶坛"存酒和现代的玻璃瓶包装，利用"传统与现代相融合"这一属性卖点，凸显其传统的陶坛酿造和现代的科技水平，深度契合了当下消费者对品质生活的追求。

（3）功能相似联想的应用：江小白将白酒与其他食品进行搭配推广，成功强调了其白酒丰富的口感和热情奔放的气质，并提升了品牌形象和市场份额。如江小白与烧鸡品牌合作，强调烧鸡和白酒具有相似的酒香和烤制特点，增强了消费者对白酒口感的认知。再如江小白与水果品牌合作，将白酒的清新口感与水果的天然香甜相结合，创造了全新的果酒搭配形象，增加了消费者对江小白与水果搭配的理解。另外，江小白还与海鲜品牌合作，将白酒的酒香与海鲜的鲜美味道相结合，打造高品质的酒餐形象，更加突出白酒的特点。

（4）情感相似联想的应用：江小白在营销传播中，将其品牌的发展过程描述为"五千年的文化长河中，涌动着江小白的活力和激情"。这样的文化营销，通过与中国五千年历史相联系，强调了品牌的文化底蕴和历史感。江小白拍摄的一系列以水为主题的摄影作品，也映射出江小白的品牌理念，传达出"日新月异、不断创新"的企业精神，同时体现品牌对自然生态的尊重和热爱。

江小白通过众多应用相似联想方法的创新，成功地打造了一系列充满创意和文化底蕴的广告，从而大幅提高品牌的知名度和美誉度。

由一种事物联想到另一种在空间或时间上与之相似的事物，确实常常能启发思考，扩展我们的思路和视野，在思想上建立充满想象空间的事物之间的联系。

要想开展这样的相似联想，最简单有效的方法是思考小时候我们被引导发散联想的如下问题。

1. 相似联想提问法

（1）你看它像什么？

（2）什么东西和它很像？

（3）看到它，你还会联想到什么？

2. 相似联想共性提取法

向人们展示或让人们理解一种新事物，最简单的方法就是将它与我们所熟悉的东西进行相似联想比较。具体可以使用以下 3 个步骤。

（1）思考产品具有哪些卖点（产品属性），优于同类产品的点，取代可替代产品的点？

比如，假设我们为一种无糖口香糖设计广告，强调它具有持久的清新效果并有益于口腔健康。

（2）思考在大众心中什么事物是具备这一卖点的（相似属性）？

接下来，我们可以将口香糖与森林进行相似联想，因为持久的清新效果和森林中氧气给人的清新的感觉相似，同时森林的绿色色调也与口香糖的绿色包装相匹配。

（3）将产品和喻物结合起来，突出两者的相似共性（即卖点），创造出某个新形象。

最后，我们可以将口香糖与森林相结合，并以口香糖集中在正中心、在周围建造森林的视觉形式呈现，突出产品具有持久的清新效果并有益于口腔健康。

一个产品想要表达的卖点的概念往往具有抽象性，比如"安全""新鲜""原汁原味"，用户无法通过抽象的概念产生直观的感受。这个时候往往可以使用共性提取法进行相似联想。

比如原汁原味的苹果酒的创意广告（见图 3-2），为体现苹果味啤酒的原汁原味，找到共性喻物"苹果"，还原苹果树的场景。让人感觉苹果味啤酒的味道就像树上新鲜的苹果一样，从而传达新鲜一词的"共性属性"。

图 3-2　苹果酒的创意广告

【创新坚果 & 每日练习】

练习 1　请使用相似联想提问法，分别举一个案例，说明在生活或工作中我们会基于不同的相似元素类型进行联想，这些类型包括结构、属性、功能和情感。

练习 2　请使用相似联想共性提取法，展示某一床上用品品牌"温馨舒适"这一抽象卖点。

3.1.2　相关联想：让强扭的瓜也可以甜的创意之法

相关联想是对性质、外形虽不相似，但在逻辑上具有某种关联的事物的联想，或者是由一种事物联想到在时间和空间上有关联的事物或经验。

相关联想，事物之间不必相似，但是同类的。所谓物以类聚、人以群分。世界上的事物都不是孤立存在的，它们总是在空间和时间上保持着联系。如我们由铅笔想到小刀、尺子、文具盒，由学生想到老师，由老师想到校长，由校长想到教育局局长，这就是相关联想。

不管是相似联想还是相关联想，都属于同向联想，因为二者都有着基于和原事物相同的思维方向而获取创意的特殊共性。但从事物 A 联想到事物 B，相关联想要比相似联想的跨度大许多，因此相关联想的创意难度和创意价值都会比相似联想大一些。所以，提升相关联想的能力就需要在日常生活中有意识地进行大跨度的概念思维关联训练。

如在两个看上去风马牛不相及的词语之间，尝试找到第三个词，将这三个词都联系起来。

比如这两个词"轮滑—炒菜"，你认为什么词能将这两个词联系起来形成创意？

苏泊尔给出的一个答案是"锅"。

在 2008 年北京奥运期间，苏泊尔推出一则广告，将炒菜和轮滑两个完全不相干的元素进行相关联想，在一个轮滑的 U 型池外立面贴上一口锅的形状的图片，然后让轮滑选手背上虾仁、蔬菜，在池内做出各种跳跃、旋转的动作，远远看去犹如锅内正在翻炒，为消费者呈现了一则极有创意的奥运营销广告。

相关跨度越大，联想的难度越大，但往往产生的创新设想的价值也越高。甚至有一种叫"远程联想测试"的创造力的测量方法，就是专门根据这个原理来设计的。

方太油烟机有一则堪称教科书的经典广告片《油烟情书》，就是一个应用"超远程"相关联想的极佳案例。

方太油烟机将从千家万户厨房中采集的油渍提炼成油墨，带来一本用油烟印刷的《油烟情书》，记录下平凡生活中的不平凡。

每一位翻开这本书的人，都可以透过用油烟书写的文字，感受到那份存在于人间烟火之中的温暖爱意，从而表达"为你吸除油烟危害，只留下柴米油盐中的爱"的主题。

广告的镜头语言极为巧妙，整体采用了大段的俯拍，男女主角在书信上游走形成微距视角。背景是手写的情书，克制且多留白，符合东方意境美。感觉像在观看一对小人国夫妇的日常生活，新奇而又真实。我们来看看《油烟情书》的文案。

丈夫：两个人相遇，就像两种食材，从天南海北，来到了一口锅里。

妻子：那年下乡，我嘴馋，你嘴笨，每次你要讨好我，就会给我做些叫不出名字的东西。哼，果然，食物中毒了。

丈夫：得亏了这次中毒，我终于有机会在诊所和你朝夕相处了。

妻子：可是，刚在一起没多久，你就回了城。186 天，每天给你一封信，对未来却越来越没有自信。

丈夫：想你的时候，就做个你爱吃的菜。思念和油烟，也说不清哪个更浓。

妻子：记得那天，你突然出现在我面前，说，结婚吧，要是我还敢吃你做的菜。

丈夫：就这样，我们过起了柴米油盐的日子。锅碗瓢盆里，装满了苦辣酸甜。

妻子：你再忙也会回家做饭。你说你爱吃青椒，把肉丝都留给了我。

妻子：后来，我们俩变成了我们仨。

丈夫：我就再也没有和你吵过架，一对二，我赢不了的。

妻子：时间走得太快，我没还吃够你做的菜，牙齿就快掉光了。

丈夫：你还是每天给我写信，字还是那么秀气，只可惜，我戴着老花镜也看不大清。

妻子：50 年了，我给你写过 1872 封信，你做饭时升腾的油烟，就是你一天 3 封，回我的情书。

整个跨越了 50 年的爱情故事，一直都没有离开"情感—食物—油烟—油烟机"的逻辑链条。除了很好地呈现了自己的产品价值，更是为广大用户推出了一场堪称成功的应用"超远程"相关联想的经典营销广告案例。

通过方太的营销创新案例，我们看到了同向联想在促进创新方面的极大价值。那么创新团队如何有效地进行同向联想共创呢？

当我们想要通过相关联想产生更多创新设想时，有两种方法可供选择：强制相关联想和无强制相关联想。在商业创新领域，通常已经有了一定的相关联想方向，因此强制相关联想的方法更为常见。

接下来，我们将重点介绍一种通过强制联想来推动创新的方法，即焦点联想法。它最早由美国的 C.H. 赫瓦德创造。焦点联想法是指以研究的对象为焦点，通过列举与焦点表面上看起来毫无关联的事物，并从多角度、多方面将这些事物与焦点进行强制相关联想，以聚焦的方式将事物的各种属性和特征运用嫁接到研究的对象上，从而产生针对焦点的种种创新设想的方法。

焦点联想法的实施步骤如下。

（1）确定焦点：所谓焦点，就是我们研究的对象，如某种产品、工艺、技术等。

（2）列举联想物：尽可能列举周围存在的与焦点表面上看起来毫无关联的事物。

（3）强制联想：强制将焦点与联想物进行相关联想，产生创新设想。这种强制联想，可以是联想物与焦点的直接组合，也可以是联想物的相关属性、功能、特征等因素与焦点的有机结合。

（4）综合评价：把通过强制联想产生的各种创新方案分为已有的、平庸的、改进的、新颖的、奇特的五大类，去掉已有的和平庸的，保留新颖和改进的，变换和修正奇特的，最终得出可供实施的若干方案。

焦点联想法的注意事项下如下。

（1）实践表明，在运用焦点联想法时，列举的事物与焦点表面上的关联越疏远，就越有创新的可能。

（2）运用焦点联想法时需要我们有丰富的想象力，尤其要克服心理上的种种障碍。只有突破习惯性思维的障碍，才有可能获得较大的创新成果。

让我们以"新型椅子的开发"为例，具体说明如何应用焦点联想法提出创新设想。

创新目标：开发各种新型的椅子（或凳子），要求具有不同的功能，适用于不同的场合。

（1）确定焦点：椅子（或凳子）。

（2）列举联想物：电水壶、弹簧秤、气球、组合音响等（读者也可自行添加其他与焦点表面上看起来无关的事物）。

（3）联想结果见表 3-1。

表 3-1　焦点联想法样例

联想物	属性、功能及特征	联想结果	功能及说明
电水壶	电加热	电热椅	具有电热功能，冬季使用较为暖和
	盛水	水椅	由橡皮、塑料制成，灌水后柔软，具有按摩作用，夏季使用特别凉爽
弹簧秤	测量	具有测量功能的椅子	上去即能显示体重、血压、心跳等，适用于医院及家庭保健检查
	能伸能缩	高度可调的椅子	四脚高度可调，适用于不同身高的人及不同的地面情况
气球	充气	充气凳子	携带方便、用时充气，适用于外出旅游、乘车等
组合音响	可分可合	可分可合椅	每把椅子既可单独使用，又可相互间用钩联成一体，适用于电影院（情人座）、会场、家庭（简易床）等
	收音	带收音机的椅子	手把内嵌收音机，供休闲用
	电动可调谐	电动椅	可电动调谐角度、高度，适合在汽车、飞机、家庭中使用

世界上任何事物都处于普遍联系和变化发展的矛盾运动之中，强制联想就是打破固有思维，有目的、有步骤地尝试创建不同领域事物的关联。

如上一节相似联想提到的话题，"新鲜"对食物来说永远是一大卖点，但"新鲜"又是一种很微妙的感觉，如何把这种感觉传递到顾客心里，让顾客认同并感受到食物的"新鲜"呢？这个问题的难度可不小，全世界的超市都在绞尽脑汁琢磨这一点。

比较笨的办法是往蔬菜水果上喷水，看起来是新鲜了一些，但会让蔬菜腐烂得更快。又有超市尝试不把生鲜的价格打印在价签上，而是用粉笔写在小黑板上，制造出生鲜刚刚到货，而且价格在不断浮动的感觉。还有的超市把冷冻鱼从冰柜里拿出来，下面放上冰块摆在柜台上，让顾客感觉它"更新鲜"。但这些动作因其并不能真正让顾客感受到真实性而效果不佳。

接下来让我们看一下使用相关联想破局这类难题的两个案例。

法国有家卖鲜榨橙汁的超市，他们向消费者证明"鲜榨"的办法，就是把每一瓶橙汁的榨出时间大大地印在瓶身上，精确到分钟。每一瓶橙汁都以它榨出的时间命名，这瓶叫 8 点 35，那瓶叫 9 点 20，名字很有个性，而且每个名字都在向顾客证明它的"新鲜"。这个设计很成功，这家超市的鲜榨橙汁也成了社交媒体上的网红产品。

另一个案例是巴西的一家咖啡公司，他们在超市里卖现磨咖啡粉。这款产品主打的也是"新鲜"，厂家每天现磨出咖啡粉，然后及时打包，送到超市里。然而销售情况并不理想，虽然包装盒上写着"每天即时打包发货"，但消费者并不相信咖啡粉真的是当天磨的。这家咖啡公司想出的办法是找当地最有影响力的日报社合作。每天晚上，日报社会把他们第二天的头条版面传给咖啡公司，设计师就连夜把新闻设计成图案印在咖啡盒上。第二天，报纸和现磨咖啡粉同时上市，消费者一看就会想到，哦！原来这种咖啡粉真的和新闻一样"新鲜"。果然，这种咖啡粉一下子打开了销路。

你看，谁说强扭的瓜一定不甜？使用强制相关联想，把两种风马牛不相及的事物进行拉郎配，或许会产生更多奇妙的创意效果。

【创新坚果 & 每日练习】

练习 1　对"天空—鱼—篮球"三个词进行相关联想，用什么事物和故事可以让这三个词相关联系起来呢？

练习 2　对下面不相关的事物，应用焦点联想法强制联想产生创新设想。
（1）汽车—袜子
（2）图书—手
（3）水—铅笔

3.1.3　逆向联想：从"阴影"中发现"阳光"的方法

所谓聪明的人，都是善于逆向思维的人。

——织田信长

许多伙伴很容易把逆向联想与对比联想弄混。两者的共同点在于，都有由"此"到"彼"的对立事物的联想。对比联想是指当我们想起一种事物的时候，会想起某种与它相反的事物。如在缺水的沙漠中想起水草丰润的绿洲，在冬季寒风如刀的时候想起夏季的炎炎烈日，在黄昏之时想起日出，这都是对比联想的结果。

对比联想中与"此"相对立的"彼"是明显的、客观存在的。大多数人很容易进行对比联想，因为在某种意义上，虽然对比联想的内容和正向联想的内容相反，但对比联想和正向联想的本质属性仍属于同一类；而逆向联想中的"此"与"彼"

可以说没有对立，一般人之所以难以做到逆向联想，是因为很多时候无法敢于和善于从本质上进行截然不同的思考。

逆向联想是指对司空见惯的、似乎已成定论的事物或观点反过来思考的一种思维方式。逆向联想相对于同向联想，其思维轨迹是一种反其道而行之的联想方式，即与正常思考方向相反。

当你看到身体前面的阴影，能否想到是因为背后有阳光？正是这种"阴影"中能发现"阳光"的"反其道而行之"的思维方法，改变了人们通常的正面探究的习惯，从反面去认识事物容易引发新的思考，往往会产生超常的构想和不同凡响的新观念、新方法。

与众人反向而行需要勇气，与众人反向而思需要智慧。

回想一下，拍照的时候我们希望大家尽量不眨眼，正常的方式都是喊"3、2、1"，可总难免有人因为坚持不住而眨眼。怎么办？

我们可以让所有人先闭眼，当喊完"3、2、1"，再一起睁眼。

只靠"从众"是难以取得成功的。对于某些复杂问题，可以大胆尝试逆向联想，很多时候反而会使问题简单化。

按逆向形式的不同，可以通过反转型逆向联想、转换型逆向联想和缺点逆向联想3种方式具体展开逆向联想。

1. 反转型逆向联想

反转型逆向联想是指从已知事物的相反方向进行思考，产生创新联想的途径。它是最常用的逆向联想方法。具体"反转"常常指从事物的结构、功能、状态、因果以及人们的观念和心理等维度进行逆向联想。

（1）结构反转型逆向联想

它是指从已有的事物的逆向结构形式中去设想，以寻求解决问题新途径的思维方法。一般可以从事物的结构位置、结构材料和结构类型等方面进行逆向联想。许多产品创新都基于此方法。

如传统雨伞存在3点不便：第一，传统雨伞收伞需要大空间，上车前要先收伞，导致未上车先湿身；第二，雨水随处滴，伞端在室内不断滴水，沾湿车内椅垫；第三，在狂风暴雨中伞骨容易被吹反，导致人一下子就被淋湿了。而反方向雨伞正是利用了结构反转型逆向联想的方法，有效地解决了传统雨伞的不便。

（2）功能反转型逆向联想

它是指站在事物原有功能的相反方向，根据事物的现有功能，去设想跟它对立的功能，然后根据对立功能设计出新型产品的逆向联想方法。

如从吹尘器到吸尘器，从保温瓶（装热水）到装冰瓶的发明就采用了功能反转型逆向思维法。

（3）状态反转型逆向联想

它是指根据事物某一状态的相反方面来认识事物，从而引发创造发明的逆向联想方法。事物一般都以其特有的状态存在（如正与负、动与静、进与退、软与硬、刚与柔等），在一定的条件下，改变其原有的状态可激发创新。

例如电刨的发明。过去木匠用锯和刨来加工木头时，都是木头不动（实际上是人动）。这样做，人的体力消耗较大。为了改变这一状况，人们从人不动、木头动的角度出发，设计发明了电刨，从而大大提高了工作效率和工艺水平，并减轻了劳动量。木头静与动两种加工状态的改变，就是与状态反转型逆向思维紧密相连的。

再如可折叠水瓶。谁说瓶子一定是硬质材料，不能是软质材料，只要能在装水的时候可以形成立体的形状不就可以了嘛？于是，有人就发明了可折叠水瓶，在空瓶的时候可以像塑料袋一样折叠起来。

（4）因果反转型逆向联想

它是指从已有的、有关事物之间因果关系的相反方向去设想，以寻求解决问题的新途径的思维方法。就是将事物因果关系的由因到果，转换为反方向的由果溯因的反转型逆向联想。

说话的声音能使短针颤动，反过来颤动也应该能发出原先说话的声音，爱迪生正是利用了因果反转型逆向思维发明了第一部留声机。人们可以根据水温的变化推知水的体积的变化，也可以由水的体积的变化推知水温的变化，水银温度计正是利用这种逆向联想的产物。

因果反转型逆向联想法不仅能创造产品创新，巧妙使用这种方法还能解决一些正向思维难以解决的管理问题。如下面这个案例。

早年的印度，出身较好的女士有戴大檐帽的习惯，这是一种身份的象征。然而，这些女士即使去看电影，也不会把帽子摘下，这自然挡住了后面观众的视线。虽然影院发布公告，倡议女士摘掉帽子，但是响应者寥寥。后来影院经理想了一个办法。放映之前，银幕上出现了一则通告："本院为照顾衰老有病的女客，可允许她们照常戴帽子，在电影放映时不必摘下。"通告一出，所有的女客都摘下了帽子。

你看，人对因果关系特别敏感。之前女士戴帽子的因果关系是：因为我是贵妇，所以我要戴帽子。而经理则把这个因果关系改为——因为你衰老有病，所以你要戴帽子。这样一来，反而让女士排斥了戴帽子，自然也顺应了影院的要求。

（5）观念反转型逆向联想

它是指从人们对事物正常观念看法的相反方向进行的逆向联想方法。

很多场景下，对同一个问题可以有两种截然相反的看法。一般人们都会认为其中只有一个看法是正确并充满希望的。但如果我们对这些习惯的看法进行观念反转型逆向思考，就会发现并非只有一种观念是绝对正确的，会有许多"反之亦然"的例子。

比如"人多力量大"与"人少力量大"（合理分工，取长补短）；"有志者事竟成"与"有心栽花花不开"（受其他条件限制）；"失败乃成功之母"与"成功乃成功之母"；"逆境出人才"与"顺境出人才"等。

又如下面两个妙趣横生的对日常大多成年人认知的逆向观念创新。

成年人必须由孩子陪同方可进入本店。（儿童用品商店入门提醒）

小朋友请拉紧妈妈的手，别把妈妈弄丢了。（儿童乐园入门提醒）

所以，在生活中要学会保持对所谓的一定正确的或常人认可的观念进行逆向思考，这样才会推陈出新。

（6）心理反转型逆向联想

它是指对于人们不喜欢外界某些事物或行为的心理反应，采取"对着干"的逆向联想方法。就是利用人们的"逆反心理"的一种思维方式。

我们都知道，大多数人都有越是被禁止越是神往的心理。人类都是有好奇心的，越是被禁止的东西，越有神秘感，越变得稀缺，人们越希望占有和获取。这种逆向思维方式，帮助我们解决了很多日常生活中的难题。

比如，当一个商品或服务被宣布为限量版或只提供给少数人时，它们就变得更具吸引力和神秘感。人们会因为这种稀缺性而更加渴望拥有和获取这些限制性的物品或体验。

比如作为营销教材中经典案例的英国 555 香烟广告："禁止抽各种香烟，连 555 牌也不例外。"类似的经典案例还有某品牌手表："这种手表走得不太准确，24 小时会慢 24 秒，请谨慎购买。"此类广告都充分利用了逆反心理方法的"正话反说""直击痛点"。

事实上，这个方法被越来越多地应用在广告营销中，我们经常听到"千万别……"，例如，减肥广告会说"千万别尝试，怕你太瘦"、美妆广告会说"千万别用我，怕你太美，家人不认得"、服装广告会说"千万别穿我，怕你太时尚"等，这些句子都能直接击中消费者的内心深处，用反语和痛点，刺激消费者消费。

又如 2022 年 7 月，甘肃省博物馆推出了以东汉铜奔马为原型的"马踏飞燕"玩偶，一经推出就凭借"丑萌"的造型火出了圈，玩偶上架不到半个月就已售罄。事实上，近年来，和大众的"审美观"对着干，创造丑陋却畅销的玩具的案例在全世界范围内都能见到。谁说这个世界一定只能有一种"标准美"呢？这也正是一个利用人们逆反心理的产品创新案例。

2. 转换型逆向联想

是指我们在研究某一问题时，由于正常解决手段受阻或无效，而转换成另一种相反的手段，或转换思考角度，使问题顺利解决的一种逆向联想方法。

在需要解决许多管理难题时，转换型逆向联想往往能发挥奇效。

我们都知道，旅游景点都有一个老大难的问题——"游客乱写乱画现象"。湖北黄鹤楼的转换型逆向联想的做法就值得借鉴。面对游客"到此一游"的涂鸦冲动，黄鹤楼公园管理处没有于是非对错中烦恼纠结，也没有舞起道德大棒予以谴责挞伐，更没有颁布处罚禁令强行阻止，而是设置电子涂鸦墙，为游客涂鸦"抒情"以及"发泄"创建了一个适宜的出口。在富有人情味的"电子涂鸦墙"投入使用后，主楼柱子、墙壁上就再也没有新刻画的痕迹了，"×××到此一游"的问题迎刃而解。

又如一个自助餐厅因顾客浪费严重而效益不好，餐厅只好规定"凡是浪费食物者罚款 20 元"。结果生意一落千丈。后来一个新员工提议换一种思路，将售价提高 20 元，规定改为"凡没有浪费食物者奖励 20 元"。结果生意火爆且杜绝了浪费行为。这个方法之所以成功，在于从可能让顾客"吃亏"转换到了可能让顾客"占便宜"。

3. 缺点逆向联想

是指利用事物的缺点，化被动为主动，化不利为有利的一种逆向联想方法。这种思维，并不像常规思路一样对事物的缺点进行掩饰或者消除，而是将事物的缺点利用起来，变废为宝，让缺点也可能是优点，只是看待的角度不同。

常见的使用缺点逆向联想的创新有如下两类。

（1）自黑式营销创新

以消费者为中心的注意力经济时代，谁能博得消费者关注，谁就可能获得成功。当大部分品牌在进行"自夸式"营销时，若有个品牌反其道而行之，在自己犯错或别人"黑"自己时，敢于并善于用"自黑"的方式与消费者对话，反而能更胜一筹。

况且中国自古就有"好事不出门，坏事传千里"的俗语，有争议性的东西永远比平平淡淡的好事更容易传播。在犯错情境下，品牌自我贬低能够使消费者感知到品牌站在消费者的立场上，并使消费者认为品牌愿意从自己的视角看待问题，具有纠正错误的意愿。自黑式幽默可以让消费者感知到品牌承担责任的积极性和能力。通过自黑，品牌可以拉近与消费者之间的距离，从而缓解消费者对自己的负面态度。

如 Smart 汽车就曾进行过一次使用缺点逆向联想的营销活动，先是自揭短处，在消费者面前暴露自己在野外受挫的各种囧样，比如爬坡的时候上不去，下坡时都能被稍大的石头绊住，路遇水坑就直接沦陷等；而后将自己在城市中穿梭自如，"小巧灵活"的优点展示给消费者。这样一来，消费者虽然看到了它的瑕疵，但更多地感受到了它在城市驾驶中十分便捷的长处。

值得注意的是，若品牌犯的错误与大众的道德体系冲突，自黑式营销反而会适得其反。

（2）将错就错式产品创新

德鲁克在《创新与企业家精神》中多次谈到"意外事件"对于创新的意义，其中包括"意外的失败"发现创新机遇的价值——"很多失败，不过是错误、贪婪、愚昧、盲目跟风，或者设计和执行不力的结果。但是如果经过精心设计、细心规划以及小心执行后仍然失败，那么这种失败常常预示着根本的变化，以及随之而来的机遇。"

事实上，你相信世界上很多伟大的发明和创新，都是通过一些"无意犯错"后的"有意利用"而得来的吗？例如青霉素、心脏起搏器、硫化橡胶、可乐、糖精、电池等都是"将错就错"式创新的产物。

案例：变废为宝的"吸水纸"

德国有家造纸厂，生产纸的过程中出现一些事故：忘记加糨糊，造出来的纸渗水无法使用，按照规定只能报废。

厂长非常恼火，就在大家纷纷表示惋惜的时候，有名员工心想，难道只能这样眼睁睁地看着这些纸报废吗？能否想个办法把这批废品利用起来？该员工反复考虑，并结合这种纸的特点，提出干脆将这种很容易渗水的纸改名为吸水纸，这也就改变了纸的用途。结果，这家企业利用缺点逆向联想"变废为宝"，又生产出了一种新产品，而且销路非常好。

所以说，哪里有什么"意外失败"的魔鬼，所有"意外失败"背后的角落里，都静静地端坐着一位被忽略了的名叫"创新机遇"的天使。

通过上文，我们可以看到使用逆向联想在众多的产品、管理、营销等创新上的重大价值成果，那么如何有效提升我们的逆向联想能力呢？

日常多运用以下 3 个问题，可以提高我们的逆向联想能力。

（1）利用"假如反方向……会怎样？"

（2）对已有的坏状态，"难道只能这样吗？还能做哪些改变？"

（3）把原有正向解决问题的"如何让……"转换为"如何不让……？"的逆向联想思维。

例如，把"如何改造割草机，可以降低噪声？"转换成"如何不让草长高？"（由此创造了除草剂）

【创新坚果 & 每日练习】

练习 1　面对不看红绿灯、凑齐一小撮就走的中国式过马路，有的地方进行劝导，有的地方对违规者罚款。请运用转换型逆向思维，你还能想出更好的办法来解决中国式过马路的问题吗？

练习 2　地沟油成为中国人餐桌上一种最让人讨厌的东西，有人就想到利用地沟油做航空燃油。请利用缺点逆向联想思考，你还能想到其他对地沟油的有利利用吗？

3.2　组合创新：打造钢铁侠超能力的关键

我们所用的技术，都是已有的、现成的，关键在于组合。

——美国阿波罗登月火箭总设计师韦伯

可以说整个世界就是由各种基本元素组成的，人类的进步也是伴随着不断发现新元素以及不断对新旧元素进行关联组合的创新过程。正如一位学者布莱基所说："组织得好的石头能成为建筑，组织得好的词汇能成为漂亮文章，组织得好的想象和激情能成为优美的诗篇。"同样，发明创造也离不开现有技术、材料、概念等元素的有效组合。

组合创新是指将已知的若干事物合并成一个新的事物，使其在性能、服务或概念等方面发生变化，为客户创造新的价值。

很多时候，拆解要素与组合创新这二者经常以最佳创新伙伴的形象一起出现。如果说拆解要素是洞察创新机会的主要方式之一，那么组合创新就是把拆解发现的机会点落地实现的创新方法。

被称为现实版"钢铁侠"的马斯克就是这方面的高手。他创办并带领自己的科技企业取得了巨大的成功，涉猎互联网、再生能源、太空等多个领域，显著地推动了世界技术的进步，为人类做出了了不起的贡献。其中，从造电动汽车到造火箭，马斯克采用的都是"拆解要素，重新组合"的思路，找到新的组合方式，实现了别人难以想象的创新。

有人统计了 1900 年以来的 480 项重大创新成果后发现：二十世纪三四十年代的创新成果以突破型为主，以组合型为次；五六十年代，二者大体相当；八十年代，突破型成果逐渐变得次要起来，主要以组合型为主。现如今，组合创新的成果已经占全部创新成果的 70% 左右。组合的路径四通八达，组合的方法层出不穷。打造适应更多环境的如钢铁侠一般的超级变形能力，关键就在于能否看出多种事物的组合关联关系，并创建不同寻常组合的创新能力。

按照组合的元素属性和组合的侧重点不同，我们可以把组合创新分为元素组合、结构组合和概念组合 3 种类型。

3.2.1　元素组合：选对搭档，焕发新机的创新之法

元素组合创新，是指对材料、成分、原件、产品等多种元素进行组合的创造新价值的方法。

按照组合元素相互间的主次关系，可以把元素组合法分为主体附加法、同物组合法、异物组合法 3 种类型。

1. 主体附加法

主体附加法，是指以某元素为主体，再添加另一个附属元素，实现组合创新的方法，又称主体添加法。进行组合的元素中必有一个作为主体价值或基础价值，通过附加组合新元素后有所增值。

在琳琅满目的市场上，我们可以发现大量的商品是采用这一方法创造出来的。

例如在铅笔一端安上橡皮头、在烧水壶嘴上加上鸣壶、在电风扇中添加香水盒、在孩子的滑轮鞋上装上闪烁装置，这些都属于典型的主体附加法的组合创新，通过增加主体元素的实用性、便利性和美观度来达到创新的目的。

因为人们只要稍加动脑和动手就能实现元素的主体附加，所以主体附加法属于一种创造性较弱的组合创新方法，但如果附加物选择得当，同样可以产生巨大的商业价值和经济效益。当铅笔遇上橡皮，橡皮头铅笔就诞生了，铅笔和橡皮都升值了；当茶叶遇上礼盒，礼品茶就产生了，茶叶和礼盒也都升值了。

主体附加法实现的创造性价值，在很大程度上取决于附加物的选择是否能使主体产生新的功能和价值，以增加其实用性。但主体附加法使用不当就可能会带来无用的多余功能。因此在采用主体附加法进行新品策划时，务必要考虑有无必要进行功能附加。为减少无必要的功能附加，具体运用时可以按照以下 3 个步骤进行。

（1）首先，确定主体附加的目的，可以通过缺点列举法全面分析主体现存的不足，然后用希望点列举法列出种种希望，再将某种希望确定为附加目的；

（2）其次，根据附加目的确定最终附加物；

（3）最后，考虑组合体的连接方法，并进行组合创新。

由阿黛勒·芬迪于 1991 年发明设计并申请专利的拉杆行李箱，就以让行李箱（主体）的移动和搬运更方便为附加目的，经过多种尝试和实验，为行李箱增加了四个轮子和一个拉杆，这才有了拉杆滑轮行李箱的正式问世。它解决了乘务人员到处跑的困难，更为出行的人带来了便捷。

另外，我们还可以运用逆向联想法，换一种主体附加法的方向，就是基于明确的附加物，逆向联想可以附加的主体有哪些。例如以温度计为定向附加物，逆向联想可附加的主体就会有奶瓶、冰箱、汤匙、热水器、温控设备等。

2. 同物组合法

同物组合，是指将两个或两个以上的相同的元素或产品进行组合，又称同类组合。同物组合的对象可以是相同的元素，也可以是相似的元素，组合后的新事物，通常具有对称性或一致性。

因利用已有的同类元素而实现发明创造，所以运用同物组合法具有过程简单和投入成本低的创新优越性。例如，将两把刀的刀刃上下交叉连接变成了剪刀；几盏灯均匀分布在吊盘上形成了无影灯；将几种不同颜色的笔芯放在一支笔里，就组成了多色圆珠笔；在两支钢笔的笔杆上分别雕龙刻凤后，一起装入一个精致考究的笔盒里，称为"情侣笔"，作为馈赠新婚朋友的礼物；将几个相同的衣服架组合在一起就构成一个多层挂衣架，从而达到充分利用衣柜空间的目的；把三支风格相同，只是颜色和大小有区别的牙刷包装在一起销售，称为"全家乐"牙刷。除此之外，还有双向拉锁、双排订书机、双头液化气灶、双层文具盒等。这些运用同物组合的众多产品创新，基本都具有创新简单和低成本的共性优势。

或许有人会认为同物组合过于简单，但简单并不意味着同物组合的价值低。实际上许多艺术作品和一些品牌产品正是运用同物组合法而化简单为神奇的创作佳品。例如被人熟知的"波点女王"草间弥生，大大小小密布着的圆点，成为她个人艺术的独特标识。甚至她的作品也影响了一个民族。据统计，在日本，年轻人穿着的服饰中，带有圆点图案的约占30%。

再如在全世界拥有众多女粉丝的日本奢侈品牌三宅一生，其设计的所有包包都以三角形为基本单位拼成一个正方形，平放在一起就像一个棋盘。很多人会误认为三宅一生的包都差不多，其实它有很多不同的款式，如水桶包、斜挎包，颜色也分为纯色、渐变、拼色等。而且由同类基本单位排列组合出六格、八格、十格后，能创造出可以任意扭曲的多边造型，使每一个包包都有了独特的随机美感。这也是它深受女性喜爱的主要原因之一，就算在街上碰到同款，因为形状不同也不算撞包。

同物组合法并不是简单的叠加法，同物组合的主要目的是在保持元素原有功能和意义的前提下，通过数量的增加来弥补不足或产生新的意义和需求，从而创造新的价值。如果将两只灯泡安装在同一插座上，除了增加亮度外，并没有出现新产品，因为变化只是局限在量的范畴内。而将两根灯丝安装在同一灯泡内，并产生出"长寿"的实效，对普通的单灯丝灯泡来说便有了性质上的变化，因此这才是一种更具价值的创新。

运用同物组合法真正的内涵是要通过量的变化产生某种质的变化，即使组合后的产品能产生出新的性能或服务。例如运用同物组合法创造的双体船，越来越受到乘游艇出海人群的欢迎，不仅因其甲板面积远大于单体船的面积，更因其大幅提升了游艇的稳定性、操纵性、机动性等性能价值。

很多时候，运用同物组合法进行新品策划时，产生构想并不困难，但在创新的可操作上会存在技术难题。比如由单头电风扇同组成为双头电风扇，只要有两轴电动机，这种设计并不复杂。而希望由单头电风扇同组成为三头电风扇，技术上的难度要大得多。在使用同一电动机驱动的条件下，如果不解决传动装置的设计问题，那么同物组合就是一种空想。

具体时可以通过分析以下4个问题展开。

（1）哪些元素需要同类组合？

（2）哪些元素能够同类组合？

（3）同类组合的连接方式是什么？

（4）同类组合后能够解决什么问题？

3. 异物组合法

异物组合，是指将两种或两种以上的不同类型的元素或产品进行组合，又称异类组合。

虽然异物组合法和主体附加法在形式上相近，但又有明显区别。主体附加法是一种在主体功能基础上附加元素的简单补充，而异物组合法的主要目的是通过若干不同元素的有机并列关系的组合，增加不同异物各自独特的属性价值。常见的异物组合主要分为成分异物组合和材料异物组合。

（1）成分异物组合：是指对不同成分元素的有机组合，增加多成分属性的组合创新价值。许多饮品、药品、食品、日用清洁品、化妆品的产品创新大多采用成分异物组合法。

例如，雀巢公司曾经推出咖啡伴侣的经典成分组合创新；调酒师调制鸡尾酒采用的就是一种不同的成分异物组合；将柠檬和红茶异物组合在一起，就开发出了柠檬茶；将不同成分组合后就有了美白与补水保湿双重功效的精华液。

特别是随着年轻人的受教育程度越来越高，"成分党"正在成为越来越多年轻人的标签。他们对于研究成分的热情，不仅体现在护肤领域，在饮食、健身、养娃、装修等领域，他们也热衷于挖掘背后的相关成分是否科学。我们可以认为这是更加相信科学技术进步的一种表现，也可以认为这是发挥成分异物组合创新的新机遇。

（2）材料异物组合：是指将不同材料元素组合在一起，改进单一材料属性的不足，带来新价值的组合创新。除了自然界的各种天然材料外，通过材料异物组合而成的人造复合新材料，也可以作为异物组合的基本元素。

例如，现在电力工业使用的远距离电缆，其芯的材质用铁制造，而外层则用铜制造，由两种材料组合制成的新电缆，不仅保持了原有材料的优点（铜的导电性能好，铁的硬度高不下垂），还大大降低了输电成本。

虽然异物组合法中的个体元素一般并无主次之分，但在思考时应该有先后主次之分，要有基本点和扩展点的组合元素定位区别。另外，依靠联想和想象可以将许多异物组合在一起，将不同的物体"同化"为一个新的整体，要真正变成一个受市场欢迎的新产品，就需要各部门人员的通力合作，并进行科学的组合与协调。

在运用以上几种元素组合法时应该注意的两大关键点如下。

（1）首先，要敢于想象更多可能的、准备充足的基础元素点

在开始进行组合创新之前，收集基础元素，为创造组合创新准备足够多的素材。素材越多，组合出来的花样越多。

很多时候成年人因过往积累了较深的知识和阅历，就产生了思维惯性和路径依赖，因而缺乏对组合元素的大胆想象。这时，可以邀请局外人或新人，共创想象和准备更多可能的非常规基础元素。

（2）其次，组合要有逻辑并创造价值

当你想到一个创意时，除了敢于大胆地进行组合，还要能够证明这样的组合具有合理的逻辑并能创造新价值。优秀的组合创新，往往将这两点合为一体。

有价值的创意并非随意组合，而是要有内在的逻辑。即我们通常所说的，意料之外，情理之中。只意外不合理的组合就可能是恶搞，只有合乎情理又出乎意料的组合才叫创意。例如下面一个看似简单却并不简单的元素组合的成功案例。

● 案例：选对了搭档，焕发了新生的乌梅

和所有蜜饯一样，乌梅这样的传统零食单品的销量受减糖风潮的消费理念影响，很多年前就开始持续下滑。但近几年卖乌梅蜜饯的厂商们借"单手经济"消费趋势，并通过浆果夹乌梅的产品组合，创造了销量持续增长的趋势。

卖乌梅蜜饯的厂商们把乌梅条切好，作为一种核心味觉元素，推荐你买回去自制如草莓夹乌梅、番茄夹乌梅、菠萝夹乌梅、青提夹乌梅等各种下午茶。而且制作这些零食的原理都很简单，万物皆可夹乌梅，在任何可以单手拿的小浆果腰部切一个小口，夹一片乌梅蜜饯进去即可。

这个思路其实也不是他们首创的，应该是从红枣夹系列产品中类推出来的创新思路。因为早在几年前，红枣夹系列就运用干果混搭的组合玩法，推出了如红枣夹核桃仁、红枣夹腰果泡芙、红枣夹葡萄干等各种零食细分产品的创新。

浆果夹乌梅组合而成的新品类之所以大受年轻人喜爱，是因为其创造了比红枣夹系列还多的组合价值。

第一，在加工这种混搭食品的过程中，厂家既帮消费者切开红枣和葡萄清理掉籽儿，方便消费者食用，同时在空心里放进乌梅，也不会让消费者觉得这果子是被切过的残次品。

第二，只多加一片小乌梅，仿佛画龙点睛地为浆果注入了味觉灵魂，消者费咬一口就够从外到里感受到好几种味道层次，大大提升了对美食的美好体验感。

第三，最关键的就是干净利落的小浆果们，其实是充当了乌梅的"可食用包装"。大大解决了消费者需要用原来包装袋里的小叉子戳来戳去找小乌梅的麻烦，以及单独吃梅子蜜饯时，拿两次后手指就会变得黏糊糊的，没法再戳手机屏幕的不爽。

不组合，单独吃小乌梅就存在缺点和不完美之处；乱组合，配上的小叉子却并不"门当户对"。虽然许多事物都可以组合，但组合后的效果却大不一样。"浆果夹乌梅"的最佳搭档，让乌梅焕发了勃勃生机。

【创新坚果 & 每日练习】

练习 1　如果你是一家制鞋企业的产品设计师，尝试使用主体附加法构想 3 种以上的组合创新。

练习 2　基于常见异物组合的有机并列关系，尝试分别对应 4 种分类举出身边的真实案例。

3.2.2　结构组合：化石墨为钻石的神奇之法

结构组合创新，是指把两种或多种结构不同的事物组合在一起，实现新结构带来新的实用价值的创新。

运用结构组合创新，首先最需要解决的问题，就是觉察和消除可能存在的结构型思维定式——许多人习惯性认为，一个事物的结构就应该是看到的那个样子，这种结构本应如此。

比如，最早的冰箱因为没有电，只能用置于顶部的大冰块进行自上而下的冷气循环，这导致最早的电冰箱一般是冷冻室在上、冷藏室在下。其实，我们使用冷藏的功能更加频繁，为了便利，应该将冷藏室放在上面。

需要强调的是，结构组合法虽然大多是由异物进行组合，但它进行组合的对象结构往往较大或较复杂，这和元素组合法有所不同。因此，除了利用组合对象的结构优点进行组合创新外，还不得不思考解决对结构大或复杂得多的对象进行结构组合的难题，其中包括结构的合理性、安全性、便捷性等问题。

1.结构组合的常见类型

结构组合创新的类型有很多，基于利用组合对象结构不同特性的优点可分为以下 3 种。

（1）结构外形组合

这种结构组合方法的导向，主要在于利用不同事物结构外形的独特性，创造组合后事物的新结构价值。常被应用在产品外形或包装、家具、服装、建筑等的设计上。

例如，一张变五张的魔方凳子的产品创新（见图3-3），就是最好的应用结构外形组合创新的案例。实际上很多家庭或办公家具的创新，不应该只思考如何满足用户对产品基本功能的需求，还应该考虑如何通过结构创新来节省有限的居住空间，这是一个隐形却普遍存在的用户的痛点。

图3-3　魔方凳子

（2）结构功能组合

是指对具有不同功能的事物进行有机组合，实现新产品结构性的新功能或多功能组合价值。这种组合是产品创新应用最广泛的方法之一。

例如，集合了牙签、剪刀、平口刀、开罐器、螺丝刀、木塞钻、镊子等多种结构功能的瑞士军刀；集合了房屋与汽车两种结构功能的"房车"；集合了沙发和床两种结构功能的沙发床；近几年总销量一直不错的儿童多功能组合床（见图3-4）。

特别是带洗手池的马桶（见图3-5），更是设计师采用了动态思维来设计结构和功能的创新产品，既节省了物理空间，也节约了水资源。这种设计非常适合在公共场所的洗手间中推广应用。

（3）结构原理组合

是指对不同原理的产品进行组合，创造出结构一体的组合创新，从而带来更多的价值。

例如，将手枪与消音器进行结构原理组合后的无声手枪；将自行车与电瓶进行结构原理组合后的电动自行车；将烟雾传感器和温度传感器进行结构原理组合后的

图 3-4　儿童多功能床

图 3-5　带洗手池的马桶

火灾报警器；将 X 射线的照相装置与电子计算机进行结构原理组合后的"CT 扫描仪"。

结构原理组合相较于前面两种结构组合创新，在原理关联识别和结构有效组合实现两个环节上，往往是难度最大的。因此，这类创新的实现往往需要在原理上深度洞察以及投入较大精力进行多次组合实验。

2. 运用结构组合的两个招式

运用结构组合创新时，根据结构组合对象的主次关系不同，还有两个招式技巧。

（1）乐高拼接式

这种结构组合的对象存在主次或先后关系，在运用结构组合创新时就如同拼接乐高积木一样，通过"拼接件"延伸或增加原有产品的新价值。

例如，小米 Mate 新推出的一款热卖的无雾加湿器。这款利用蒸发式原理的加湿器，最大的创新点就是和家中已有的米家净化器拼接成一体后，可直接利用米家净化器的送风将加湿滤芯的水分蒸发散落到空气中，这样既不会有细菌滋生，也不会有残留积水二次蒸发，加湿的空气也更加柔和。因此特别适合鼻子敏感或有鼻炎的人群，以及老人、小孩等抵抗力差的人群使用。同时较好地节省了室内空间，被米粉们形象地形容为"扣个帽子的加湿器"（见图 3-6）。

使用乐高拼接式的结构组合，最关键的是要善于利用和发现市面上已有的成熟的功能产品，并将其作为"主体"。

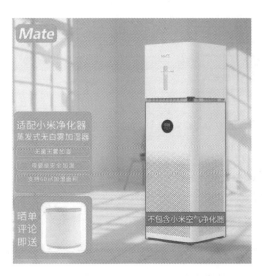

图 3-6　Mate 加湿器

（2）瑞士军刀式

这种结构组合的对象之间不存在主次关系，而且组合的对象数量较多（超过 2 种），如同创造一把瑞士军刀一样，对多种功能不同的对象进行结构一体化的组合创新。创造在多功能的基础上，大量节省空间或操作便捷的新价值。

许多多功能一体机的产品创新，就是应用这种方式进行的结构组合创新。例如，号称高效集成的空间大师——能提供一站式整体厨房解决方案的美多一体机，一台一体机集成了油烟机、燃气灶、消毒柜、置物台、蒸箱、烤箱、保温箱、电饭煲、一米橱柜、面包机、烘干机、发酵机、炸锅、蒸蛋器、电炖锅、电烤架 16 件厨电，最大的创新之处在于在功能上做加法，而在空间上做减法，基本满足了家庭的全部烹饪需求（见图 3-7）。

图 3-7　美多一体机

我们使用瑞士军刀式的结构组合进行多功能的结构组合创新时，需要注意选择的多功能对象要聚焦于明确的用户场景，如一款集合了电吹风和卷发棒两种功能的吹风机的创新设计，就是基于女性用户洗浴后处理长发的应用场景。另外，还要注意选择高频率使用或强需求功能的对象，否则会因为功能过度，造成生产和销售成本过高而提高用户的购买门槛。

3. 运用结构组合的三步法

下面结合两个小案例，具体介绍运用结构组合创新时的 3 个步骤。

（1）定对象：确定结构组合的对象。

案例 1：大多数给宠物猫狗用的普通饭盆就是一个圆盆。

案例 2：老人用的拐杖、雨伞。

（2）列优劣：列举现有事物结构的优点和缺点。

案例 1：普通圆盆的结构缺点是容易被打翻、没有分隔宠物粮和饮用水、容易在宠物喝水时弄湿宠物的嘴毛。

案例 2：老人用的拐杖的结构优点是防滑、方便手握支撑行走；雨伞的结构优点是防雨。

（3）做组合：思考如何进行组合，发挥结构优点或克服结构缺点。

案例 1：双盆结构组合在一起，使宠物粮和饮用水分离，更防打翻；再加一个水槽隔离，就能有效地防止宠物弄湿嘴毛；再加一个利用虹吸原理的倒置水瓶，自动续水就更便捷了。这就有了组合创新后的宠物盆（见图 3-8）。

案例 2：在雨伞的基础上，有效组合拐杖的触地部位防滑和手握部位支撑的结构优点，这就有了拐杖伞（见图 3-9）。

图 3-8　宠物盆

图 3-9　拐杖伞

结构组合创新最挑战，也最能提升人的结构创造力，如电影《钢铁侠》中托尼的几种经典变身方式的展现，是制作团队不断创新，打破原来机械组装方法的过程，其本质上都是结构组合创新的具体应用。

结构决定功能，结构决定价值。在一般人的价值观里，石墨和钻石有着天壤之别。但实际上二者都是碳元素，只是结构不同，从而带给我们完全不同的物质特性表现。

研究结构、利用结构、重组结构，相信更多的创新者也能创造这种"化石墨为钻石"的创新奇迹。

【创新坚果 & 每日练习】

练习 1　尝试运用结构组合的三步法，对生活用品、学习用品或办公用品进行结构组合，创造组合产品的新价值。

3.2.3　概念组合：寻找差异化创新的利器

概念组合是指对多个理念、理论或模式等抽象概念元素的组合创新。相较于元素组合和结构组合，概念组合的复杂度较大，其创新成果的价值也较大。

熊彼特在一百多年前提出，所谓的创新，就是生产要素的新组合。经济发展就是新组合代替旧组合的过程。这里的生产要素指的是产品、市场、技术、资质和资源。克莱顿·克里斯坦森教授在此基础上加以简化，在颠覆性创新理论中提出了"技术无所谓颠覆，市场也无所谓颠覆，技术和市场的组合才具备颠覆性"。这里的技术代表供给端，市场代表需求端，而供给端和需求端之间天然存在一个连接端。由此，所有商业结构中最核心的要素就可以划分为以下 3 类。

（1）供给端：产品、服务、技术，是指为了满足需求的解决方案，这个解决方案可能是实体的产品，也可能是虚拟的服务等，是结合需求而产生或存在的。思考的问题是：我们为客户提供或创造怎样的价值？

（2）需求端：用户、客户，可能是 2C 的也可能是 2B 的，不仅指用户或客户等具体的某类人群，也指各类人群的具体需求组合。思考的问题是：用户、客户是什么样的人群？存在怎样的需求？

（3）连接端：平台、组织，是指如何将企业的解决方案与需求进行有效的连接，互联网尤其是移动互联网的发展，就是在高效地建立供给与需求的连接方式，提高匹配效率。思考的问题是：我们通过怎样的方式或渠道为客户提供服务？

在电商领域，常说的"人、货、场"就是一种典型的供需连的概念分类，"货"就是卖家，即供给端；"人"就是买家，即需求端；"场"提供的是平台的连接。

我们将基于这 3 类概念要素进行拆解组合的方法命名为供需连模型组合法，简称供需连组合法，它本质是一种利用抽象概念组合的创新方法。

在寻找细分市场、商业模式创新，特别是制定差异化战略时，供需连模型组合法就是一大利器。

说到咖啡品牌，相信除了星巴克，许多人都能快速想到瑞幸咖啡——一家在传统咖啡馆的围追堵截下"异军突起"、因财务造假丑闻陷入"绝处逢生"的企业。直到今天仍有人对瑞幸咖啡的起死回生和发展颇有争议，如果从创新的角度看，要清楚认识瑞幸，还是应该回归商业的本质，可以看看它是如何为顾客创造了怎样的价值。

接下来，就让我们用瑞幸咖啡这个大家耳熟能详的品牌作为研究案例，展开具体使用供需连模型组合法的四个步骤，拆解瑞幸是如何通过差异化创新，成功地切入持续增长却又高度竞争的咖啡饮品市场。

1. 确定商业目标

首先，需要明确我们运用供需连模型组合法要解决怎样的商业问题，以及建立何种商业目标。

（1）商业问题

作为新进入者，如何切入持续增长的大众咖啡饮品市场？

（2）商业目标

找到咖啡饮品行业的新机会，实现差异化竞争优势。

2. 供需连的拆解

接下来，基于供需连模型进行框架拆解，仍以瑞幸咖啡为例。

（1）需求端

将咖啡饮品需求端的市场人群按照地域城市等级、2C 和 2B 以及职业 3 个层面进行拆解；需求维度分为功能场景与情感需求两类，其中功能场景分为店内、行走和外送 3 个场景，情感需求分为多、快、好、省 4 种细类，详细拆解见表 3-2。

表 3-2　咖啡饮品需求端拆解

咖啡饮品需求端拆解			一、二线城市				三、四线城市			
			2 C		2 B		2 C		2 B	
			白领	学生	大 B	中小 B	白领	学生	大 B	中小 B
功能场景	店内	办公								
		会友								
		休闲								
	行走	提神								
		解渴								
		抗寒 / 降温								
	外送	自饮								
		请客								
		会议								
情感需求	多	产品品类								
	快	等待时间								
	好	口味品质								
		产品体验								
	省	省钱								
		便捷								

（2）供给端

供给端采用餐饮行业常用的拆解框架“人机料法环”进行拆解，详细拆解见表 3-3。

表 3-3　咖啡饮品供给端拆解

人			机		料					法（方法流程）			环（场地）		
操作人员		管理人员	全自动	半自动	豆		糖	杯	奶	现磨	速溶	成品	产销一体		产销分离
有资质	无资质				高端	一般							大店	小店	

（3）连接端

连接端按照传播对象分为物流、信息流和资金流，以及使用用户旅程地图拆解为认知、触达、交易和推荐，详细拆解见表 3-4。

表 3-4　咖啡饮品连接端拆解

咖啡饮品连接端拆解		用户旅程									
		认知		触达					交易		推荐
物流	线下							堂食	自提	外送	
信息流	线上	买量	裂变	App	微信	电商	其他	列表	搜索	个性化推荐	裂变
	线下	广告	地推	咖啡店	商超	餐厅	自动售货机	其他	列表		
资金流	线上							储值	订阅	付款	
	线下									付款	

3. 内外要素分析

接下来，可以使用 PEST 模型和波特五力模型对外部环境进行要素变化分析。

（1）PEST 分析宏观环境变化

政治：无。

经济：消费升级，需求市场区域及人群扩大与升级，供给端提供高品质的原料和工艺。

社会：新中产崛起，引发需求市场人群扩大；在线外卖市场高速发展，引发连接终端的交易 / 物流环节完成基础设施铺设，成本可控。

技术：微信基于 LBS（基于位置的服务）的广告裂变，让通过微信的高效低成本获客成为可能。

（2）波特五力模型分析行业环境变化

购买者的议价能力：咖啡，尤其购买者是对现磨咖啡的需求高速增长，品牌的溢价能力会逐步上升。

供应商的议价能力：无。

同业竞争者的竞争程度：星巴克的扩张加速了对需求端的市场教育，连咖啡验证了连接端物流模式，即"咖啡找人"模式的价值和可行性。

新进入者的威胁：咖啡馆大量出现，满足用户个性化需求，部分市场人群分流。

替代品的威胁：茶饮高速发展，在需求端存在一定的竞争。

然后，对内梳理目前瑞幸初创团队的核心能力。

（1）基于微信 LBS 技术的用户运营能力和流量获取与留存能力；

（2）供应链整合及议价能力；

（3）基于大数据的运营能力；

（4）来自"神州系"的资本加持。

最后，选择行业内标杆企业作为竞品进行分析，寻找和标杆企业错位竞争的差异化价值。

（1）识别竞争对手：在现磨咖啡饮品行业中的主要竞争对手为星巴克。

（2）竞争对手的核心价值主张：星巴克的使命是"激发并孕育人文精神，每人，每杯，每个社区"。

（3）竞争对手的主要行为：努力营造一种温暖而有归属感的第三空间优质体验，同时积极与员工建立深度的伙伴文化。

（4）这样的行为给客户带来的麻烦及无法满足的需求：客户只需要咖啡，不想为空间额外付费，想要快速便宜地获得优质咖啡。

（5）如何解决和满足：提供现磨咖啡的自提及外卖。

4. 形成概念组合

基于前面第二步和第三步的要素拆解、外部变化与内部能力的充分对比分析，就可以形成瑞幸咖啡供需连组合的差异化创新方案了。

（1）需求端：主打一、二线城市的职场白领和学生人群，为客户提供较好的口味、较高的品质、较高的便利性和较短的等待时间，同时采用补贴的方式提供有竞争力的低价，满足其自饮和社交的需求（见表 3-5）。

表 3-5　瑞幸需求端差异化选择

咖啡饮品需求端拆解			★一、二线城市				三、四线城市			
			2C		2B		2C		2B	
			白领	学生	大B	中小B	白领	学生	大B	中小B
功能场景	店内	办公								
		会友								
		休闲								

咖啡饮品需求端拆解			★一、二线城市				三、四线城市			
			2C		2B		2C		2B	
			白领	学生	大B	中小B	白领	学生	大B	中小B
功能场景	行走	提神								
		解渴								
		抗寒/降温								
	外送	自饮								
		请客								
		会议								
情感需求	多	产品品类	★更多	★更多						
	快	等待时间	★较短	★较短						
	好	口味品质	★更好	★更好						
		产品体验	★较高	★较高						
	省	省钱	★更省	★更省						
		便捷	★较高	★较高						

（2）供给端：采用人工现磨咖啡，以及高端原料和大师配方，共同确保咖啡的口味及品质，产销一体的小店可低成本快速开店扩张，以便覆盖更多市场客群（见表 3-6）。

表 3-6 瑞幸供给端差异化选择

人		机		料				法（方法流程）			环（场地）	
操作人员	管理人员	全自动	半自动	豆	糖	杯	奶	现磨	速溶	成品	产销一体	产销分离
有资质 无资质				★高端 一般							大店	★小店

（3）连接端：采用以外卖和自提为主的物流方式，移动端的社交裂变实现长期低成本快速获客，个性化推荐进一步提升交易效率，促进客户留存（见表 3-7）。

表 3-7　瑞幸连接端差异化选择

咖啡饮品连接端拆解		用户旅程									
		认知		触达					交易			推荐
物流	线下								堂食	★自提	★外送	
信息流	线上	买量	★裂变	App	微信	电商	其他		列表	搜索	个性化推荐	裂变
	线下	广告	地推	咖啡店	商超	餐厅	自动售货机	其他	列表			
资金流	线上								储值	订阅	付款	
	线下										付款	

　　总的来看，瑞幸实现成功的根本原因在于，它瞄准大众咖啡市场，舍弃咖啡馆的空间属性，通过对供需连各要素的重新组合，为市场提供高性价比、高便利性的咖啡，然后和这部分市场共同成长，实现了破坏性创新。

　　利用供需连模型组合法，可以帮助企业实现从价值定位到价值卡位，从"寻找不同"到"创造更好"。事实上，这也是让许多新品牌能够"脱颖而出"的成功方法。

【创新坚果 & 每日练习】

　　练习 1　应用供需连模型组合法对你所在公司业务进行更小颗粒度的拆解，并思考有哪些要素可能重组？

3.3　跨界融合：跨界时代已来，是"失控"还是"必然"？

　　近几年许多传统企业纷纷玩跨界，把跨界当作一种突破增长"瓶颈"的"救命草"战略而重资投入。从"卖药"的同仁堂跨界卖咖啡、张仲景跨界卖蛋糕；格兰仕、格力等家电企业跨界做预制菜；再到许多传统企业跨界入局新能源或环保行业；甚至连茅台都跨界在上海、北京两地线上销售 3 款酒香冰激凌。

对这些局外的传统企业跨界新领域的做法，各界人士看法不一，有认同更有担心。

跨界时代已来，传统企业纷纷跨界到底是"失控"还是"必然"？

大多数传统企业跨界有其品牌影响力层面的优势，但也有其不足。茅台跨界卖冰激凌，被一部分舆论解读为"传统品牌在讨好年轻人"。这样的解读倒也不是空穴来风。一些年轻人或许会带着好奇心排长队尝鲜茅台冰激凌，但这种热闹会持续多久呢？

这些关于传统企业谋求多元化经营的新闻虽然引起了大众一时的热议，但总体来说，大众对于这种跨界经营还有一丝不适应。

传统企业跨界确实需要更多的勇气，但不能仅仅只有勇气，还要瞄准市场的喜好，在所跨界的产业中寻找新支点，更好地结合、利用自身的渠道和品牌影响力等既有核心能力，进而搭建新的供应链和服务体系。如此，才能打破"隔行如隔山"的天然壁垒，实现传统企业的跨界再塑造。

借用被称为互联网预言家的凯文·凯利的两本书名，将企业跨界创新成败的原因总结为"《失控》有原因，《必然》是结果"。

关于如何理解和学习跨界融合有以下 3 个观点和建议。

（1）首先，跨界创新是所有企业"必然"的课题，并非是要不要的选择题，跨界而不"失控"的关键在于企业是否能够审视自身，确保其核心优势在跨界领域中得以重生。

例如，为什么这么多年明星跨界开连锁餐饮店大多不成功？究其原因，明星开店的优势最多是给餐饮店带来了初始流量，但餐饮店持续增长的商业精髓还是在高性价比的"美味好吃"上。

再看一个对比的案例我们会更清楚这个观点。

案例："三果志"为什么只有褚橙成功了？

褚橙、柳桃、潘苹果曾并称为"三果志"，被视为三位企业家跨界涉身品牌农业的典范，但这么多年过去了，如今只有褚橙还活在人们的视野里，而柳桃、潘苹果却渐行渐远。这是为什么？

褚橙最大的成功因素是真的好吃，最关键的还是褚时健成功地将用于打造中国名牌香烟红塔山的一整套科学严谨的种植管理方法，输出为"褚橙"品牌的品质保障。

褚时健成功地让精细化农业管理的精髓在跨界打造品牌水果时得以价值重生。

与褚橙相比，柳桃和潘苹果充其量只是被名人代言，谁也无法相信，某个品类或某个区域的水果，仅仅冠上两位名人的姓名，就会被"加持"什么神奇的力量而变得好吃。

当然，找有农业情怀的名人为某些农产品的质量背书，动机是好的，但思路和方法真的不对。做房地产和做计算机的企业的管理优势都未能让"其精髓在跨领域中得以重生"。

（2）其次，企业更需要把跨界创新作为一种常态化经营动作，这种创新应该基于与不同企业、行业、文化和思维的多层次或多元化的交叉共创，最终实现创新成果的融合。跨界的关键在于实现融合。或者说，区别于前文章节中更具物理属性的组合创新，真正的跨界创新更具有化学属性，往往创造了一种新方式或新物种。

案例：新东方转型跨界直播"爆火"的启示

2021 年，教培行业进入"寒冬"。同年 12 月 28 日，新东方创始人俞敏洪宣布新东方将转型直播带货，并打造"东方甄选"直播间，开启了农产品直播带货首秀。

初期的直播数据并不亮眼，有报道显示，在开播后的 26 场直播中，东方甄选的累计销售额仅为 454.76 万元，平均每场销售额约 17.49 万元。最惨淡时只有零星 2 个人下单。

2022 年 6 月 10 日晚间，东方甄选的双语教学带货突然火了。

从 0 到 100 万粉丝，东方甄选用了整整 6 个月，但是从 100 万到 350 多万粉丝，却只用了 3 天，农产品的销量突破了 3000 万，呈指数级增长。连新东方一路下滑的股价也实现了最大逆转，暴涨 100%。

如今，新东方靠卖农产品翻身，这对做农业品牌又有哪些启示呢？

人们在直播间购物往往是为了甄选价格实惠的好物。东方甄选尝试定位为双语知识输出＋故事讲述，将免费的知识作为产品加分项。主播介绍产品具体的卖点时，比较简洁快速。但会围绕产品的使用场景、使用感受或关联点即兴发挥，进行丰富而生动的说明。

有故事、有温度、有情怀成为东方甄选的差异化核心竞争力。"小时候买新东方的课，长大了买新东方的货。"作为老牌教培机构，新东方跨界终于找到了发挥原来优势的突破口了：老师们活用在上课时吸引学生兴趣、帮助学生理解知识的"传统艺能"，直播内容涵盖了三分英语教学、三分百科知识、三分人生哲理加一分幽默金句。这种创新帮助新东方挖掘和发挥其原有的优势。

何尝不能说东方甄选创造了当下最强的农产品直播带货的新方式。

（3）最后，企业跨界动作分为跨界战略布局与跨界经营操作两类。要建立二者的契合关系，一方面要用长期主义的跨界战略布局指导短期跨界融合的经营动作；另一方面，要用短期跨界融合的经营动作验证可行性或探索企业跨界战略的方向。而本书的视角和重点，则是在跨界融合的操作层面进行方法学习和应用。

太多被跨界颠覆的企业的案例，让我们清楚即使企业不主动跨界，也会为他人的"跨界"所驱使。如果跨界太慢，就会被竞争对手抢占先机。

那么如何通过共创，创造增值的跨界融合呢？可以通过以下 3 种方式开展。

3.3.1　元素跨界：为什么海底捞出口红，比锅底更红？

如果问一些朋友有没有听过"米其林"，一定不少朋友会说听过，但答案经常会有两个："做轮胎的"和"美食指南"。如果接着问："那米其林轮胎和《米其林餐厅指南》到底是不是同一家公司？"大多数朋友就不太肯定了。让我们从米其林的发展故事中了解一些内幕吧。

◉ 案例：从米其林轮胎到《米其林指南》，满满的"套路"

首先说说米其林轮胎，如今大家可能都知道这个品牌，可在 1832 年，汽车都是稀罕物件，轮胎品牌更是少之又少。米其林轮胎是一家法国的做轮胎的公司，在那个年代，很多在全国跑运输的货车司机都使用米其林轮胎。

于是，在 1900 年，米其林轮胎为自己的轮胎客户提供了一份《米其林指南》，这是一本红皮书，内容包含加油站、餐厅、旅馆等信息，但让其始料不及的是，这本红皮书发布之后，就一发不可收拾，逐渐被大众接受，一度成为最权威的评判标准。

随着公司的壮大，《米其林指南》扩大了服务范围，通过一系列的指南告诉大家，哪里的加油站好，哪里的餐厅有特色，这本旅游手册对一些服务好的餐厅进行了标记，将餐厅分为一星、二星、三星。

一些餐厅的顾客突然增多了，餐厅的负责人都觉得非常有意思，他们发现大多数顾客都是米其林轮胎的客户，他们是通过《米其林指南》找到餐厅的，这些餐厅甚至不知道自己是什么时候入选的。《米其林指南》对入选的餐厅的服务、味道等方面进行评判，这些入选的餐厅就被称作米其林餐厅。因此，《米其林指南》成了吃货心目中的"美食圣经"。

而最初的《米其林指南》只是米其林轮胎为大家提供的一些用车方面的指南，目的是让大家多开车出去，多用轮胎，这样自己才能多卖轮胎。这就是传说中"我走过最长的路，就是你的套路！"

具体应用"元素跨界"包括以下两种方式。

（1）同企业跨不同元素间的融合

同企业跨不同元素间的融合是指企业基于创新洞察，通过在产品、服务、营销、品牌、知识版权等多种元素之间进行跨界创新，有目的地创造不同元素间价值融合的一种创新方式。

从米其林轮胎到《米其林指南》就属于这一类，是同一企业从产品元素向服务元素的跨界融合，实现与客户黏性增加以及产品复购增长的价值创造。

需要强调的是，虽然这种创新策略也能很好地实现新业务增长，但它却不同于一些企业多元扩张战略的高风险创新。这种跨界创新，"界"外的新业务仍是基于"界"内的主营业务的关联创新。由内而外有序主导的关联元素的创新融合，因为其形成了一定业务系统闭环的相互支撑性，往往是低风险并有良好回报的一种战术性创新。

例如，有生物技术企业应用香蕉花蕊、花生衣、柑橘幼果等通常不用的食品加工附产物，开发功能性食品；又如有化妆品企业利用酒企废弃不用的酒糟，结合菌种发酵，开发出网红酒糟面膜。

（2）同元素跨不同企业的融合

同元素跨不同企业的融合是指通过共享企业之间相同的元素，实现共赢的创新价值。它旨在将不同企业之间的同一元素进行跨界融合，促进企业之间的合作与发展，提高企业的竞争力，以实现双方的共赢。

这种融合，近几年来最多的形式就是两方或多方品牌企业联合发布融合型产品（即"联名款"）的一种营销创新。

让我们先看一下近几年海底捞在服务创新方面让人不断吃惊的跨界创新动作吧。

◈ 案例：为什么海底捞出口红，比锅底更红？

作为火锅的代表，海底捞在2021年七夕情人节跨界卖口红，让网友们大吃一惊。一个火锅店，怎么卖起了口红呢？这引发了网友们的热议。

有网友表示："是番茄味的吗？我一口就能把它吃完，当糖吃。"

也有网友表示："火锅底料做口红？接吻变成香肠嘴咋办？"

更有网友持反对意见："简直就是胡乱创新，一个火锅店做口红，一点儿都不浪漫，为了创新而创新，有啥意义呢？"

这到底怎么回事呢？

原来是海底捞和 BM 肌活组 CP 了！搞了一组联名口红！

仔细一看，几款"火锅味"的小羊皮外壳的口红，色号的整体色调与火锅食材相对应，有"红颜·椒""夏日·番""黄闪·姜"。据官方介绍，这三款口红还真的分别含有辣椒、番茄果、姜根等天然食材的提取物。

不仅如此，海底捞这次还推出了其他四款别具一格的特色周边。

（1）主题帆布包：两款以"开锅见喜"和"神机妙涮"为主题帆布包分别采用了辣椒和火锅筷的设计元素，配上火辣辣的"油包"挂件，百搭又吸睛。

（2）创意耳饰：耳饰分为创意 AB 款，A 款为常见配料花椒；B 款为谐音梗字型"哎呀麻呀"。

（3）计时泡面碗：轻轻一拧泡面碗就能设置好提醒时间，让吃泡面也能充满生活仪式感。

（4）多功能抱枕：既可做抱枕，背面还可做小桌板，抱枕中间还有四个软萌可爱的、可装拆的、可做独立挂件的涮菜玩偶。因为关注率太高，甚至小红书上专门有粉丝给出了一变五的使用攻略。

更出人意料的是，还有一家海底捞门店推出了"剧本杀"套餐。

剧本杀在独立的包间里进行，需要提前预约，店里的小哥全程担任主持，提供独家服务。

海底捞用这些"不务正业"，给创业者们上了一堂"服务"课。

案例解析：

海底捞近几年坚定地走上了生产大量"周边产品"和"跨界联名"的创新之路，许多"围观者"认为此举有些疯狂。但仔细品品，海底捞这些跨界动作每次虽然在"意料之外"，但又在"情理之中"。如果不想明白背后的逻辑，只是照猫画虎，仍旧是"海底捞你学不会"！

从目前看，这些创新动作都始终未失主营业务和核心价值的立基之本，本质上还是把企业原有的服务元素进行外延，并与产品、营销等相关元素跨界进行价值融合的创新。

同时，我们也知道海底捞的顾客构成比较多元化，除年轻群体外还是不少家庭的用餐选择。所以，海底捞的周边，除了口红、耳饰等年轻单品之外，还推出了袖套、小推车等居家日用品。

这些动作也都是暖心地兼顾到了不同年龄层客群，更有呼唤其再次回归店内消费体验的增长闭环逻辑。

如日常实用却又暗藏"小心机"的口红的管身上分别有"好久不见""我在等你"和"别来无恙"四个字，唤醒消费者的情感；将藕片、捞面等做成耳环，既保证了周边产品的美观，也能让消费者在使用过程中，不断联想起海底捞、吃火锅等消费场景。

因此，我不仅并不对海底捞这些频频惊人的跨界动作有所担心，反而更期待他们继续推出更多有趣的产品和服务。这也许正是海底捞希望创造的一种价值：让我们时刻对他们的下一个创新项目保持关注。

那么，如何有效地使用元素跨界法呢？可以分为以下 3 个步骤。

（1）确定既有内部"元素"的原点价值是什么。如海底捞的原点价值是服务价值或体验价值。

（2）假想现有"元素"可能的跨界融合的增值有什么。如海底捞从服务跨界融合增值的产品创新和营销创新等。

（3）罗列内部元素还可以和哪些外部伙伴联合，实现产品或服务等同元素的跨界融合增值。

两个品牌元素间的跨界伴随的是用户群的流动，原来井水不犯河水的两群人，通过品牌的跨界，完全打破壁垒，形成了新的用户群。但品牌企业在选择"联名伙伴"共创跨界活动创意时，仍需要思考评估跨界动作是否能赋予原有元素新的客户增值？

【创新坚果 & 每日练习】

练习 1　最近薯片推出了一个小"家电"——洗手指机。外形像一个缩小版的滚筒洗衣机，与 iPhone 接近等高，内置智能感应系统和酒精容器，当监测到有手指通过圆形门伸入，便会喷出雾化酒精，清洁手指并消毒。

如果站在元素跨界方法有效应用的角度，你会如何点评这种"创新"？

练习 2　尝试思考一下，如果让你为前面章节中提到的超级猩猩健身连锁店进行元素跨界创新共创，你会对企业的何种元素进行跨界融合，以及跨界融合后会产生哪些价值创意？（提示：可结合上一章节的客户洞察的交易过程可能存在的痛点或期望进行思考）

3.3.2　场景跨界：一块洗碗布的穿越剧，"塑造新场景，创造新价值"

罗振宇分享过一个洗碗布的使用说明。

你以为孩子学做家务真的只是学做家务吗？

整理房间教他责任感，烹饪教他正确的生活方式，园艺教他细心，洗碗教他体贴……

至于他能学到多少，全靠你的引导了！

我瞬间就对生产这个洗碗布的厂家肃然起敬。他们生产了一个产品，顺便给我们创造了一个场景。你说哪个对社会的贡献更大？

我有一种假想，这家生产洗碗布的厂家的文案人员应该是深懂穿越剧的高手。

你们看近十多年，无论穿越小说还是穿越剧都非常火热。主要原因是这些穿越剧连接并游走在历史与现实两个时空，这样一种颇具创新意味的题材能让编创人员大展身手。交错的时空、古代智慧与现代智慧的碰撞和摩擦给创作者以足够的创作空间。引导读者或观众在已知的"历史的旧元素"和穿越者的"事件的不确定"间进行无限想象。写穿越小说的高手就是做到了在"场景"概念中的几个变量要素间的大胆跨越和创造。

场景，原指戏剧、电影中的场面，泛指情景。

在影视剧中，场景是指在一定的时间、空间（主要是空间）内发生的一定任务行动或因人物关系所构成的具体的生活画面，相较这下，场景是剧情内容发展过程中，人物行动和事件的具体展现，其中表现了剧情的阶段性发展。

因此，场景其实基本就是表达 Who+When+Where +What，即什么人什么时间在什么地点做什么事情。

换成商业场景，就是我们经常说的用户场景，是指什么类型的用户在什么时间什么地点完成什么任务。用户场景概念中主要存在以下 4 个关键要素。

（1）用户：哪一类人使用产品或完成任务。产品的目标用户群体越垂直、越精准越好。

（2）时间：用户可能会使用产品的时间。

（3）地点：用户可能会使用产品的地点。

（4）任务：用户会使用产品来达成什么目的，需要哪些步骤的操作。

一般而言，用户完成任务的方式、空间和时间有相对固定性。就如上面的案例里，一块洗碗布的故事情节不就应该日日如此："在餐后杂乱的厨房里，妈妈边洗着碗筷边发着'一群懒虫'的牢骚。"而罗振宇所讲的案例中的文案撰写了一个跨"新用户 + 新任务"的洗碗剧情，愣是把洗碗这个最油腻、没有含金量的场景，塑造成一个重要的教育孩子的场景。

所以，如果我们能突破大多数人原有认知场景故事的局限，同样能成为场景"穿越"的创新高手。

比如，元气森林打出"0 糖 0 脂 0 卡"的口号，描述了一个吸引大量减肥减脂用户的情景故事。再比如，在寒冬时节加枸杞大枣的"煮啤酒"，描述了天冷时朋友小聚想给自己"微熏感"却也要健康养生的温暖情景。

用户的需求，不是一个人的抽象需求，而是在特定场景下的需求。如果我们能针对用户痛点提出新的解决方案，发掘新的使用场景，并在新场景中赋予产品更大的购买价值，也就能成功地激发用户的购买欲望。创造场景就如同为别人铺上一个台阶，让他们很自然地踏上去。

那么我们具体有哪些创作场景跨界"创新剧本"的方式呢？

1. 基于"用户任务"达成的异业跨界合作剧本

相比前几年企业跨界合作仅限于互相铺一下货，或者用官微发一下联名海报的简单相加式"渠道跨界"，越来越多品牌企业的跨界创新开始在"场景"上做较大的升级，更强调品牌之间在具体"情景"中碰撞出更多想象空间的新故事。如在穿越剧中，场景因人变了，人物间发生的情感故事也变了。

寻找哪些合作伙伴，可以一起达成用户任务的合作创新剧本？我们需要思考下面 3 个问题。

（1）消费者"雇用"你的产品来完成什么任务？

（2）消费者在完成这个任务时，还可能"雇用"哪些产品？

（3）如何和这些其他产品的供应方跨界合作，更好地帮助用户完成任务？

对于搬家、结婚或者变美等用户任务，需要一定的周期和多元素共同完成。那么在这个过程中其他产品的供应方，都可以是我们进行异业跨界合作的潜在对象。比如针对结婚的用户任务场景，西服、婚纱摄影、品牌珠宝以及酒宴的多方合作，就可以共同帮助用户完美地体验一场人生重要时刻的美好剧本。

2. 构建新渠道场景的跨界创新剧本

寻找和利用新渠道创造新剧本，可以思考以下 3 个问题。

（1）消费者完成任务过往的"时间"和"空间"是什么？

（2）这些任务还会在其他哪些"时空"发生？

（3）我们如何通过改变产品和服务更好地满足这些"时空"的剧情需要？

案例：虎邦辣酱如何突破行业天花板

整个辣椒酱市场似乎早就被确定为"一超多弱"的"老干妈"独大格局。

其他品牌如果想和老干妈正面硬刚，几乎是不可能的。业内有种"老干妈"是"辣酱界的价格魔咒"的说法："如果你定价比老干妈高，那肯定卖不出去；如果你定价比老干妈低，那你肯定挣不到钱。"因为老干妈已经做到了极致的性价比，所以和它正面竞争，几乎只有死路一条。

但在商业世界中，在我们以为格局已定的时候，总有小草能从缝隙里钻出来，试图重新构建森林。

2015 年互联网界发生了一件大事，美团、饿了么和百度外卖三巨头掀起了轰轰烈烈的外卖大战，大多数餐饮企业被动卷入。而同年创立的虎邦辣酱洞察到这个趋势，成功地抓住了这个绝佳的场景创新的入局机会点。

首先，外卖是一个非常契合辣酱的场景。点外卖的时候很少有人会点四菜一汤，一般就是点简餐，这时候就特别需要辣酱来下饭。其次，外卖是一个封闭式购买场景，消费者只能选择点店铺里的辣酱。这意味着，只要辣酱品牌与外卖餐馆绑定，就能占领消费市场。最后，在这个快速增长的外卖市场中，还没有任何辣酱品牌入局，这是个宝贵的机会窗口。

接下来，虎邦就做了两件事情。一是对产品的规格进行了改良，推出了 15 克、30 克的马口铁小包装，刚好是一顿饭的量。小包装的价格在 3～5 元，被誉为"凑单神器"。如果消费者订外卖时外卖价格不够起送价，或者想凑够满减，加两个虎邦辣酱就齐活儿了。

二是和外卖商户形成深度绑定的关系。比如，很多餐饮小店做外卖，一开始没有运营经验，虎邦辣酱会派地推人员去帮助他们下载 App、注册店铺，教他们运营社群等。作为回报，商家会在外卖菜单里加上虎邦辣酱。

很快虎邦辣酱发展了 10 万个外卖商户，与 70 多个连锁餐饮品牌和 3 万多个商家达成了深度合作，成为"外卖标配"。现在的虎邦辣酱已经成为火遍全网的"网红第一辣酱"。

案例解析：

在物质丰裕的时代，创造场景就是创造价值。虎邦辣酱能够成功地突破行业内头部企业限定的天花板，首先因为它能敏锐地洞察到点外卖的用户和外卖商户都有各自的痛点。其次，不同于老干妈一次吃不完的大包装辣酱，虎邦辣酱能够迅速将产品改为一顿饭就可以吃完的小包装辣酱。一方面，小包辣酱作为"凑单神器"和众多外卖商户形成了一个需求场景的跨界共创；另一方面，这种包装与小罐茶的包装逻辑有相似之处，赋予了包装以专人专次专享的情感价值，也就便于用户之间相互分享。可以说，虎邦辣酱的创新是一个渠道场景跨界的成功剧本。

那么，我们是否也可以通过共创寻找和利用新渠道，创造出新剧本？

3. 重新定义"时空"概念的场景创新剧本

我们都知道人的生活主要分布于三个生活空间，居住的家为第一空间，工作场所为第二空间，购物休闲场所为第三空间。

但在场景与体验不断刷新认知的今天，空间的定义是否还有其他可能？下面的案例或许会让我们有新的思路。

案例：探索"第四空间"的亚朵

亚朵从诞生之日起，就与"轻"生活、"轻"社交打造的"第四空间"的生活方式共生。它流淌着年轻的血液，跳出传统酒店的局限，遵从自己内心的感觉，在大咖云集的 T 台上，走出了自己的个性。

作为喜欢突破传统边界的年轻酒店品牌，亚朵可能是近几年酒店品牌中标签最多的一个：关心与爱、温暖、有趣、跨界营销、联名 IP、中高端市场、年轻时尚……它以住宿为起点，不断创造增量价值，向生活方式延伸。

2019 年年中，亚朵宣布将推出亚朵 4.0 版本的酒店产品，即社区中心酒店。

亚朵的社区中心酒店的理念是，以前客户可能只在出差的路上接触了亚朵，回到家后，和亚朵的接触就终止了。但酒店不能只是路上的落脚点。一家社区中心酒店不只能服务酒店会员，也可以服务周边的消费者。消费者不用住宿，也可以过来看看书、听听讲座、健健身。原本这些功能也是服务酒店住客的，并没有刻意外延，只是亚朵酒店让这些功能更加丰富和开放了。

案例解析：

区别于其他连锁酒店，亚朵的社区中心酒店把自己原有的店内的服务体验能力跨空间、跨时间地蔓延出去了。以酒店为入口，亚朵倡导的"第四空间"的生活方式连接了周边三千米的生态。到 2021 年，3200 多万会员的高达 52.8% 的复购率，足以证明亚朵的"时空穿越连续剧"的剧本还是相当受广大消费者欢迎的。

再如 2015 年，一条名为《全中国最孤独的图书馆》的视频带火了位于秦皇岛昌黎县的地产品牌阿那亚。阿那亚持续地做出了很多创新，通过设计与美学，发展为国内最成功的文化旅游社区之一。从售卖起居空间，到贩卖精神空间。这种思维方式的转变意味着，阿那亚对供需关系进行了重新审视——新时代的人们对生活方式有了新的要求。"行走在诗意空间的阿那亚"的称呼，正是对创始人马寅重新定义旅游社区概念的创新剧本的认可。

是否有更多空间场景可以经过重新定义，从而创作出让用户喜欢的剧本？

4. 服务场景延伸的创新剧本

随着用户越来越在意选择差异化价值和服务体验，我们更需要在洞察用户痛点后，跳出原有的只重视提供产品元素的业务边界，向用户提升增值服务及营销的创新转变，如向客户提供服务解决方案的业务模式升级。

随着用户价值需求趋势的改变，我们可以思考在过往"空间"内的用户完成任务时存在哪些痛点和痒点，以便将这些问题和需求转化为我们跨界创新的服务拓展，满足用户在任务场景中的需求。

如果你开了一家油漆公司，让你思考如何提升产品的销量，你是不是下意识会思考如何把油漆做好，比如让油漆更环保、更亮丽、颜色丰富、与故宫联名，又或者制造一个疯狂的营销事件——人体误饮入你家的油漆却没有发生任何问题，来证明你家的油漆是真正环保、无危害的。

有一家油漆企业则洞察到用户购买产品后的一个痛点：在给房间刷油漆的过程中来回挪东西的麻烦。所以，他们的创新之处在于不仅宣传油漆有多好，更重要的是能帮用户解决家具移动、复原等问题。等你旅游一圈回来，家里既能焕然一新，又能保持原来的布局风格。

产品功能其实都是围绕用户设计的。没有用户，其他要素就不能产生作用，无法形成场景。因此，用户才是用户场景里的第一要素。那么，回归用户场景，从产品价值延伸到解决用户任务的服务价值，同样是一种创造用户高满意度的场景创新方式。

【创新坚果 & 每日练习】

练习 1　人间烟火气，最抚凡人心。厨房是每个人第一空间的重要场景之一，除了目前家装家居与家电行业跨界创新的案例，基于场景跨界的几种方法，你对打造"未来厨房"的创新还有哪些大胆的设想？

3.3.3　次元跨界：为什么"汉堡猫窝"让麦当劳小程序挤崩？

"次元"源自日语，意思就是"维度"。随着日本动漫在中国的普及，"次元"这个词得以流传开来。

有关次元还有下面几个主要的概念定义。

半次元是指原创和同人图文 cos 的集中应用。

一次元是指文字世界。

二次元是对动漫、游戏、漫画、小说等平面的虚幻世界的泛称。

三次元是指相对于二次元世界的现实世界。

异次元是指平行空间、四维、宇宙等。

次元跨界，是指一个次元与另一个次元间跨界融合、共创价值的创新。

可以明确的是，次元跨界创新已经向着大众化趋势发展，一方面是因为那些在ACGN（动漫、漫画、游戏、轻小说）中成长的年青一代已成为主流的消费群体，曾经的"二次元"小众圈层已逐渐成长为被品牌重视的"泛二次元"沟通群体，成功地走进了大众视野，毕竟年轻人的注意力在哪里，品牌的营销方向就在哪里。《2020 年中国动漫产业研究报告》显示，2019 年中国二次元用户的规模为 3.9 亿，预计 2021 年将达到 4.2 亿。另一方面，随着数字经济的蓬勃发展，云计算、虚拟现实、人工智能等产业迅速发展，在核心技术愈加成熟的条件下，元宇宙已经能够从概念走向台前。与元宇宙相关的多种科技手段的迅猛发展，链接创造的、与现实世界映射和交互的虚拟世界，让"虚实世界转换"成为可能。而且从《"十四五"数字经济发展规划》来看，国家在战略规划层面也对加快数字经济发展做出了具体部署，明确了元宇宙产业作为数字经济中最具活力的一员，已成为投资主方向之一。

次元文化的崛起激发了受众对其内容、产品的多元需求，引领着潮流消费风向标。次元跨界也早已不再停留在进行次元 IP 产品定制的"常规操作"了，目前各种形式的营销创新正成为次元跨界的主要应用场景。"打破次元壁"的营销方式已经成为众多品牌迎合主流年轻消费群体以及数字化趋势的重要策略。与常规营销方式相比，次元跨界在品牌营销中的优势如下。

1. 带动品牌年轻化，触达年轻群体

品牌年轻化是一个长期命题，需要品牌持续思考如何用创新的理念和新颖的方式满足年轻受众的需求，而二次元恰好是满足这些需求的非常好的切入口。

品牌选择年轻人喜欢的二次元来打造传播内容，不仅可以唤起受众对 IP 的情感记忆，迅速与品牌建立联结，缩短双方之间的心理距离，还能够为自身注入年轻的活力，使品牌形象焕然一新，刷新受众对品牌的固有认知，帮助品牌俘获更多的目标人群。

2. 降低品牌运营风险，提升用户黏性

我们都知道，常规明星代言虽是撬动粉丝经济、实现流量变现的利器，但每隔一段时间就会出现明星代言人翻车的事件，对品牌造成的损害也有目共睹。用虚拟的二次元形象担当品牌代言人就不存在这样的风险，其完美的人设、稳定的容貌、不受外部环境限制的灵活性以及强大的可塑性完全消除了品牌对代言人风险的顾虑。

更为关键的是，虚拟形象区别于传统的真人偶像，在发展过程中需要粉丝群体用爱发电，激发自身的创作力输出内容，不断地丰富虚拟形象的性格与内涵。在用爱发电的过程中，会让粉丝产生更加强烈的情感和人设代入感，进而提升虚拟 IP 的价值，增加粉丝对品牌的忠诚度，持续为品牌赋能。

3. 表现力更为丰富，容易渗透核心卖点

真人广告往往受制于时间、空间和环境，但二次元内容却能突破这些限制，用天马行空的表现力更好地输出产品的核心卖点。并且，年轻人已经看惯了明星代言的广告模式，二次元广告才能制造出新鲜的视觉体验。

不得不提一个完全体现次元跨界三大价值的成功案例——江小白酒业联合两点十分动漫推出的原创网络动画《我是江小白》。本以为这部以商品品牌为动画男主命名的动画片会充满"白酒"的硬广告元素（实际上整部作品中没有任何酒元素的剧情），片名应该就可以劝退好多人，结果开播之后却在豆瓣拿下了 8.1 分，在 B 站拿下了 9.6 分。

我想观众喜欢这部动画的原因包括每季充满正能量的故事情节，多次出现的如解放碑、轻轨、洪崖洞、十八梯等重庆标志性场景的唯美动画画面，以及多首娓娓

动听代入感极强的动画音乐。所有正能量的剧情、真实再现的场景和契合题材的音乐，已经不会再让人感觉"江小白"的品牌"软植入"非常突兀了，反而是让"江小白"这个无生命的品牌逐渐真实起来。同时，这样一部次元跨界的美好作品，也是品牌方、动画制作方，以及新人歌手，甚至重庆城市的一次完美的、成功的营销作品。

从江小白到《我是江小白》的跨界融合，可以看到企业品牌在跨界的过程中，对消费者所处的群体文化的认可和尊重，不但展示了品牌自身的态度，在互相尊重的基础上，也能吸引相应的用户。

如今已有65%以上的头部广告主选择次元跨界营销，比如品牌打造虚拟偶像、与二次元IP联合共创、打造虚拟主播进行跨次元活动、强势植入热播动漫等。与次元跨界相关的营销内容层出不穷，但归纳起来主要有3个最值得创新者持续探索的创新的方向。

1.动漫植入式：企业次元跨界融合的线上形式营销创新

品牌可以通过将实体产品融入游戏、电影等二次元场景中，以线上的形式向消费者展现出次元融合后的作品。如奥利奥在《权力的游戏》结局季为影迷们打造了一个用2750块奥利奥饼干筑成的维斯特洛大陆。该广告让喜欢看《权力的游戏》的粉丝，看到这些奥利奥饼干，就食欲大开。

另一种次元跨界的方式是传统品牌企业与游戏的在线无缝跨界融合。

如王者荣耀六周年之际，蕉内主动联合王者荣耀，进行了一次破次元壁的营销。蕉内以"蕉你放松，满血进攻"为创意主题，在视觉画风上，最大程度地还原了在线游戏的实景画面，在不妨碍产品露出的同时，突出游戏的"体感"。而二者的联名产品，则是一系列暖冬产品，包含情侣家居服、睡袍、袜子、午睡毯、浴巾等多款"冬日开黑必备居家装备"，完美地将蕉内的"舒适"与王者荣耀的"激烈"结合在一起，完成了玩家和消费者两种身份的融合，成功地打入他们的生活场景，从而引发共鸣，实现破圈。

和其他跨界营销一样，品牌间的跨界融合并非简单的复制、组合、嫁接，次元跨界营销在选择跨界合作方时的关键是要找准跨界的内在联结点。两个跨次元的品牌如果毫无关联是无法达到1+1>2的效果的，只有根据企业品牌的内在联系、发挥想象力打造的跨界产品，才能在消费者的心智端产生强化印象，且不会毁坏品牌本身的固有价值。跨界融合的本质，不是相互蹭热点，而是借助另一样东西，刷新大众对品牌的原有认知。品牌寻找次元跨界的内在关联点，如寻找恋人一样，要找到彼此存在的共性或大众认同的品牌价值观及语言，才能拥有"同心相恋"的跨界融合的基础。

2. 互动交流式：企业次元跨界融合的线下形式体验创新

时至今日，品牌"破次元"跨界早已不再局限于线上的创新形式了，而是通过各种线下二次元真实活动来丰富体验场景，与年轻人真正地玩在一起，才能更好地吸引他们的注意力，渗透年轻圈层。

这类互动交流，前几年多以名牌企业策划布置动漫游戏主题场景、消费者和现场的一些 Cosplay 角色表演者合影等简单性互动为主。在这个"注意力经济"时代，因其互动参与的深度不足，年轻人已逐渐对其失去兴趣。

反之，近几年，"剧本杀 +"因其深度的互动参与，已经越来越成为一个渗透到许多行业、吸引客户注意力、管理客户注意力的次元跨界创新形式了。

比如河南洛阳的一个景区把"剧本杀"融入民俗游中，推出了"隋唐风云传"户外剧本杀。游客们扮成英雄豪杰，在绿水青山间，边闯关边游玩景区，通关完成了，重要的景点也逛完了。这种既能过戏瘾，又能游山玩水的设定，让很多游客直呼过瘾。

再如位于北京市海淀区六道口地铁站附近的"BOM 嘻番里"，是由原先的金码大厦改造而成，首创推出了线下"元宇宙"主题商业项目。实际上它是一种"剧本杀 + 购物中心"的体验创新。顾客在进入嘻番里前需在入口处领取一张身份卡，明确自己的角色，然后按照给出的线索，去相应的店铺里寻找答案。线索可能来自店铺的商品，需要顾客了解商品后，才能取得谜题的答案。线索也可能来源于跟店员的互动，需要顾客跟店员合影并上传照片，才能解锁答案。在这个过程中，顾客很可能看到心仪的商品，遇到合脾气的导购，在玩完游戏后可以顺便买东西。嘻番里针对不同类型的玩家设计了多种路线和玩法，有适合社恐人士的单人路线，有团体作战路线，还有高能玩家路线。商场二层还专门打造了互动剧场，每天特定的时间段，演员会针对每条路线的剧本杀结局进行互动演出。很多人说，自己平常逛街一两个小时就累了，来到嘻番里，从下午 2 点一直玩到晚上 8 点，还嫌不过瘾。

3. 精准侵入式：关注次元细分群体的营销跨界活动

我们都知道二次元文化和宅文化联系很紧密，因此很多二次元群体会在家中养猫，这些二次元细分群体对猫咪爱不释手。在撸猫的同时，照顾好猫咪们的生活起居，并分享精彩的瞬间已经成为他们日常生活中的重要部分。如果品牌企业关注到这类细分群体的用户需求，将是开展次元跨界的另一个极佳、精准的切入口。

案例：猫主子们"汉堡猫窝"为什么这么火爆

不知道铲屎官们还记得 2021 年年底爆火的麦当劳猫窝盒吗？

消费者购买指定套餐就能随机获得一只限定的汉堡猫窝，全国限量十万份！蜂拥而至的猫主子们，甚至把麦当劳的小程序搞崩了。没过多久，另一个战场——饿了么的麦当劳门店也被搞瘫痪了，这十万份"猫窝套餐"竟然在一小时内就被一抢而空。因为抢购的人太多，第二天上午，"麦当劳崩了"的关键词直接冲上微博热搜榜。抢到的铲屎官们如中了大奖一般，疯狂地在社交平台上晒出自家猫从猫窝里伸出头的照片，帮麦当劳做了场大型且免费的社交营销。从视觉上看，一个个等比放大的汉堡盒，就像猫猫在汉堡里。事实上，对于猫咪的"钻窝"角度，麦乐送团队也经过了多次测验，最可爱的一个角度就是猫从盒子里面探出头来。（见下图 3-10）

图 3-10　汉堡猫窝

案例解析：

为什么挤崩麦当劳小程序的是"汉堡猫窝"？为什么"汉堡猫窝"能顺利出圈，被铲屎官们一抢而空？我们可否复制这背后的营销逻辑？

消费品的发展规律从来都是：从货品不丰富到丰富，从无品牌到有品牌，从有品牌到更有意义、更适合我、更属于我、更好体验的转变。而这一点，在经历着生活质量急速提高、商品泛滥的年轻养宠次元人群身上，尤为明显。他们的需求早已由"只能用"转向了"选择性使用"。喜欢次元文化的人群的生活日常，永远离不开有话题性的"社交货币"。因此品牌企业只有跟年轻人玩在一块，创造出五花八门的社交货币，并能积极地与他们建立连接，建立信任，建立关系，为他们提供喜闻乐见的谈资，才能成功营销。

而猫窝就是麦当劳为年轻人提供的那枚社交货币，拿捏了铲屎官们爱猫、爱萌、爱可爱的心态，让年轻人可以拍照、可以晒猫、可以在社交平台斩获新一轮的曝光和信息互动。这种创意设计恰到好处，让有猫和没猫的人都被萌到了，出圈效应自然明显。对于猫主人来说，再也没有比可爱的猫咪的照片更好的炫耀点和社交密码了。麦当劳通过跨界介入宠物社交的方式，更渗透到了年轻人的生活终端。

如果能为这类细分人群不断地创造和提供满足各种花式秀的社交货币，我们同样能吃到宠物经济的流量！

由此看来，借助次元跨界的方式，已经成为许多实体企业不断探索和适应年轻消费者"娱乐至上"需求的主要创新路径了。

如今，跨界依然是品牌营销当之无愧的关键热词，如2023年9月初直冲热搜榜的瑞幸"酱香拿铁"。不过"茅台味儿"的瑞幸咖啡热度虽拉满，但口感拉胯，复购存疑。身为瑞幸铁粉，某互联网大厂员工尝鲜之后，反手给"酱香拿铁"来了个差评，并吐槽："替你们尝了，不好喝，真的不好喝，喝完后嘴里喉咙里都是喝酒吐了之后的味道"。跨界只是创新的一种手段，如果跨界融合只是为了跨界，而忘记了最基本的用户需求的口感，就是简单没有灵魂的跨界融合，必将只能吸引消费者一时的眼球。

企业的次元跨界，可以无禁忌，但要有节操；可以无边界，但要有底线。对于创新者来说，就要做到在创造价值的路上，坚持别有用心的"不务正业"。勇于跨出行业、次元等局限，融合不同的元素。只要给用户带来更有趣的体验，就能在售出商品的同时提升品牌形象，这才是跨界融合的正确姿势。

 ## 3.4　借鉴类推：他山之石，可以攻玉

模仿是人类一切学习的开始。

——毕加索

借鉴类推法，是指从一种或多种事物（或领域）中，提炼出具备共通性的本质特征并推及其他事物的思维方法。借鉴类推法让我们利用熟悉的事物，抽象出重要的信息，从而能发现更多的创意。用《诗经》里的8个字来简单表达就是："他山之石，可以攻玉。"

我们都知道，模仿是一种非常重要的学习方式。模仿已经成功的对象，也是最高效的创新方法之一。

乔布斯从不回避借鉴模仿，他说："并不是每个人都要种粮食给自己吃，也不是每个人都需要做自己穿的衣服，我们说着别人发明的语言，使用着别人发明的数学，我们一直在使用别人的成果，利用人类已有的经验和知识来创造是一件了不起的事。"甚至乔布斯在 1995 年接受采访制作《书呆子的胜利》时，也振振有词地引用了毕加索的那句名言："优秀的艺术家模仿，伟大的艺术家剽窃。"

那么为什么伟大的艺术家是"剽窃"而非"模仿"呢？

我想如果把毕加索的这句话的两个词替换一下会更容易理解这句话的价值本质。这句话中的"模仿"应该替换成"抄袭"，而"剽窃"应该替换成"借鉴"。

根据《现代汉语词典》的解释，抄袭是指私自照抄别人的文章、作品，并将其作为自己的作品去发表。借鉴是指与别的人或事相对照，以便取长补短或吸取教训。两者区别在于前者是"照样抄录"，后者是"参考仿照"。

我们可以这样理解，优秀的人最多只是拿着有用的东西直接复制，"抄袭"式"模仿"，并无创新生命力；伟大的人善于"借鉴"他人的成功，"类推"自己的创新之法（即"我法"），就具有了长期的创新生命力。

虽然说"阳光底下无新事"，但创新者应该减少对形式和表象的抄袭模仿，更需要真正学习借鉴类推的价值方法。齐白石说过"学我者生，似我者死"，就是说其他人应该在更高的层次上借鉴模仿他的创作方法，一味追求和他的作品相似就是低水平的找死行为。

很多时候，我们会发现灵活运用借鉴类推法，完全符合"道生一、一生二、二生三，三生万物"的哲学原理。所以，我们可以把学习借鉴类推法，比喻成修炼一套"创意太极拳"。

可以借鉴中国太极拳的习练精髓："以静制动，以柔克刚，避实就虚，借力发力，主张一切从客观出发，随人则活，由己则滞。"因此我们学习"闪转腾挪"的基本功就是关键，即让我们的思维多"请进来"和"走出去"，这样才能腾出更多创意增长的思维空间。而这正好对应了借鉴类推法按应用方向的不同分为移入类推法和移出类推法。

（1）移入类推法

是指跳出本领域的范围，摆脱习惯性思维，从其他领域事物的特征、属性、机理中得到启发，或者将其他领域已有的成熟的、较好的技术方法、原理等移植过来加以利用的类推方法。

移入类推法是技术创新、产品创新和管理创新最基本的思维方法，其应用实例不胜枚举。

（2）移出类推法

与移入类推法相反，移出类推法是指将已有的成熟的技术、产品、理论等，从现有的使用领域外推到其他意想不到的领域或对象上的类推方法。

对很多企业来说，移出类推法是一种实现产品创新、市场创新非常有效的方法。许多企业战略级创新增长的成功实现、第二曲线或跨界创新都来自移出类推法。

不论是运用移入类推法还是移出类推法，关键是要善于观察，特别是留心那些表面上似乎与思考的问题无关的事物与现象。这就需要在注意研究对象的同时，还要注意其他一些偶然看到或事先预料不到的现象，也许这些偶然并非偶然，可能是我们运用类推的重要的借鉴对象或线索。能在看似不同的事物之间，看出其中的相同联系是运用借鉴类推法的关键，然后我们才能利用这种联系有效地创新解决问题。

我们把借鉴类推法分为结构类推、模式类推、概念类推 3 种方法。

3.4.1 结构类推：回归"人性"的排插创新

结构类推法是指通过 A 事物类推 B 事物也可以有相似的结构，从而创造同结构功能或价值的方法。

按事物不同的结构属性，结构类推法又可以分为（实物的）物理结构类推法和（抽象的）概念结构类推法。

1. 物理结构类推法

物理结构类推法是一种创新方法，它基于借鉴其他实物对象的特定结构属性，发掘和应用这些属性带来的功能价值。

这种结构类推法往往被大量应用在具体的产品或服务创新上。具体在以下 3 种情景使用这种方法。

（1）原产品存在结构性问题，思考哪些其他实物的结构（优势）属性值得借鉴？

日常生活中经常存在这样的情况，某类产品存在先天的结构性设计缺陷，或产品结构本身造成客户使用操作时的不良体验。如下面这个典型的案例。

案例：让电源排插回归"人性"的结构创新

如果问起在生活中有哪些看起来毫不起眼，但却非常影响生活体验的东西，排插算是一个。

你是否有过这样的经历：晚上睡觉之前，你躺在床上玩手机，等到眼皮打架，困得不行了，终于放下了手机，准备充上电就睡觉。你却忽然发现，排插上已经有了笔记本电脑的充电器、iPad 的充电器，还有台灯的充电器，再没有手机充电器的位置了。

最令人生气的是，这明明不是 3 个插口的排插，是 6 个插口的排插！为什么排插的插口永远只能用一半！（见图 3-11）

图 3-11

因此有伙伴质疑设计排插的人："真不知道他们到底是怎么想的。"

正是基于对大多数电源排插存在的"天然"的结构性缺陷的思考，一家电源插座企业的结构设计师因观察到孩子玩的魔方而产生了新的产品结构创意，研发出了"魔方排插"（见图 3-12）。既有效地解决了旧有排插的痛点，同时魔方排插因其新颖的结构设计受到许多用户的喜爱。

图 3-12　魔方排插

社会中有很多手部功能有缺陷的人，他们在使用物品时经常会遇到困难。厨具由于使用频率最高，是对他们而言最具挑战性的产品系列之一。

国外一家 Oneware 公司经过巧妙的设计，研发出了一款可以让残障人士单手操作的厨房系统产品。Oneware 主要考虑到了独臂人士无法将物体握持固定并对其进行操作，所以其设计的厨房用品的主要功能是固定食物、碗碟。依据对象的不同属性，设计了两个工具模块。一个是带"齿"的砧板功能模块。将模块固定于洗碗池上后，使用者可以用一只手完成食品在砧板上的固定，再拿刀完成切割，之后，便可直接用水清洗砧板。取下砧板，换上洗碗模块后，带有凸出圆点的橡胶层可以让使用者在对碗碟施力的同时将其固定在表面上。柔和的橡胶不会对碗碟和使用者的手造成损伤，同时能吃上力，将碗洗干净。两块模块的设计都借鉴了其他实物的结构性功能（固定和增加防滑）。

应用物理结构类推法的一个重要前提条件是前文提到的结构拆解。有效的结构借鉴、类推来自对借鉴对象拆解后的结构研究，只有掌握借鉴类推的正确方法，才能让这些产品的创新更具实用价值。

（2）现在产品或工作任务存在的操作痛点的本质问题是什么？可以利用哪些实物的结构功能解决这些问题？

看到下面的图片（见图 3-13），你会想到什么？

图 3-13

如果你以为它是小孩子的玩具，就大错特错了。让我们通过下面的案例了解一下这个作用并不小的"小东西"的创新故事吧。

案例：为什么比萨外卖中有个"小桌子"？

这张"小桌子"可能形状不同，但是几乎每个比萨外卖上都会有，它的作用是什么呢？

　　我们平时吃的大多数比萨是有一层芝士的。刚出炉的比萨还是热气腾腾的，打包人员直接将比萨放进外卖盒子里，盖上盖子就得赶紧送出去了。而且外卖员一般一次要送好多份外卖，比萨盒子上可能还要放很多其他的饮料小吃。如果没有这张小桌子，盒子上面压着东西，再加上盒子里面比萨的热气蒸发，比萨盒子肯定就要往下塌陷，盒子就会沾满芝士。

　　相信没有顾客收到这样的比萨会不生气，有的顾客还会拒收甚至谩骂外卖员，接着还要投诉。很多年前，在美国的比萨外卖还没有很普及的时候，这张小桌子也还未出现，比萨饼黏在盒子上的情况总是发生，这让比萨店收到了一大堆的投诉。但是，从换质量硬的盒子到要求外送员放慢配送速度和减少一次的送量，这个棘手的问题依然没有得到解决。

　　直到有人从房屋的立柱的结构中得到启发，为比萨盒子设计了一张可以充当柱子的“小桌子”，这个难题才得以有效解决。甚至，人们还用了一个新的英文名词“Pizza Saver”给这张桌子命名，也就是“比萨救星”的意思，足以说明这个小创新的大价值。

　　不同于许多城市中金属材料的隔离墙，深圳很多地方用的都是塑料材质（见图 3-14）的隔离墙。这种隔离墙具有成本低、工人搬运方便以及几乎没有人偷盗变卖的三大好处。当我看到工人使用时注水、搬运时放水的操作，就明白这个创新完全是从带盖子的塑料水桶的结构功能借鉴而来的。

图 3-14　塑料材质的隔离墙

　　同样的小创新，在一些服务创新中也会见到。例如一些人可能会发现专业的家电安装公司的师傅在给东西打钻时，都会套上一个电钻防尘罩（见图 3-15）。据说是借鉴了通下水道的皮搋子的结构，因其倒碗形状的空间密封结构一方面具有降噪功能，另一方面能把脏东西有效地收束到碗状空间内。

图 3-15

（3）哪些实物的产品结构具有独特的功能特性，可迁移到现有的产品结构里，以增加便捷性或独特新颖性？

某些实物的物理结构本身就具有一定的独特属性，经过合理巧妙的"跨界"借鉴，往往能赋予新产品同样独特新颖的结构属性。

我曾观看过一个视频，展示了如何通过物理结构类推法，借鉴百叶窗的动态属性，对原本只能显示一个双面广告的液晶进行创新设计，变成了可以展现双面动态效果的广告屏。

还有几年前，新疆一厂家把葡萄干包装成胶囊在网上售卖（见图 3-16），以药品的形状出售葡萄干，吸引了一些好奇和想搞怪的伙伴前来购买，这样独特的创意，使每千克葡萄干竟然卖出了 400 元的高价，比散卖的价格至少多出了 40 倍。

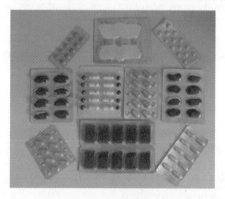

图 3-16　胶囊葡萄干

再如 2008 年北京奥运会的游泳中心，也就是我们常说的水立方，它的设计就是借鉴了肥皂泡的独特结构性功能。墙壁上的每个气泡都是由坚固的塑料制成，它们吸收来自太阳的热量，这些热量通过循环来加热水池，并且这种塑料能抵抗阳光和灰尘的伤害。

下面分享一个应用物理结构类推法创造了世界上第一支会弹跳的口红的案例。

⚫ 案例：一支能跳动的口红

大家知道市面上所有的口红只有两种开盖方式：一种是拔开的；另一种是推一下，从底下弹出来的。香奈儿的口红就是后者。玛丽黛佳创始人想："口红可不可以成为一样我们能在手中把玩的东西？能不能有一支口红，像我们小时候玩的圆珠笔，上课的时候脑子一走神就会按它？"

为什么设计这么一支能弹跳的口红？是因为好的产品设计能把传播点和分享点埋在产品设计中。

所以它的弹跳不是无用的。设想一下，如果你手中有一支口红，你一直在无意识地按它，而你身边的小伙伴，一般就会好奇地问你在按什么。这时你一定会在她面前炫耀你买的这支口红有多么好。

如果有 10 万人在跟她身边的朋友炫耀这支口红，这支口红就很难卖得不好。

2. 概念结构类推法

不同于实物的物理性结构，概念结构类推法借鉴的对象是抽象的概念性结构，主要就是指对人类的语言结构的借鉴。这一方法经常被应用到企业的营销广告的创新中。

不知道是否还有朋友记得 2010 年一个成为了现象级流行语的产品营销广告词？

是的，就是曾在最辉煌的时期达到 30 亿～ 32 亿美元估值的凡客诚品创造的"凡客体"。

爱网络，爱自由，
爱晚起，爱夜间大排档，爱赛车；
也爱 59 元的帆布鞋，我不是什么旗手，
不是谁的代言，我是韩寒，
我只代表我自己。
我和你一样，我是凡客。
我爱表演，不爱扮演；

我爱奋斗，也爱享受生活；

我爱漂亮衣服，更爱打折标签；

不是米莱，不是钱小样，不是大明星，我是王珞丹；

我没什么特别，我很特别；

我和别人不一样，我和你一样，我是凡客。

别看后来"凡客体"被很多人利用，极尽恶搞，但这场恶搞式、病毒式的营销活动也让没有任何广告投入的凡客大火起来。10 年后，我们重新解析这个经典案例也是非常有价值的。

首先"凡客体"精心打造了一整套与自身产品相关的生活方式、价值观念与审美趣味，成功地再现了当时普通的年轻消费者典型的精神与心态。

其次，值得我们注意的是"凡客体"在自我表达与认同上的两面性，构建了非常有语言力量的结构："爱……，不爱……；是……，不是……"

对于今天的我们来说，可借鉴的价值有两个：一方面，为产品的营销广告词构建优秀的语言结构非常有利于大众传播和记忆；另一方面，可使用概念结构类推法去创新产品的广告营销词，后者也是我们专门划分出这一分类类推法的重要价值。

如果问起对士力架的哪个广告片印象最深，估计大多数人都会说是"饿货系列广告片"，从姚明版、林黛玉版、唐僧版、苏大强版、许仙版，以及华妃版，坚持用"流水的"流量明星，"铁打的"广告用语结构。为什么士力架广告要延续多年的代言人"变身"系列？

广告圈流传着这样一句话：如果你长期地看到某个品牌的某支广告，那么没有别的原因，就是因为这支广告有效。如果能通过这样的"重复广告"，以及"熟悉效应"理论，在不断唤起消费者注意的同时，也让消费者在购买时产生熟悉感，那么，品牌也就能始终站在市场的热潮中，不断前进。

这也是为什么在"我"饥饿的时候，自然而然就会想到士力架。

与此相反，一家品牌却因违背这个"熟悉效应"理论，让竞争对手借鉴了自己的广告用语结构，结果行业老二超过了老大。这就是曾经稳居功能饮料销量第一的"红牛"。红牛自 2013 年起将使用长达十几年的广告语"困了累了喝红牛"，更换为现在不太好记的"你的能量，超乎你想象！"东鹏特饮捡起红牛弃之不用的广告语，开始轰炸式宣传，短时间内"累了困了喝东鹏特饮"响彻全国。

2021 年，东鹏特饮除了营收、净利润持续高速增长之外，销售量更是首次超越红牛成为市场第一。不夸张地说，70 亿元销售额有"累了困了"四个金灿灿的大字一半的功劳。

或许不少人会说山寨 10 年靠抄袭起家的东鹏捡了个大便宜，完美地继承了红牛投资数亿元的品牌资产。但仔细思考一下，为什么人弃我取？正在于东鹏看懂了消费者的心智，大胆地借鉴了这个好记易传播的广告词。

就好比，一个人整天穿一件让人容易识别的亮黄色连体衣，大家自然而然地会认为穿黄色连体衣的就是他。后来另一个人也穿上了这件衣服，我们还会以为是以前那个人。

真功夫和李小龙因品牌肖像权打官司，本质上争的不过是一件男士黄色连体衣的易识别属性罢了。

华与华公司总结了创作优秀广告语的标准：第一必须是能传诵的话；第二要传得广；第三要传得久。那么借鉴已经经过时代长期验证的广为流传的语言结构就是一种极好的创新方式。华与华咨询团队借鉴来自 400 年前的培根所说的"知识就是力量"，为得到 App 创造了据说可以管用一百年的广告语："知识就在得到"。

创新者要懂得"与其原创，不如借鉴"。合理有效地借鉴并不丢人，而原创没有效果就是浪费。

【创新坚果 & 每日练习】

练习 1　回忆一下，身边有哪些便捷好用的事物是借鉴了其他事物的结构属性创造出来的？

练习 2　哪些广告词让你记忆特别深刻？尝试借鉴这些好的广告词的语言结构进行再创造，或者从下面经典的广告词中借鉴文字结构后，再尝试创造。

戴比尔斯：钻石恒久远，一颗永流传！

农夫山泉：我们不生产水，我们只是大自然的搬运工。

海飞丝：去屑实力派，当然海飞丝。

人头马：人头马一开，好运自然来。

M&M 巧克力：不溶在手，只溶在口。

麦氏咖啡：滴滴香浓，意犹未尽。

3.4.2　模式类推：取之于蓝而青于蓝的方法

模式类推法是指从一类事物或系统中发现其工作原理或运作模式，借鉴类推到新的事物或系统中去的方法。

众多模式类推的创新几乎都需要从身边的事物中找出共同点，然后提取关键信息，再将其抽象化后运用到具体事物上。这是一个先抽象后具体的过程。实现这个过程有两大关键：一个就是前文提到的洞察力，这里特别强调对事物工作原理本质的洞察识别能力；另一个就是提取共性原理，类推应用到新事物上的能力。

换言之，使用模式类推法需要我们建立"万物皆有灵，万物皆有序。"的信仰，并构建能从万物中取之于蓝而青于蓝的方法能力，保持从万物中学习并提炼"法"，再创新应用到万物中去的思维。

这就需要创新者有着大量相关知识的储备。因此，我们在日常中要多渠道获取更多元化的信息，并有意识地进行深度思考。首先，可以积极主动地结交非本专业领域的专家和朋友；其次，多关注一些看似和工作没有关系的奇闻趣事；最后，刻意多观察身边一些容易被忽视的习以为常的事物，这些都是我们使用模式类推法创新的素材。

根据借鉴和创新的类推形式，可以将模式类推法划分为（实物的）原理模式类推法和（抽象的）概念模式类推法。

1. 原理模式类推法

（1）从自然界的原理模式发现

首先，很多发明创造是人类向自然界借鉴学习的结果，通过观察动物或者植物的一些习性原理（即仿生学），类推出抽象的共同点，并运用到具体事物上，进而大规模生产，制造出产品来。

例如我们都知道人们是基于青蛙在水中游行的原理，生产出了潜水者穿戴的脚蹼；基于蝙蝠靠回声定位的方式来观察环境的原理，研制出了雷达定位系统。

甚至现在很多服装上的魔术贴的发明灵感都是源于瑞士工程师乔治·德·梅斯特拉对牛蒡的观察。1941 年，他发现自己的狗在阿尔卑斯山狩猎后身上贴满了牛蒡。他把一个牛蒡放到显微镜下，发现牛蒡上有一个简单的挂钩设计，可以灵活地挂在皮毛和袜子上。经过多年的实验，最后发明了现在衣服上常用的连接辅料的粘扣带（俗称魔术贴）。

再如模仿白蚁巢穴，建筑师造出了不需要空调设备的大楼——津巴布韦首都哈拉雷的东门中心商业办公综合体。严酷的自然环境和苛刻的经济技术条件迫使建筑师迈克·皮尔斯放弃常规做法，将目光转向自然界，从历经亿万年沉淀的生命智慧中寻求解决之道。当地草原上一种随处可见的白蚁巢穴，成为其借助自然因素实现建筑夏季降温的灵感之源，使得东门中心项目成为生态仿生建筑的经典之作（见图 3-17）。

图 3-17　东门中心项目

（2）借古用今的原理模式类推

直接学习前人、历史上早已经总结的原理模式，用以解决今天的新问题也是一种原理类推的应用场景。

可能你绝对想不到，计算机二进制记数的发明竟然源自 5000 年前中国的《易经》。17 世纪末期，德国哲学家、数学家莱布尼茨明确地提出了二进制记数法，只需用 0 和 1 两个数字符号记数。莱布尼茨是一位兴趣广泛的学者，被誉为百科全书式的人物。他对中国传统文化也很有兴趣，他与中国的传教士白晋交好，常有书信往来，并从白晋那里习得了《周易》和八卦。通过研究《周易》，他发现了其中的"两元"思想，在莱布尼茨眼中，"阴"与"阳"就是中国版的二进制。

（3）从已有事物的原理模式迁移

将已有事物的工作原理模式迁移到另一事物的工作运转上，是一种高性价比的创新方法。这种方法建立在提炼现有事物工作原理的优势基础上，通过将已有的原理模式应用到其他事物中，实现更加高效的工作方式。

比如将车轮的旋转运动模式，迁移到往复运动的直锯上，就变成了圆锯；将螺旋桨作为动力加装到汽车上，就形成了水陆两用汽车。

再如下面这个关于用餐方式的创新案例。

案例：旋转中的回转寿司的创新价值

初看回转寿司，我们会觉得这种发明是日本传统文化和机械文化的一种奇怪的结合：饭桌成了一个大型机械，各种寿司放在表示不同价钱的盘子里，在传送带上旋转。这样的发明也太挖空心思了吧！

回转寿司店是寿司餐厅当中的一种。师傅把制作好的寿司放在盘子里，摆在一个运输带上，运输带围绕着餐厅的坐台而行，顾客可以在运输带上挑选自己想吃的寿司。

回转寿司的运转需要一个回转寿司带，一般叫回转寿司设备。它是由白石义明（1914—2001）发明的。当初光顾白石义明小餐馆的客人，大都是附近中小企业的工人，因此，对于白石义明来说，靠"高价寿司"是做不成生意的，首先要把价格降下来。为此，白石义明开了一家没有座席而客人均站着吃的寿司店，并在菜单上标明每盘售价为 20 日元，这个价格比当时普通寿司的价格要便宜约三成，很快就大受欢迎，这个只能容纳 10 人左右的小店顿时门庭若市。

但随着生意的发展，寿司店的人手明显不足，白石义明就开始思考能否使用机器来代替人工。朝日啤酒厂啤酒瓶的运输带使白石义明受到了启发，他将这种工厂流水线上自动运输带工作的原理引进寿司店中，这就有了后来的回转寿司店。

和传统寿司店相比，回转寿司店的上菜效率比较高，并让人感觉新奇好玩，特别受年轻人的欢迎。

案例解析：

事实上，如果我们仔细拆解一下吃寿司的过程，就会发现这个创新不仅仅在节省人力成本和提高运营效率方面有直接的经济价值。它最大的价值在于"产品展示即促销"，而促销的关键就是食品陈列的新奇性。

无论是食谱上菜肴的照片，还是店铺里菜肴的样本或实体模型，其陈列设计的功效都不如回转寿司。食品的摆放是当场式的、与交易全过程融合最紧的，客户消费行为的时间成本也是最少的。想象不出还有比这更有效的陈列方式！回转食品输送带是保证食品持续转动的重要一环。回转寿司是立即可以拿取的食品，比一般自助餐更为省劲便捷，食客可以感受到如同玩游戏一样的"即时满足感"，并可以不断地获得直接刺激并且持续地消费。

爱吃火锅的中国人，也借鉴回转寿司的原理模式类推创造了回转火锅，给食客们带来了同样的体验价值。

2. 概念模式类推法

区别于一些高智商动物也能利用原理模仿创造简单的工具，人类之所以被称为高级动物，在于能熟练应用概念模式类推法，即把一个熟悉领域的概念模式成功地应用到新的场景之中的类推方法。按借鉴概念模式成熟度的高低，具体应用时又可分为非成熟概念模式类推法和成熟概念模式类推法。前者的概念识别较难，但具体类推应用时并不难；后者因借鉴的概念成熟度高，概念识别不难，但类推落地时可能较难。

（1）非成熟概念模式类推法

非成熟概念模式类推法又称模糊型概念模式类推法。当我们想跨行业借鉴学习或寻求重大方向突破时，运用概念模式类推法就需要我们忽略细节并抽象出主要特征，实现跨领域、跨学科、跨门类的思维飞跃。这种类推法推导结论的过程往往不存在非常严谨的逻辑性，很多时候使我们找到的共性本质显得较粗糙，这种跨领域的概念类推只能是一种或然和非必然的论证，但却不失为解决一些特殊问题的可能性创新方案。如下面的一个案例。

案例：运用概念模式类推法巧妙地选址

对于电影院或百货公司来说，选址在很大程度上决定了客户流量和营业额。大多数企业会聘请专业机构或内部专业团队，投入精力和财力，进行大量调研后才能决定。

日本五大电影公司之一的日本东宝电影公司，在20世纪90年代初则完全没有采用这样复杂和高投入的方法。它采用了一个相当简单快捷的方法，就是将电影院开在平时丢钱包最多的地方。结果每次选址都极其成功。

案例解析：

我们都知道电影院选址的关键是选人流量大的地方，而如何确定人流量的大小？不同于常规的实地调查人流量的方法，日本东宝电影公司寻找看似无关的丢钱包多的地方，其实质就是寻找人流量多的地方。把这一成功模式作为自己企业的一种简单有效的选址方式，就是使用概念模式类推法的一个成功案例。

以上的选址类推法案例中借鉴的核心本质是洞察出判断人流量多的简单标准，是否"找擦皮鞋小摊多的地方"也同样成立呢？

只有先做到从两个不同的表象中看到相似的本质，才能从事物 A 类推到事物

B。明明是不同的事物，如果你能看到它们的大体相似性，这就是一种能"抓大放小"，从"表象不同"看到"本质相似"的高阶洞察力。

判断模糊型概念模式类推的想法好不好的标准，不在于它够不够精确，而在于它能不能给我们带来创新的启发。

对于创新者来说，创新本身是一种假设和检验，而使用类推法最重要的价值是帮助我们提出更多可能的假设。

这里，我们可以借鉴华为创始人任正非经常讲的一句话："方向只要大致正确，组织必须充满活力。"将这句话类推为模糊型概念模式类推法的应用原则就是："概念只要大致正确，模式必须大胆类推！"

以"滴滴"和 Uber 为例，它们采用了手机打车的概念模式，允许普通人使用自己的车辆给陌生人提供服务，顺着这个思路，那住房能不能也这么干呢？这就有了 Airbnb 这种共享住房。那自行车能不能共享呢？这就有了"共享单车"。那办公室可不可以共享？偶尔干个活儿用的工具可不可以共享？书可不可以共享？秘书也可以共享吗？这样，你会发现使用模糊型概念模式类推法大大增加了创新的假设数量，以便我们进行优先排序后一一验证假设。

（2）成熟概念模式类推法

成熟概念模式类推法是指直接把其他行业或领域中已存在的成熟的概念模式，应用到新的行业或干脆首创行业先河的方法。

这类方法就是让我们在遇到一个新情况时，通过联想以前遇到过、听说过的类似情况，尝试使用类推法提炼和运用已存在的经验模式。

2018 年我为一家华中烘焙连锁品牌的集团公司进行绩效改进咨询项目的辅导时，分享了五谷磨坊通过增加一个小风扇的绩效改善小动作，而大幅度提高人流高峰期临柜率指标的案例。借鉴这个成熟的概念模式，学员伙伴们通过 A/B 法对照门店测试结果，有效后就推广开来。直接类推应用在一天中的四个人流高峰期（早班、午饭、下午接孩子、晚饭），小风扇转起来，让更多路过的行人直接感受到阵阵浓郁诱人的现制面包的香味。同样的经验模式被他们借鉴后，同样实现了从闻到率、进店率、试吃率到购买率等一系列业绩过程指标的提升。

开拓者们也最喜欢将成熟概念模式类推法应用到商业模式创新中。

跟许多颠覆了现有商业模式的创业故事相似，网飞首创的线上影碟租赁这个商业点子纯粹是源于创始人里德·哈斯廷斯本人的一次不愉快的消费经历。

作为不折不扣的电影迷，哈斯廷斯经常光顾实体的连锁影碟租赁店，但他发现传统的租赁方式很死板，顾客的租赁体验也很差。特别是有一次他因忘记按时归还

《阿波罗 13 号》，被罚了 40 美元滞纳金，这让他非常郁闷。于是哈斯廷斯就有了进行模式类推的问题思考："既然交给健身房 40 美元就可以在一个月时间内无限次地进去锻炼，为什么影碟租赁行业不行？"于是他产生了借鉴健身房包月制模式来租碟的创意，从而开创了 Netflix 新的商业模式。这就是一个典型的应用成熟概念模式类推法的案例。

模式创新是相对来说复杂的。因为关联性较远，所以它的创新价值度和复杂度也都普遍较高。

不可否认，中国最早的一批互联网时代的企业的商业模式，外为中用，都借鉴了国外成熟的商业模式。时间倒回至 20 多年前，以张朝阳、李彦宏为代表的海归派，掀起了第一波中国互联网浪潮，他们将海外最新的互联网商业模式引入中国，创造了"中国版雅虎"搜狐、"中国版谷歌"百度。

将国外的最新的商业模式眼疾手快地引入中国，利用先发优势更容易获取成功。后来的微信、微博、知乎等，都是中国借鉴美国的模式并成功反超的产物。2015 年后中国移动互联网时代快速发展，今日头条、摩拜、蚂蚁金服等成为了中国本土商业模式创新的代表，甚至因领先欧美，这些商业模式正在从"中国模仿"转向"模仿中国"。

不论是 Netflix、Priceline 还是 Airbnb 模式，中国近几年仍有企业在引入与借鉴。国内外相互借鉴经过一定市场和客户验证的商业模式，已成为一些初创企业或成熟企业开拓新业务的模仿惯例。相互借鉴商业模式不难，难的是如何把商业模式落地适应新的市场。

这就需要我们在持续地提升透过现象找本质的洞察力的同时，多积累、多储备常见的模式结构、商业结构等基础模型的核心价值的本质认知，这样运用模式类推法的速度就会越来越快，质量就会越来越高。

【创新坚果 & 每日练习】

练习　思考并举例说明某一个你知道的，同样是从其他成熟行业的商业模式中借鉴某部分而创新得来的商业模式。

3.4.3　理念类推：从融会贯通到大道至简之法

理念类推法是指从代表理论或概念范畴的 B 类推到代表实践范畴的 A 的过程，

也称为理论类推法或理论类比法。

我们都知道类推法最大的好处是产生思维的大跨度飞跃，从同领域到跨领域，跨的领域越远，类推的共通点就越深，难度也就越大。

我们往往发现真正的高手都有一个共性能力，他们能够理解并融汇贯通那些深奥难懂的事情，并通过比喻的方式将其解释得浅显易懂。它们使用的就是共通点最深、难度最大的理念类推法，因其大多是由虚到实或由虚到虚的深层间的跨度理念（或理论）类推，所以理念类推法可以说就是一种思考如何让"大道至简"的方法，更是管理创新的主要方法之一。

应用此法最有名的案例当首推老子《道德经》的这句"治大国若烹小鲜"，用"烹制小鲜需要精心地掌握火候并注意各种佐料使用"来高度类比"治理国家也要依照规律循序行事，一切有条不紊，国家才能和谐昌盛"。

投资大师巴菲特也擅长运用此种方法，如他所说："只有退潮时，你才会知道谁在裸泳。"非常生动简洁地揭示了一些没有风险意识的企业面临的状态：当形势好的时候，优点很容易被看到；当形势差的时候，隐藏的弱点就会突然暴露出来。

我们可以把理念类推按化繁为简的方法分为以下 3 类，这同时也是应用理念类推的方法。

1. 借简单描述复杂的理念类推法

在组织管理或商业环境中，存在一些较难解释的管理现象或消费现象。这个时候往往可以借鉴相似现象背后的 ×× 效应或 ×× 法则，就能很容易向受众解释清楚了。

例如挪威人很喜欢吃沙丁鱼，但是沙丁鱼一打捞上来就很容易变成死鱼。就有人想到，鲶鱼是沙丁鱼的天敌，把鲶鱼丢进装有沙丁鱼的箱子里，虽然会让鲶鱼捕食一些沙丁鱼，但天敌的进入会促使沙丁鱼一直快速地游动逃生，从而就保持了旺盛的生命力，直到运到目的地。因此，许多企业借鉴"鲶鱼效应"进行理念类推，形成了通过引入竞争型人才和竞争机制增加组织活力的管理方式。

心理学中有一个很有趣的现象叫"鸟笼效应"，是指人们会在偶然获得的一件原本不需要的物品的基础上，继续添加更多与之相关而自己不需要的东西。

比如你要劝一个原本并不想养鸟的人买一只鸟，最好的办法就是送他一个鸟笼，这就是"鸟笼效应"。

有一家叫"花点时间"的做日常鲜花配送的公司，就成功地运用了这一心理效应的。这家公司主打的产品是 99 元的一个月送 4 次鲜花的套餐。而他们非常关键的一个动作就是在新客户首次下单时，送他们一个非常漂亮的花瓶。这样一般人都会把花瓶留下来插花，而花又有时效性，一旦花瓶里没有花了，客户看到这么漂亮的花瓶空着，就会想要再次买花来填满它，这样就不断促进客户重复消费，从而带动营业额增长。

其实你可以再仔细想一下，许多商家喜欢发放优惠券，这恰恰也是在利用"鸟笼效应"来刺激消费者持续埋单。

因此，为掌握消费者或员工的心理及行为模式，多学习借鉴一些心理效应，如锚定效应、羊群效应、心理帐户、沉没成本等，再类推到营销活动创新和组织管理创新上，相信同样会达到事半功倍的效果。

2. 借实物描述概念的理念类比法

这种方法可以应用在我们需要向他人输出自己比较难讲明白的，如企业文化、管理模式或内容型产品等抽象概念时，是一种用具体可见的真实物品进行类比描述的方法。

比如我用还原二重奏金字塔魔方的 3 个步骤来类比描述创新的 3 项核心能力：创新洞察力、创新共创力和创新行动力。

再比如很多人都知道的"小米生态链"，就是围绕在小米的资本、流量周围，共享设计理念、定价策略和销售渠道的一批不同的企业和产品。但这些生态链上的企业和小米是什么关系呢？说是合作或投资关系好像又不完全准确。

小米公司联合创始人、小米生态链负责人刘德这样类比描述：它们之间不只是合作和投资的关系，传统的合作和投资，与现在小米生态链的差别相当于火车和动车组的差别。我们常说"火车跑得快，全靠车头带"，整列火车的动力来自车头，但动车组就不一样了，每节车厢都有自己的动力。就是说，不管是 10 节车厢还是 100 节车厢，动车组的速度并不会下降。而火车呢，一个火车头带 10 节车厢和带 100 节车厢的速度肯定是不一样的。每一个小米投资的生态链企业，虽然都接受了小米的投资，但是大部分股权都还是创始人自己的。就相当于一个动车，100 家公司就像 100 节动车，绑在一起往前跑，速度就会非常快。

你看，用"动车组"这一具体事物，就能很好地向外界或未来合作伙伴进行概念类比。这样，大家就立刻明白小米生态链的逻辑。

需要注意的是，这里借实物把复杂的抽象概念说清楚的能力，并不是口才或表达能力，而是一种深度理解事物本质后，联系一系列大家熟悉的事物做出精妙的比喻，四两拨千斤地讲清楚事物背后的逻辑的类推能力。

3. 借基础（学科）理论类比复杂（学科）理论

一些新发现或发明的复杂理论也可以借基础的学科理论来进行类比说明，这样会更容易被理解和传播。

比如我们都知道的相对论，当爱因斯坦提出相对论的时候，全世界只有几个科学家能看得懂，更别提普通人了。人都有好奇心，特别是搞科学的人，有一群学生给爱因斯坦出了一个难题，要他用最简单的话把他的"相对论"解释清楚。

这对于发现这个理论的爱因斯坦来说简直小菜一碟，张口就来：

"比方说——你同一个美丽的姑娘坐在火炉边，1 个小时过去了，你觉得好像只过了 5 分钟。反过来，你一个人孤单地坐在热气逼人的火炉边，只过了 5 分钟，但你却像坐了 1 个小时。喏，这就是相对论！"

以企业分形创新为例，混沌大学的李善友教授借鉴了基础生物学科中物种进化的"遗传 + 变异 + 隔离"理论，提出企业的第二曲线是在第一曲线的基础上通过"遗传、变异和隔离"这些概念进行延伸和衍生的。

再比如 1854 年一个叫克劳修斯的物理学家提出的"熵"这个概念，原本它是热力学第二定律的概念，后来被任正非用于研究企业的发展之道，更是被任正非作为管理华为的思想精华。任正非说，（企业）要想生存就要逆向做功，把能量从低到高抽上来，增加势能，这样就发展了，于是诞生了厚积薄发的华为理念。人的天性就是要休息、舒服，这样企业如何发展？于是诞生了以奋斗者为本，长期艰苦奋斗的华为理念。正是因为任正非对基础学科"熵增理论"的融会贯通，并把此理论类推到企业的管理之道上，才能洞察人性，激发出华为人的生命活力和创造力，从而产生驱动华为几十年持续发展的企业活力。

理念类推法的核心在于对不同事物的底层理论逻辑的共通性识别。因此，在具体使用理论类推法时，可以通过满足以下 5 个条件来展开。

（1）用熟悉的事物解释不熟悉的事物；

（2）强调相似性或共通性，隐藏差异性；

（3）识别有用的抽象概念；

（4）讲述连贯的故事；

（5）唤起情感共鸣。

实际上，所有借鉴类比法在运用时都需要寻找事物的相似点，并且要对"共通性"保持敏感，以达到触类旁通的目的。

因此，要提升类推的能力，先要小心那些平时喜欢说"我们行业很特殊、我们公司很特殊、我们部门很特殊、我这个岗位很特殊、我现在解决的事很特殊……"的凡事都喜欢强调特殊的人和喜欢高唱"我们不一样"的人。这类人的"特殊性"或"不一样"的思想正源于他们不能也不喜欢思考众多事物的共性本质，或者说这类人对事物的洞察深度还不够。

海尔创始人张瑞敏在海尔创造了"日清"工作法，它是推动海尔早期阶段高速发展的重要的内部管理手段。可以从他为《卓有成效的管理者》撰写的推荐序中得知，创造"日清"工作法源于对德鲁克管理思想之一的"将例外管理变成例行管理"深度洞察后的践行成果。正如德鲁克书中的发现，生活或工作中的"真正偶发性的例外（特殊）事件实在少之又少。但是，一旦发生时，我们必须自问：这究竟是一次'真正的偶发事件'，还是另一种'经常事件'的首次出现？"（摘自《卓有成效的管理者》第6章）

同样，作为创新者，优先界定新问题是"例外事件"还是"例行事件"后，就可以对大多数属于"例行事件"的问题进行类推法分析和创新解决了。

在改变凡事喜欢强调特殊或不一样的思维方式后可以发现，类推法教我们运用已有的知识、经验将陌生的、不熟悉的问题与已解决的熟悉的问题进行类比，它完全是一种可以为我们带来大量创新机会点的重要方法。

使用类推法需要我们透过事物的表象看到本质，那如何知道一个事物的本质到底是什么呢？答案是事物根本就没有"内在的""唯一的""本质的"本质。你看到的本质取决于你怎么看。

因此，请记住在使用类推法时只有好不好，没有对不对。从某种意义上说，我们可以认为类推法本身就是一种大道至简的艺术之法。

【创新坚果 & 每日练习】

练习1　尝试运用某一种所学的心理效应，思考如何借鉴类推到具体的营销创新或管理创新中去。

第 4 章　创新行动力：
化创意为可实现成果的 4 项能力

经常会听到一些企业的领导层发牢骚，很不满意招了一流的人才却做出三流的业绩；也会听到员工抱怨，一流的自己却只做出三流的业绩，有非常大的挫败感。

没有哪个一流的人才愿意做出三流的业绩，但最后为什么会出现这个结果？

组织中的创新也是如此，明明你经常能贡献出非常有创意和价值的新点子或新创意，得到大家对你创新能力的认可和肯定，但最后的结果就是没有结果，长此以往，你和团队的创新洞察与创新共创都变为深深的挫败感。

出现这种差距的一个原因是缺失化创意为成果的创新行动力。

比如有人冒出了一个新点子或新概念，大家就会夸他能创新。这其实很不科学，人们过于强调创造力而忽略了行动力。

认知决定布局，行动决定终局。

从创新洞察到创新共创，产生创新策略只是创新万里长征的第一步。π 型创新人才还需要第三项核心能力——创新行动力，有无持续性的行动力是决定前面大量的投入能否转化为现实成果的关键。

或许创新洞察和创新共创的过程更有意思、更精彩，但把创意转化为成果的多数时候都会充满枯燥、艰辛以及不确定性。

因此，我们会说创新是一种属于勇敢者的游戏。如果方向正确，作为创新者的你必须行动，行动才是实现创新的唯一途径。在把创新策略转化为具体的创新立项后，要想有效地提升自己的创新行动力，离不开对创新计划、创新实验、创新复盘和创新萃取 4 项子能力的学习和实践。

 ## 4.1　创新计划：用确定对抗不确定

创新，说白了就是搞新的东西，这个"新"可能是新的客户群体、新的市场、新的生产工艺、新的商业模式等。因为是新的东西，所以创新面对的环境具有高度的不确定性，是不可能被准确预测的，人们不知道接下来会面对什么。

既然不确定性是创新的一大特性，那么有人就认为追求确定性的计划对创新来说是一种无用功，甚至是一大阻碍。因为虽然你有你的计划，但环境和竞争对手却另有自己的节奏。这种观点非常错误，是有危害的。

首先，在创新洞察、创新共创、创新行动以及最终形成创新成果的过程中，创新计划也是由粗颗粒度到细颗粒度思考和执行的变化过程。

在创新洞察的早期阶段，创新计划，或者说创新规划的价值更多是为了确定在什么大方向创造价值，因为规划"在哪儿创新"比思考"如何创新"更具有战略价值；在创新共创的中期阶段，创新计划的价值在于促进组织"走出去、请进来"，从而形成更多可能的创新策略；而在创新行动的后期阶段，创新计划则更发挥着极其重要的作用，推动创新实验以更低的成本和风险，高效地形成创新成果。

可以说创新计划不仅不会、也不应该压制创造力的生长，反而是实现创新定义中有用的、可行的要素落地的保障。

其次，这种观点存在对计划本质的误解，计划本质是一种实现目标达成的手段。

一切计划都应该以达成目标为目的，而非为了保持不变和确定性，那些不容许修改的计划并不是好计划。关于计划，美国前总统艾森豪威尔有一句名言："Plan is nothing, planning is everything."指出比形成最终文字内容的计划更重要的是制订（实现目标达成的）计划的过程。

好的创新计划不是不能改变，而是用确定对抗不确定，是一种有效应对变化的重要创新工具。

相信大家都熟悉和具备常规工作计划管理中的目标制定、任务分解、人员分工、进度跟进等关键能力。而作为创新者，重点还需提升在创新计划中策略优选、行动推演和资源匹配的能力。

4.1.1　策略优选：怎样先摘走低垂的创意之果

对于一个组织和创新者来说，不管是选择战略创新方向，还是选择具体的创新策略，都会产生较为重大的影响。在做这类创新决策时，往往需要进行综合的权衡取舍，避免做出有误的决定，造成不必要的高风险以及失去机会成本。

因此，对经过前期创新洞察和创新共创形成的众多创意进行优选就非常必要了，这也是创新者在行动计划阶段的一项重要能力。这好比面对一棵挂满果实的苹果树，许多人在人力、时间等资源相同的情况下，进行一场规定时间内谁摘的果实又多又好的 PK 赛。只知道盲目地使用蛮力，结果可想而知。

这个时候，我们需要主动运用"决策思维"提前进行策略优选，这才是一种明智的创新行为。具体可以通过使用决策矩阵来实现。

1. 什么是决策矩阵？

决策矩阵，也被称为网格分析，是由英国著名的管理学家斯图尔特·普提出的一种多因素辅助决策工具，表示决策方案与有关因素之间的相互关系，常被用于定量决策分析。

2. 决策矩阵的价值

使用决策矩阵具有以下两点价值。

（1）量化决策

决策矩阵可以将我们关注的关键因素量化，让我们定量地分析各个方案的优劣，从而做出更加正确的决策。

（2）促进对决策背后目的的深入思考

它可以让我们深入地思考到底哪些因素才是我们在决策中真正关心的，以及对于各个因素我们的关心程度到底如何。这个思考的过程本身，要远比量化决策方式更具长期价值，因为它是建立决策模型体系的过程。

运用决策矩阵的关键在于，要找出我们对于此项决策，想要达成的目的是什么，以及影响决策的关键因素有哪些。

3. 策略优选的步骤

可以通过以下步骤展开创新策略优选。

（1）列出所有的"创新策略备选方案"和影响决策的"关键因素"

影响策略优选的"关键因素"就是要结合决策的目的，分析决策时我们有哪些最在意的要素。比如一些传统企业在做商业模式创新决策时，会更关注组织转型或业务升级的目的，这样成本投入、风险可控性、易实现性等因素就远不如创造客户新价值和新市场更为关键；又如在组织中以鼓励基层人员持续创新的行为实践为目的，就需要更多关注易实现性、投入大小等关键因素的选取。

进行创新策略方案优选的关键因素，主要可以从外部创造价值和内部创新实现两个大方向进行选取，以下因素供大家参考使用。

外部创造价值类：符合长期趋势程度、市场空间大小、用户痛点程度、投资回报大小等。

内部创新实现类：易实现性、预计实施周期、能力匹配度、资金投入大小、内部可获取支持程度等。

为更好地识别众多影响因素中的最为关键的因素，原则上建议选取 2 ～ 7 个关键因素。

然后将备选方案和关键因素两组信息列在一张表格上，分别放置在行和列上，具体格式如表 4-1 所示。

表 4-1 备选方案优选排名表

备选方案	因素及权重						小计	排名
	因素 1	权重	因素 2	权重	因素 3	权重		
方案 1								
方案 2								
方案 3								
方案 4								
方案 5								
方案 6								
方案 7								
方案 8								

（2）确定各项关键因素的权重大小

并非所有的关键因素都同样重要，因此需要给它们设置一个权重，以区别各关键因素的不同重要程度。一般常用百分比表示，各项权重之和要等于 100%。若关键因素的权重非常大会影响最终的创新策略选择结果，对权重大小的设定可以先通过研讨和投票等团队共识的方式，从而确定各关键因素的权重排序。建议 3 项以上关键要素的决策矩阵，单项因素的权重最高不超过 50%，最低不低过 10%，为计算高效，建议均取 10% 的整数倍。

（3）针对各个创新策略方案，分别对各关键因素打分

各项关键因素的打分标准需要统一，比如都是从 0（不好）到 10（非常好）打分。否则会导致第 2 步中设置的权重失效。

建议在给关键因素打分时，对各创新策略方案单独打分，不需要做策略方案间的对比打分。

（4）计算每个创新策略方案的最终加权得分，得分高的方案作为优选项

把每个关键因素的得分与其权重相乘，就是每个关键因素加权后的得分；再把每个备选创新策略方案的所有关键因素的加权得分分别加起来，就是每个方案的最终得分。

根据结果，选择得分排名前三的方案。

如果发现最终的方案与我们的预期差距较大，可能是关键因素选取或者关键因素权重设置的问题，可以再仔细评估调整一下第 1 步、第 2 步的设置，然后重新计算即可。

4. 策略优选的两项原则

关于创新策略优选，有两项原则需要创新者重视。

（1）保持三条备选方案的原则

为什么最后要选择三条创新策略，而不是选择一个策略全力坚定地执行呢？

一方面，因为很多时候我们在实施具体一项创新策略的过程中，原先某项内外部满足的条件会发生改变，使得首选的创新策略不再具有创造价值或短期内无法推进。这时，另外两个备选策略就可以随时开展，不会拖延既定的创新计划。因此，在大方向和目标清晰的前提下，创新者要有以三条方案互为备选实施路径的前瞻意识。

另一方面，这也是创新者保持"凡事有三"，非固定不变的另一种训练场景。明确的创新方向确实不能轻易改变，但在具体的创新路径和策略方法上，创新者可以准备两项备选方案以供在环境变化时及时进行调整。这就不容易让创新者陷入忘记创新目标，为了行动而行动的误区。

（2）先摘走低垂果实的原则

为什么鼓励创新者在策略优选中要具有先摘走低垂果实的意识？

这里所指"先摘走低垂果实"，并非鼓励创新者避重就轻地选择简单、易实现的短视性创新行为。强调"先摘走低垂果实"，存在以下两个层面的积极影响。

一方面，是从创新能量层面的积极思考。每当"先摘走低垂果实"，快速产生的成果就能够激发创新团队的自我成就感，以及组织收益回报增长后的更多关注和新的资源投入。这样更容易形成创新投入、产出，更多投入、更多产出的良性循环。

另一方面，是从创新资源层面的积极思考。"先摘走低垂果实"是一种形象的表达，指对以成效代价比（创新价值／创新成本）为策略优选导向的持续关注。不少创新失败的案例显示，资源过多反而会限定创新并成为创新的负担，这正是经济学上被称作"资源的诅咒"的一个悖论。保持持续优选"低垂果实"的导向，将促进组织的有限资源得到最佳的利用。

4.1.2　计划推演：低风险创新的打开方式

做好创新计划，是否就可以马上开展行动了？其实不是。在行动前，还需做计划推演。

为什么一些创新项目在推动过程中，没走几步就爆发出大量的问题，甚至注定实现不了，这就会打击团队士气。这种不靠谱的创新计划还有一个更大的危害：所有的投入会按时完成，然而预想的目标却无法达成。

在计划制订后，行动实施前需要做推演的核心原因是，在沙盘上都推演不出的胜利，在实战中一定打不出来。连行动前的静态模拟都无法达成的计划，放到充满动态变化的实战中，更是难以达成。

创新的失败率高，这是一种事实。不存在不失败、不走弯路的创新。增加计划推演步骤的科学创新，就意味着少走弯路和减少不必要的失败，从而提升创新效率和成功率。

如果增加了真正推演的步骤，大家认真地进行推算 PK、演练 PK，就可以让我们形成一个靠谱的计划，而不是一个不靠谱的可怕计划。可以说，做计划推演是一种低风险创新的打开方式。

1. 计划推演的概念

推演，最早来自军事术语"沙盘推演"。原本是指将战场的地形做成沙盘，把敌我双方的部署和态势在沙盘上摆放出来，然后模拟我方如何计划、如何进攻，设想敌方如何防守，我方又如何应对。

在创新项目中的计划推演，是一种对创新计划可行性进行论证及调整的方法。是指在创新行动实施后，对内外部相关影响因素可能产生什么变化，以及创新团队在能力、手段、资源等准备方面如何有效应对的模拟推演。

2. 计划推演的价值

具体而言，做创新计划推演的价值有以下 3 个方面。

（1）论证计划的可行度

事后才发现许多失败的创新原来只是一种自嗨型想法，其中一个原因在于没做行动推演。推演的过程就是模拟计划执行的过程，不切实际的创新计划是经不起推演的。经得起推演的计划在实践中也很可能会失败，那么经不起推演的计划的失败率就会更高。所以做推演的一大价值是论证创新计划的可行度。

在推演的时候，相关创新团队的成员坐在一起，对创新计划进行分析：如果计划的第一步实施后，各方反应会是如何？我们要如何应对？一个月后又会有哪些调整？三个月后会不会有大的变动？计划的第二步是什么？

（2）促进计划节点的细化

推演是对计划的模拟执行，如果不把创新关键节点的步骤清单设定出来是无法推演下去的。所以在推演的过程中，需要对计划的关键节点细化再细化，直到大体步骤可操作。推演的过程就是计划的细化过程。

（3）有利计划方案的完善

除此之外，推演还是帮助我们完善计划的最佳工具。在推演的过程中，必须预测我们的计划的每一步实施后外界的反应以及应对措施，必须不断向前展望未来会如何。在这个过程中，创新计划中自相矛盾的地方、不切实际的地方都会暴露无遗。当找出这些潜在的问题后，再通过团队共创给出相应的解决方案，最后就能形成一个相对更完善的计划方案了。

总而言之，做计划推演可以使创新计划更加经得起推敲、更加细化，同时更加完善。

3. 如何开展计划推演

有效的创新计划推演可以通过以下 4 个步骤开展。

（1）共识目标

很多时候，团队以为在制订创新计划时目标就已经清晰明确了，但在具体行动实施中，仍会出现各自都在努力但方向不一致的现象。

因此，创新计划推演第一步的共识目标，就是对希望达成的目标进行推演，确保所有团队成员对目标理解的一致性，以进一步精准描述并确定共识目标。这样就可以避免因个别成员对目标理解有误，造成背离目标的错误行为和精力内耗。共识目标强调定性和定量的紧密结合，目标和结果的紧密融合，这也是未来更好地开展项目复盘的一个基础。

一般可以通过以下问题来推演验证。

"请每个人用一句话来描述这个计划的目标是什么，是否存在理解偏差和分歧？"（定性目标）

"如何衡量这个目标是否达成（指标和标准是什么），是否存在理解偏差和分歧？"（定量目标）

"从目标与衡量指标上，检验我们的行动成果和期望的目标是否无偏差。"（定量目标是否支撑定性目标）

比如一个最初以提升客户体验为目标的创新计划，在进行共识目标推演这一步时发现，团队成员对目标的理解并未形成一致，特别是针对第二个问题的回复存在较大分歧：有人认为是净推荐值，有人认为是客户满意度指数，有人认为是顾客保持率，有人认为是顾客流失率，还有人认为要组合两种以上的定量目标。

最后团队通过再次进行共识目标推演，根据组织的实现情况和优选策略方向，发现最初的"提升客户体验"的目标应该调整为"提升忠诚客户满意度"，相应的定量目标为净推荐值加重复购买率。

（2）规划路径

当创新计划的目标通过共识明确后，剩下的就是路径化。

如果一个目标缺乏实现的路径，仍是一个虚化的目标，就绝对不可能实现。

因此，创新计划推演的第二步是对目标实现的路径进行推演，验证几条路径是否成立及其准备度，做好行动前对路径规划的进一步优化调整。

打造一条可实现的路径，可能无法直达目标，也可能会弯弯曲曲，但是方向一定是奔赴目标的。例如从出发地到目的地，海、陆、空三种方式都可以到达，但所需的能力、资源、风险及时间成本等因素各不相同，还需要根据内外部情况进行路径规划。

再举摘苹果 PK 赛的例子，大家都清楚目标，也都知道先摘低垂的果实更高效。但却有多种行动路径：可以选择人背人，可以选择先做一个梯子再摘果实，还可以选择租借别人的梯子，最适合自己的路径才是最佳路径。

可以通过以下问题对规划的路径进行推演验证。

"现有规划的几条路径中，是否有最能发挥我们资源和优势的最佳路径？"

"现有规划的几条路径中，会存在哪些外界环境变化？变化后会出现哪些资源严重不足或能力无法支撑的情况？我们的应对能力是否能够确保继续这条路径？"

"当某条路径不可执行或出现意外情况时，是否有富余的资源和时间执行备选策略的 Plan B ？"

对规划路径进行推演是为了识别各条路径的准备度，在行动前选出最优路径，并做好备选策略的排序规划。

（3）任务流程

明确了计划的目标和路径后，根据构建实现目标的充分条件，还需再将路径按时间顺序拆解成各阶段的行动任务，每个阶段都存在一些关键节点，如果一个关键节点走不通就会影响计划的推进，这个计划也就不成立。

因此，创新推演的第三步是对具体任务流程中的关键节点进行推演，这些关键节点也可以被称作里程碑。如果说对计划中的路径规划推演是横向维度分解的推演，那么任务流程推演就是具体一条路径的纵向维度分解的推演。

明确任务流程是创新计划推演的重要内容，也是影响计划实施的关键因素。特别要避免关键节点各自为政、相互干扰等问题的发生。

因此，任务流程推演的核心在于对关键节点设定的必要性和合理性的检验，以及对各关键节点之间存在相互依存关系和先后逻辑次序的验证。

对任务流程的关键节点可以通过以下问题来推演验证。

"目前设置的关键节点的逐步实现，是否能强有力地支撑最终目标的达成？如果不行，是否需要删减、增加或调整？"

"目前设置的关键节点的顺序是否合理正确？这些关键节点串行或并行的关系是否可以在调整优化后缩减实施周期？"

创新项目需要一条清晰完整的流程，下达任务、落实执行。通过优化任务流程中的关键节点安排，可以更高效地执行计划，提高执行成功的可能性。

（4）调整计划

把在目标、路径、任务各环节的推演过程中，发现的所有自相矛盾和不切实际的问题罗列出来，然后通过团队逐一进行针对性的研讨共创，进行相应的删减、补充、调整，最后形成一个较之前更完善的创新计划方案。

切记，推演不能是一种"自编自导自演"的游戏，必须要有客观思维、敌方思维和黑天鹅思维。计划推演的关键在于找到行动的最佳出发点、着力点和落脚点，使得任何创新行动都有针对性、目的性。

总结起来，可以通过下面的"四从四得"推演口诀，更好地概括创新计划推演的逻辑，告诉我们应当从哪些方面去思考、去着力。

从机会出发，得出策略方向；

从目标出发，得出最优路径；

从路径出发，得出任务顺序；

从问题出发，得出细节改善。

唯有如此，才能让计划推演的结果更具有创新价值。

4.1.3　资源管理：如何利用有限资源创造最大成果？

如果没有资源，规划就是鬼话。

——任正非

任何一个企业要进行生产经营活动，必须拥有一定的人、财、物资源。企业的创新更是如此。创新资源就是指企业创新所需要的各种投入，包括人力、物力、财力各方面的投入。

各种资源总是有限的。一旦我们开始考虑资源，就必然会面临一个两难问题：资源过少会影响创新目标的达成；资源过剩又会给企业带来浪费，甚至充足的资源反而会出现不利于创新的"资源的诅咒"现象，而且靠充足资源堆出来的创新，也并不能真正提升个体和组织的内在创新力。

社会对企业创新的需要与企业创新的资源之间永远处于一种矛盾和对立的状态。正确的创新管理，有助于企业用有限的创新资源，获取最大的创新成果。在创新项目中的资源管理，对创新项目的成败起着至关重要的作用。

如何有效地管理创新项目中的资源？

随着社会形态和信息技术的快速演变，有效地管理创新项目中的资源要顺应以下 3 种趋势。

1. 就管理对象而言，人才与信息资源成为创新项目中的关键资源

随着经济和社会的发展，人才、信息等资源对创新项目的重要性不断提升，已成为创新项目的关键性资源。这种变化一方面是由于资金、设备等物质资源的日益丰裕，以及全球化流动；另一方面则是由于创新项目本身产生了一些新的变化。

首先，创新项目所需的人力资源是以智力为核心的一种关键资源。

对于创新项目而言，发挥关键作用的是人力资源所具有的知识、创造性思维等智力资源。能用书面文字、图表或数学公式表述的显性知识越来越可以通过数字化技术和人工智能实现。但需要个体在融合多学科知识并亲身实践的基础上，通过直觉、意会、体悟、反思等智力活动积累出的高度个性化和情境性的隐性知识的传递和使用还主要依靠创新型人才，因此进一步凸显了创新项目资源中人力资源的重要性。

从资源稀缺程度来看，随着需求多样化程度不断提高，创新项目的难度也在加剧，高层次的创新型人才成为重要的战略性资源，往往直接决定创新项目的成败。

因此，对于创新项目中的创新型人才资源的管理，以下两点最为关键。

（1）创新项目中的创新战略型人才的配置

可以说决定一个创新项目成功一半的因素，在于为创新项目配置一个优秀的领头人，即创新战略型人才。

创新项目发展的过程是艰难费神的过程，是充满不确定性、应对不确定性的过程。因此在一个具备创新思维，掌握创新系统方法的创新领头人的带领下，创新团队才能科学创新、轻松创新，提高创新项目的成效，从而达到事半功倍的效果。

（2）创新项目中的基层创新型人才的配置

一个创新项目往往会涉及多部门、多业务人员的协同。创新项目的有序推进和成功，离不开为项目配置必要的基层创新型人才。这些人员除了需要具备创新思维，还需要熟练掌握各种具体的创新方法。

其次，信息在创新项目中一直扮演着重要的角色。

进入信息时代后，信息参与价值创造的方式和逻辑被重塑，其重要性得到进一步提升。新产品或服务的信息可以在短时间内被大范围传播，成为消费者购买决策的重要依据，具有了巨大的价值，直接影响着创新项目的成败。

消费者的行为数据蕴含着大量的市场需求信息，可以帮助企业更加精准地把握需求，开展创新项目。因此，信息资源对创新项目的影响不断深入，成了最为核心的关键性资源之一。

为了充分有效地发挥信息资源的价值，做到以下两点尤为重要。

（1）明确职责，设专人对信息进行系统管理

在创新项目中要设置专人对各类信息进行统一管理，如一些组织在创新项目的团队成员中，配置一个数据分析师：精通用户数据的收集，负责整理和精细化数据分析，在创新实验的过程中，从数据分析的角度发现产品设计或用户体验的问题，完善产品及服务的价值。

（2）把信息作为专项创新资源进行闭环管理

创新项目本身就是一个信息处理的过程，是对外部环境变化、市场与客户、竞争对手、接触市场一线员工等创新所需信息的计划、收集、分析、整合利用及共享传递，形成贯穿项目始终的信息闭环管理。

2. 就管理手段而言，互联网成为创新资源管理的重要平台

以互联网为代表的信息技术快速扩散，对管理活动产生了深远的影响，创新项目的资源管理也不例外。互联网为创新项目的资源管理提供了一个新的平台，催生了一系列新的管理工具和方法，为创新项目在资源管理中的流程创新以及相应的组织创新奠定了技术基础。

因此，创新团队应该充分发挥互联网在创新项目资源管理中的平台作用，利用好新的管理工具和方法，包括大量支持在线沟通、任务管理和信息处理的项目协同软件，以及借助大数据和云计算技术开发的决策支持系统。反过来，利用好项目协同软件系统，是实现高效敏捷团队组织新方式所必需的关键条件，如组建和采取异地联合多技能、多功能的在线虚拟创新项目团队。

3. 就资金来源而言，资源外取与共享合作成为主流模式

当企业拥有足够的资源储备，就完全可以满足创新需要，这是最理想的情况。但企业的资源往往并不充足。

从创新的定义来看，创新是一种通过有限资源转化客户价值的过程。因此，可以说创新过程本身，就是一种持续开拓和最优化利用资源的过程。

根据资源的来源方式不同，可以将企业获取资源的方式归纳为内部培育、外部并购和共享合作 3 种类型。

随着创新环境越来越趋于开放联盟的影响下，组织从外部获取资源，以及与外部相关方进行资源共享合作，已经成为创新项目资源管理的主流模式。越来越多的组织已经从完全自主创新模式，向自主创新与合作创新相结合的模式转变。

采取如资源置换、互相推荐、同业异业联盟等优势互补的合作创新模式，具有减少不必要的资源重复投入，以及避免内部培育资源的试错风险，进而能集中力量把自身内部资源优势的价值做强做大。

那么，如何利用有限的资源创造最大的成果？在创新项目资源管理的具体操作层面，可以从以下 4 个重点动作开展。

（1）定期盘点资源

首先，要清楚"哪些资源可以帮助我们创新"。确定创新项目所需要的资源类型，包括人力、物力、财力资源等，并明确每种资源的用量和性质。

因此，要定期盘点资源，以确保资源的准确性和合理性，能够及时发现并解决资源使用的问题。

（2）定期进行资源分配调整

定期进行资源分配调整，以便根据创新项目的变化及时调整资源配置，确保项目的顺利进行。可以借鉴使用表 4-2 对项目中的资源进行盘点和调配。

表 4-2　创新项目资源盘点配置

序号	创新策略	关键任务	资源配置					
			人力资源	信息资源	资金资源	组织保障	机制保障	……
1								
2								
3								
4								

续表

序号	创新策略	关键任务	资源配置					
			人力资源	信息资源	资金资源	组织保障	机制保障	……
5								
6								

（3）及时更新资源数据

定期检查资源配置数据，及时根据实际情况更新资源数据，以便及时发现并解决资源不足或过量使用等问题。

（4）强化资源管理制度

建立完善的资源管理制度，如资源配置计划、预测预警、均衡调配等机制。强化资源使用和管理，以确保资源的有效利用。

最后，检验资源管理有效性的标准，也是资源管理的唯一目标：让组织内所有的资源流向最能创造价值的一线。

 ## 4.2　创新实验：先发射"子弹"，后发射"炮弹"

人们的错误往往在于轻易地放弃了本该坚持的，固执地坚持了本该放弃的。

—— 柏拉图《理想国》

众多企业在面临"创新找死、不创新等死"的"创新困境"时，都会思考："到底如何在大胆创新的同时，有效地避免高风险呢？"

在吉姆·柯林斯所著的《选择卓越》一书中，提出了一个非常有价值的观点，即"先发射子弹，再发射炮弹"。遵循"先发射子弹，后发射炮弹"的原则需要开展一系列的活动。

（1）发射"子弹"。

（2）评估"子弹"是否击中目标。

（3）在成功击中目标的"子弹"中，思考是否要转换为"重磅炮弹"对目标进行攻击。

（4）集中资源，在校准目标后发射炮弹。

（5）不要发射尚未校准目标的"炮弹"。

（6）停止发射与最终成功无关的子弹。

这里，子弹是指一种低成本、低风险、低偏离率的实证检验。

这也就是说，先发射子弹，确定是否有效，一旦有了基于这些子弹的实证信息，就可以将资源集中起来，发射炮弹。

在充满不确定性和资源并不充分的创新项目中，创新者更需要训练这种"先发射子弹，再发射炮弹"的实验思维和能力。因为实验正是降低创新项目风险与不确定性的一种有效方法。

在创新项目中设计和开展创新实验至关重要，因为它们可以用来测试假设，帮助分析数据和证明想法的有效性。通过实验获得有关新产品、服务、商业模式创新等过程的客观信息，使创新团队能够评估并改善他们的创新项目。

同时，实验能够支持创新计划，因为它们提供了可靠的信息来帮助创新团队做出明智的决策。例如它们可以提供有关用户真实需求或产品质量性能的数据，以帮助创新团队做出正确的决策。它们还可以帮助数据分析人员测量技术的成功程度，并根据测量的结果改进创新的方式。

此外，创新过程本身是一个持续学习的过程，在反复试错的创新实验中寻找最佳路径，这个过程更是不断提升认知的过程和帮助创新团队利用最新的科学或技术手段解决实际问题的最佳方法。

提升创新项目中实验的有效性，需要通过明确假设、设计实验和验证实验 3 个步骤来有序推进。

4.2.1　明确假设：什么才是最值得试射的地方？

每个大胆新颖的构想，如对产品、服务、用户、营销、运营、流程或组织等的创新假想，都需要有放手一搏的信心。如果创新团队做的事能被尽早证实是错误的或正确的，这将是决定创新项目成败与风险高低的重要因素。因此，对众多构想假设进行清晰地描述，并进行辨识分类，然后挑选最重要的假设，将其转化为优先验证的实验，这些动作都至关重要。一旦明确了把什么地方作为优先用一些"子弹"测试的创新目标或阶段目标，就为接下来是否替换上"重磅炮弹"提供了有效的决策信息。

创新团队所有成员都可以通过假设共识研讨会的形式，基于构想假设矩阵，按以下原则和步骤操作，完成对假设的分类辨识和优先排序任务。

1. 假设描述——个人编写假设

假设可以用来证明或反驳预设的工具。对假设的清晰描述是把假设转化为创新实验的前提基础。

在假设共识研讨会中，创新团队每个成员都可以根据自己的思考，先独立用便利贴尽可能精准地写下假设。每张便利贴只写一项假设，不要在一张便利贴上写下多项要点，方便在接下来的步骤中更容易排定优先顺序。假设要短而精确，不要长篇大论。一般情况下，可以用"我们认为 / 相信……"的格式对做出的假设进行描述。例如"我们认为公司的员工会更接受游戏化积分的管理方式"。

需要注意的是，如果所有的假设都以"我们认为……"的形式开始，就可能会掉入确认偏差的认知陷阱，会一直试图证明所相信的假设，而不愿意接受假设可能是错误的或在某些情况下是不完全正确的。为了预防掉入这种假设的认知陷阱，创新团队可以主动提出与其相对立的假设描述，尝试反驳最初的假设。例如"我们认为公司的员工并不会更接受游戏化积分的管理方式"。当团队成员无法迅速决定要拿相对立的假设中的哪一个进行测试时，这种做法就尤其有价值了，说明这种假设确实有待进一步的验证。

一个良好的假设应该具有创新团队想探讨的可测试性、精确性和独立性的特性。当假设符合这些特性时，创新团队就能继续精炼并拆解假设了。

可测试性：首先一个清晰的创新假设必须以证据为根基，并由经验引导和测试，以验证其是否正确（能够通过验证）或错误（无法通过验证）。例如"我们认为公司中的员工在导入游戏化积分管理方式后的人效，要远高于未导入游戏化积分管理方式前"。

精确性：当创新团队知道成功的样貌，就能精确设定假想。理想上，它会准确描述创新团队所预设的事物、人与时间。例如"我们认为公司在导入游戏化积分管理方式后，特别是'90后'和'00后'员工的人效，半年后会得到大幅提升"。

独立性：当假设只包含了一件团队想探究的事，而且它独特、精确又能够测试，这就是独立的假设了。例如"我们认为公司在导入游戏化积分管理方式后，特别是'90后'和'00后'的员工会在提高客户满意度的指标方面出现明显的提升"。

2. 假设分类——利用矩阵分类

创新假设可以分为战术性假设和战略性假设：战术性假设的影响度远低于战略性假设，如对某类产品功能模块迭代或某种新机制、方法和工具是否具有存在价值和可操作性的假设，往往是思考"如何正确地做创新事情"的假设；而战略性假设的影响非常大，也最为关键，是证明创新的方向、实施路径是否正确的决定性假设，往往是思考"选择做什么正确的创新事情"的假设，这类假设多为对一个新项目商业模式创新的假设。

商业模式创新的 3 类假设如下。

（1）需求性假设——他们（客户）想要这些吗？

这类假设的重点在于需要验证，这个商业模式锁定的市场是否有值得做的足够空间，有足够多的需要提供产品或服务价值的客户，或者公司是否能够接触、获得并留住目标客户。

例如，"我们相信我们的产品和服务真的能解决高价值的客户任务""我们认为我们掌握能接触并获取客户的正确的途径"等。

（2）可行性假设——我们可以做吗？

这类假设的重点在于需要验证，这个商业模式是否能够管理、拓展规模或者得到关键资源（专利技术、明确加盟权、核心人才等），以及是否能够有效开展关键业务活动和找到关键业务伙伴。

例如，"我们相信我们的运营团队可以满足门店快速拓展的需要""我们认为可以建立良好的与上游供应商的战略合作关系"等。

（3）存续性假设——我们应该做吗？

这类假设的重点在于需要验证，这个商业模式是否能在一定的周期内（可投入的各类资金、人力、财物等资源耗尽前）获得超过成本的利润营收，以及是否能保障创新项目的可持续发展。

例如，"我们相信客户会为了我们的产品和服务支付特定的价格""我们认为可以管理和掌握基本的运营成本"等。

接下来，在假设共识研讨会中，团队对重复的假设进行合并后，成员个人可以按照纵轴重要性以及横轴有没有支持假设的证据，使用构想假设矩阵表（见表 4-3），对所有假设进行分类并把假设便利贴粘贴到表中相应的象限中。

表 4-3　构想假设矩阵表

重要程度	证据力度	
	有证据或证据力度高	无证据或证据力度低
重要	重要性证据且有证据或证据力度高	重要性证据且无证据或证据力度低
不重要	不重要性证据且有证据或证据力度高	不重要性证据且无证据或证据力度低

横轴：证据

在横轴上把所有假设放在相应的位置，来显示你认为有多少证据可以支持或反驳此项假设。如果此项假设可以提出相关观察得到或者有效的支持证据，就放在横轴的左侧，提不出证据的假设就放在右侧，这样就知道必须要为它们提出证据。

纵轴：重要性

在纵轴上把所有假设按照重要性排序，如果某项假设对创新项目极为重要，就放在最上方。换句话说，如果此项假设被证实有错，创新项目就会失败，而其他的假设也就不重要了。如果不是决定项目是否值得做或非常影响项目是否成功的假设，就放在纵轴下方。比如在商业模式创新中，需求性假设的重要性就要高于可行性假设和存续性假设。

3. 假设优先——团队共创排序

接下来，在假设共识研讨会中，团队成员首先需要共同对表 4-3 左上角矩阵的假设进行逐一检查，确定各项假设确实有证据支持。然后请写出此项假设的伙伴与团队分享，简要介绍这些假设有哪些可观察到的或可提供的证据，并接受其他伙伴挑战证据的提问，以确认证据是充分可信的。如证据充分可信则继续放在此象限，如证据还并不是充分可信，就需要挪放到右上角象限。

这里，我们要清楚什么是证据。证据是用来支持或反驳以我们的创新假想作为根基的假设，证据是我们研究或创新实验中获得的数据，它往往有多种形式。同样是证据，不同形式的证据也就有强有弱。证据的强度决定它能够支持或反驳某项假设的可靠程度。为协助创新团队评估证据的强度提供一定的依据，可以从以下 3 个角度进行证据强度对比（见表 4-4）。

表 4-4　证据强度对比表

序号	证据强度	
	偏弱的证据	较强的证据
1	**个人意见（信念）** 例如："我会……""我觉得…… 很重要""我认为……"或"我喜欢……"。	**事实（事件）** 例如上周我在那种情况下，我通常会或许我花了多少在什么什么上。
2	**当事人的说法** 人们在访谈或调查中说的话，不一定是他们在真实生活中或未来会做的事儿。	**实际行为** 观察到的实际行为通常是较强的证据，可以推断人们的行为以及未来的行动。
3	**实验室情景** 当人们知道你在进行测试，他们很有可能会表现出与真实世界不同的行为。	**真实世界情景** 当人们没有觉察到自己在接受测试时，观察到的行为才是预测未来行为较可靠的证据。

然后，创新团队就可以聚焦所有右上角象限内的假设，也就是重要但没有足够证据的假设。这些假设如果被证明有错，就会极大影响创新项目的成败。团队成员

共同研讨后，就可以通过投票法进行排序，确定哪一项是最为重要的假设。

最后，团队成员对各项假设语言的描述理解是否清晰一致，还需进行再次的共识确认。

4.2.2 设计实验：如何选择合适的试射子弹？

无论多么好的假设，一定要通过实验才能让它破茧化蝶。

因此，要测试我们的创新构想，非常重要的一步就是要把重要的假设变成实验。为了让每一项实验都能帮创新团队降低风险，避免把时间、精力和资金花在不会成功的创新构想上，就需要为假设设计一系列有效的实验。

1. 实验流程的三大原则

实验是为了减少创新项目中的不确定因素，随着项目的推进，创新团队往往需要做好几项实验。因此，创新团队要建立实验流程，以便更有效地获取证据来做出充分、周全的创新行动决策。管理创新实验流程有以下三大原则。

（1）将实验视觉化

让你和别人都对你的工作一目了然。如果创新实验的工作一直只在部分人的脑袋里，就永远无法建立和管理创新实验流程。不仅因为其他团队成员无法解读创新实验的进展，而且因为实验流程里许多环节都需要将工作视觉化，让执行人和其他相关伙伴对创新实验一目了然。

建议团队把接下来 1 周到 1 个月内应该做的实验各用一张便利贴写下来，以便更容易进行视觉化的进度调整。然后，把这些写上实验项目的便利贴贴在一个创新团队都容易看到的、比较简单的实验进度看板表上（见表 4-5）。这里特意用"学习"一词来替代"验证"，是因为很多时候团队在执行实验后可能不仅验证到一些结论，也会收获一些新的洞察发现。而且用"学习"来替代"验证"，更能体现实验的持续迭代性。

表 4-5 实验进度看板表

序号	实验进度阶段			
	待办清单	准备	执行	学习
1				
2				
3				
4				

接下来，根据时间将创新项目的实验进行排序，排在最上面的是马上就要做的实验。开始实验后，根据进度挪动便利贴的位置，依序从"准备""执行"移动到"学习"列上。

（2）限制实验数量

如果一个创新团队同时分头执行多个实验，就可能会导致精力不足和时间冲突。创新团队很容易低估执行实验需要的工作内容和时间，尤其是在他们从来没有执行过这些实验的时候。所以，创新团队常常会试着把实验挤在一起执行。结果会导致流程进展速度减慢，而且很难从先前做过的实验中取得新的洞察发现，作为下一项实验的参考。

因此，需要限制同时开展的实验的数量，例如限制"准备""执行"与"学习"阶段列中只能各放一项实验。这样就能避免团队一心多用，督促团队成员在第一项实验移到下一个阶段的列位并归档完成后，再进行下一项实验。如表 4-6 所示的样例中，团队应该在做问卷调查之前就已经做过客户访谈，而不是将二者同时进行，否则就会导致实验进度延缓。

表 4-6　实验进度看板表样例

序号	实验进度阶段			
	待办清单	准备	执行	学习
1	——	——	——	客户访谈
2	——	——	问卷调查	
3	——	购买产品功能		
4	纸上产品原型			

通过限制同时开展的实验的数量，以保持实验流程的顺畅，把从前一项实验中学到的东西用作下一项实验的参考资料。

（3）保持持续的实验

随着创新项目的推进，保持持续的实验，并每两周做一次回顾。这能帮助创新团队取得有价值的回顾分析，以支持接下来的实验持续改善。

2. 创新常用的实验方法

商业创新的实验方法有很多，但不同的实验方法的特性和适用范围不同。在确定试射目标的假设后，还需要为验证假设选择合适的试射"子弹"——实验。

选择合适的"子弹"要兼顾成本（包括直接成本和时间）和证据两大要素，这也是为不同假设设计合适实验的基础。因此，创新团队需要先了解以下常用的实验方法及其特性，见表 4-7。

表 4-7 常用实验方法及其特性

实验类型	实验方法	方法简介	费用	准备时间	执行时间	证据强度	适用假设
探究	客户访谈	聚焦在探究客户任务、痛点、收益与付费意愿的访谈	较少	较少	较少	低	需求性、存续性
	客户一天的日常生活观察	跟受试者客户一起工作或观察他们一整天，以便更加了解客户任务	较少	较少	中度	较高	需求性
	问卷调查	从客户中选出一小群人作为样本，使用开放式问卷收集客户信息	较少	较少	中度	低	需求性、存续性
数据分析	网站流量分析	收集、报告并分析在线数据，找出客户的行为模式数据信息	较少	较少	中度	较低	需求性、存续性
	销售人员回馈	利用销售同事回馈，挖掘产品或服务中未被满足的任务、痛点与收益	较少	较少	较少	较低	存续性
	客服分析	使用客服的数据，挖掘产品或服务中未被满足的任务、痛点与收益	较少	较少	中度	较低	需求性
兴趣探索	功能测试替身	对于即将推出的功能进行小测试，其中包括进学初期的客户体验	少	较少	较少	较高	需求性
	推荐计划	通过介绍、口碑或推荐链接，给新客户推广产品或服务	中度	较少	多	高	需求性、存续性
讨论原型	纸上产品原型	在纸上画出产品界面，并操作显示当软件在客户互动时的动态变化	少	较少	较少	低	需求性、存续性
	故事分镜板	将某个互动体验过程视觉化，并按顺序展示一系列插图，收集信息	较少	较少	少	较低	需求性、存续性
	说明影片	以简单易懂、引人注目的短片解读创新构想，并收集客户反馈	中度	中度	较多	中度	需求性、存续性
	回力镖测试	利用某项现有的竞争产品做客户测试，针对可能未满足的需求收集信息	较少	较少	较少	较低	需求性
	假装拥有产品	做出一个无法运作，低仿真度解决方案的产品原型，厘清它是否切合客户的日常需求	少	较少	较多	较低	需求性

续表

实验类型	实验方法	方法简介	费用	准备时间	执行时间	证据强度	适用假设
探索偏好与优先顺序	卡片分类	使用卡片与客户互动，获取使用者体验信息	较少	较少	少	较低	需求性
	购买产品功能	让实验参与者通过假想的货币，购买他们想在产品中看到的功能	较少	较少	少	较低	需求性、存续性
探索选择	AB 测试	通过执行两种版本的 A 控制组和 B 对象组，测试哪种做法更有成效	较少	较少	中度	较高	需求性、存续性
	模拟销售	为产品举办销售活动，收集客户对产品定价或预期反映的信息	少	少	中度	较高	需求性、存续性
互动原型	单一功能最小可行产品	做出一个无法运作且仿真度不高的产品原型，以验证其是否符合客户的日常需求	较多	中度	较多	高	需求性、可行性、存续性
	专属客服	安排专人为客户服务，传递体验价值，测试并收集过程信息	少	较少	中度	高	需求性、可行性、存续性

了解上面 19 种常用实验方法及其特性后，选择合适的实验有以下 4 个法则。

（1）先选择便宜、快速的实验

一开始创新团队对假设知之甚少，所以要先选择便宜、快速的实验以锁定正确的方向。这个时候证据不充足也没关系，因为接下来团队会做更多测试，最理想的情况就是选择既便宜又能快速产出有效证据的实验。

（2）针对同一项假设设计多项实验，以增加证据强度

只做一次实验很少能有重大突破，实际上，创新团队必须通过多次实验，才有可能实现创新项目的成功，才能支持或反驳某项假设。试着尽可能针对同一项假设快速学习，然后再执行更多的实验，产出更有效的证据来确认实验成立，不能仅凭着单一实验或是不充分的证据就做出重大决策。

（3）即使面对阻碍，每次也都要选择可以产出最有效的证据的实验

每次都要尽力挑选并设计最强的实验，同时要衡量创新项目的背景环境。当创新团队非常不确定某项假设的时候，应该执行便宜、快速的实验，这还是有机会产出有效的证据的。

（4）采取行动前，尽可能先降低不确定性

许多人通常会认为必须要先做出一些成果，然后再开始尝试构想，其实刚好相

反。如果做出成果的成本越高，创新团队就越有必要执行更多实验，才能确认团队构想的客户任务、痛点和获利值得做以及有可能达成。这一点必须坚持。

3. 设计和管理创新实验

一项好的实验必须精确，让创新团队成员能够复制，并且产出能够使用、可供比较的数据。一项好的创新实验需要包含以下 4 项要素。

（1）重要假设

最关键的假设是什么，就是构想假设矩阵表右上角象限中的假设。

（2）实验测试

是指从常用的实验方法中选择合适的方法，并为了支持或反驳创新假设，设计描述要进行的实验测试内容。

（3）评价指标

是指实验中评价的数据指标。

（4）评价标准

是指判断实验指标有效性的成功标准。

基于实验的 4 项要素，创新团队可以参考使用实验测试卡（见表 4-8）来设计和管理创新实验。

表 4-8　实验测试卡样例

实验步骤	实验测试卡基本信息		
	实验测试名称：90 后员工积分管理有效性测试		截止日期：× 月 × 日
	实验小组成员：××，×××，×××		测试周期：两周
第一步：假设	我们相信： 企业导入游戏化积分管理系统（半年）以后，对 90 后员工会产生明显的激励价值。		
第二步：实验测试	要证明，我们将会： 寻找 3 家导入积分管理系统的企业，每家企业各选取 5 名管理者和 5 名员工进行访谈。		
第三步：评价项目	并且评价： 系统导入后企业员工绩效提升占比、管理者对下属工作积极性正向满意度反馈率。		
第四步：评价标准	我们是对的，如果： 30% 以上员工绩效有所提升，60% 以上的管理者正向反馈。		

通过为不同类型的假设选择和设计不同的实验方法，可以大大降低创新项目的不确定性。

4.2.3 验证实验：如何确认是否要发射"重磅炮弹"？

在创新项目中明确假设并设计一系列实验后，接下来执行实验的重要价值在于验证选择的方向，以有效的证据确认创新构想是否有可能成功。

1.建立实验阶段的沟通管理系统

既然创新项目不可能靠一项实验就获得重大突破，而是需要有序地推进一系列实验的重复循环流程才能得以实现，那么就要为此建立一套执行实验阶段的闭环沟通管理系统，这个系统主要通过定期召开不同目标的会议来实现，可以参考表 4-9。

表 4-9　验证实验会议安排表

会议类型	会议时间	出席者	会议议程
规划	每周 60 分钟	✧ 核心团队	✧ 验证实验目标 ✧ 排定实验顺序 ✧ 分派实验任务
立会	每天 15 分钟	✧ 核心团队	✧ 明确每天的验证实验目标 ✧ 存在什么实验阻碍 ✧ 如何协同达成目标
学习	每周 60 分钟	✧ 核心团队 ✧ 支援团队	✧ 收集汇整阶段的实验证据 ✧ 分享新的洞察收获 ✧ 重新检视策略与实验顺序
回顾	每双周 30 分钟	✧ 核心团队	✧ 顺利进行的部分 ✧ 需要调整改进的部分 ✧ 接下来要尝试的事情
决策	每月 60 分钟	✧ 核心团队 ✧ 利害关系人 ✧ 支援团队	✧ 从阶段性验证实验获得证据并进行学习 ✧ 有哪些事情阻碍了进展 ✧ 决策：转向、放弃或坚持（加测或继续）

其中，根据反驳证据或支持假设这两种结果，实验后的行动决策可分为以下 4 种情况。

（1）放弃：当实验后的证据显示构想在现实中不会成功或不可行时，就要选择放弃实验和原有的假设。

（2）转向：当实验后的证据表明与新方法和方向完全不相关时，就需要重新调整测试的方向。

（3）加测：当实验后的证据虽表明支持假设，但仍需增加证据强度时，就需要增加更有效的实验测试同一项假设。

（4）继续：当实验后的证据表明支持假设，并且不需增加证据强度时，就可以继续测试下一项重要假设。

2. 常用实验方法的操作实施要点

在执行验证实验时，不同的实验方法在准备、执行和分析 3 个环节存在一些具体的操作实施要点，以下重点介绍其中 7 种较常用的实验方法。

（1）客户访谈

准备阶段：

A. 写一套脚本，以了解如客户任务、存在痛点、希望收益、客户的购买意愿、现在解决方案仍存在的未被满足的需求。

B. 寻找受访者。

C. 未分析资料选择时段。

执行阶段：

A. 访谈者根据脚本提出问题，必要时深入挖掘。

B. 记录受访者使用的关键措辞、语调与肢体语言。

C. 重复执行 10 ～ 20 个访谈。

分析阶段：

A. 趁印象还深刻时，做 15 分钟的汇总报告。

B. 运用相关性分类方法整理笔记。

C. 进行排名分析。

D. 更新证据发现，作为未来实验的参考资料。

（2）问卷调查

准备阶段：

A. 决定问卷调查的目标，厘清想要调查什么事情。

B. 确定这份调查的目标受访者名单。

C. 根据 10% ～ 20% 的预设回应率，计算应该发放多少份问卷。

D. 设定问卷调查开始与结束的时间。

E. 制作问卷。

执行阶段：

A. 通过链接把文件发送给目标受访者。

分析阶段：

A. 运用相关性分类方法整理问卷，把收到的问卷按照主题分门别类，不要在整理前就确定标签，而是让标签在整理过程中逐渐浮现。

B. 识别出客户使用最多的关键词。

C. 与团队一起研讨主题和客户说的话，选出 1 ～ 3 项主题，利用接下来的实验，继续探究细节。

D. 更新证据发现，作为未来实验的参考资料。

（3）客户一天的日常生活观察

准备阶段：

2 ～ 3 人一组，决定要在哪里观察以及如何观察，事先预留时间，空出几小时进行讨论，厘清如何记录，并且制定基本规则，以避免对参与者产生偏见。

执行阶段：

A. 取得观察对象的同意，解释提出观察请求的背后原因。

B. 利用工作表记录客户的时间、活动、任务、痛点与收益，并且写下观察时的想法，但在观察的时候不要对客户提问或跟客户互动。

分析阶段：

观察活动结束后，与团队一起整理笔记，更新最新的证据发现，作为未来实验的参考资料。

（4）AB 测试

准备阶段：

A. 找出想要改善的客户行为，例如透过漏斗方法取得进展。

B. 制作控制组 A，将控制组 A 作为基准，并将比较标准写下来。

C. 制作对照组 B，定出希望在方案 B 看到的改善比例，保证它可以被测量。

D. 确定客户样本数大小和信心水准。

执行阶段：

执行 AB 测试，随机分别引导 50% 流量到控制组 A 和对照组 B。

分析阶段：

A. 达到样本数量后，检查测试结果是否符合对假设原先设定的信心水准（非常有、颇有、不太有、完全没有）。

B. 结果是否符合信心水准？如果符合，考虑以对照组 B 取代控制组 A，并以 B 作为固定标准；如果不符合，执行另一项 AB 测试，对照组就要改用不同的参数。

（5）单一功能最小可行产品

准备阶段：

A. 针对构想中的功能设计出最简单的产品版本，但要能够解决一项最有影响度的客户任务。

B. 在内部先做测试，确定它能够顺利操作。

C. 为单一功能最小可行产品找到客户。

执行阶段：

A. 寻找真实客户来做单一功能最小可行产品的实验。

B. 收集客户的满意度反馈信息。

分析阶段：

A. 检视客户的满意度反馈信息。

B. 分析有多少客户转换。

C. 分析运作这项解决方案产生了多少成本。

（6）推荐计划

准备阶段：

A. 决定推荐计划的转换目标。

B. 找出推荐人并给对方转发推荐链接或二维码。

C. 制作不重复的推荐链接代码，并且准备统一的数据分析工具。

执行阶段：

A. 将推荐链接或二维码提供给推荐人。

B. 执行几周后，让推荐人的朋友考虑并点击推荐链接。

分析阶段：

A. 计算推荐人的分享率。

B. 计算推荐人的朋友的点击率。

C. 计算推荐人的朋友的转换率。

D. 比较预设的转换率目标与实际转换率。

E. 利用验证的证据数据进行细节修正，针对另一项推荐计划进行 AB 测试。

（7）假装拥有产品

准备阶段：

A. 在纸上草拟出产品构想。

B. 收集需要的材料来制作实验用的产品。

C. 确定制作的时间期限，以避免过度迭代产品内部功能。

D. 做出实验用的产品。

E. 制作一份使用日志，并追踪测试指标。

执行阶段：

A. 执行实验，把实验用的产品当作真正可以运作的产品去使用。

B. 在日志上记录使用情况。

分析阶段：

A. 检视使用日志，并注意跟产品互动、使用产品的次数，以及哪些部分会让用户觉得产品累赘或很难使用。

B. 把验证的证据数据，作为进一步更高仿真度的实验的参考资料。

3. 验证实验阶段的常见陷阱

再好的实验规划也不一定能顺利进行，总会因某种原因造成并不理想的实验效果。下面总结了在创新项目的实验过程中比较容易犯的 7 种错误，并给出相应的破解建议。

（1）时间陷阱——没有投入足够的时间

创新团队经常会低估实验所需的时间和精力，特别是当需要执行多项实验时，就会出现虎头蛇尾的情况。

因此，创新团队需要针对想深入验证的假设，设定每周目标，并将实验的工作进行视觉化过程管理，这样当某项实验任务停滞不前或遇到阻碍时，暴露出的问题就会更清晰和及时。

（2）思考过度——面对应该直接测试、调整的事情却思考太多

好的构想和概念很重要，但是许多团队会过度思考、浪费时间，迟迟没有展开行动去做测试，以及根据测试结果调整原本的构想。

因此，首先要明确思考和分析工作的截止时间，其次要区别可逆与不可逆的决定。对前者要迅速反应，对后者要多花一点时间；最后，为避免过度地各抒己见，辩论要以证据为基础，辩论后一定要落实明确的行动决策。

（3）数据或证据无法比较——数据杂乱无章

很多团队没有严谨地制定精确的假设、实验与测量指标，导致实验数据无法比较。例如，没有基于同一类目标客户进行测试，或是测试背景完全不同。

因此，创新团队需要通过使用实验测试卡，清晰地制定测试对象、实验背景以及精确的测量指标。

（4）数据少或证据薄弱——指仅以人们说的话为依据，而不是以人们的行为为依据

许多团队通常很乐意做问卷调查和访谈，却没有进一步探讨人们在现实情况中会怎样行动。这样的实验的证据力往往太弱。

因此，不要只相信人们说的话，设计和执行行动类型或真实类型的实验，要保障产生的证据尽可能接近试图测试的真实状况。

（5）确认偏差——只相信符合假设的证据

有时候团队成员会刻意放弃或无视违背假设的证据，因为他们宁愿相信错觉，相信自己的预测或判断是正确无误的。

因此，可以通过尝试寻找其他人参与整合数据的过程，代入不同的观点和视角；还可以通过设定一个相互对立的矛盾假设，来挑战最初的假设信念；或者为每一项假设设计并执行多种实验。

（6）实验太少——对于最重要的假设却只执行一种实验

大多项目团队仍习惯用一种实验简单地验证假设。对于最重要的关键假设，只根据一种证据力很弱的实验就做出决策，这会为创新项目的失败埋下隐患。

因此，验证重要的假设需要多设计并执行几种实验，以增加证据的强度，减少不确定性。

（7）没有学习与调整——没有花时间分析证据以产生洞察与更新行动

有些团队因着迷于测试，反而忘记了本来的实验目的。实验目的不是测试与学习，而是根据证据与洞察做决策，逐步把创新构想推进为创新成果。

因此，在测试过程细节与创新构想之间，要建立系统的过程沟通机制，不断回顾最初的创新方向，以便时时着眼于实验的根本目的，确认从构想到成果的过程是否有任何进展。

最后，用一句话总结创新者需要具备的重要的实验思维和实验能力：一切创新的过程都是从提出、验证到实现假设的过程。

 ## 4.3　创新复盘：　迈向成功的"复利加速器"

企业最大的浪费，是经验的浪费。

——任正非

复盘，其实是一个围棋术语，是围棋中的一种学习方法，指的是在下完一盘棋之

后，棋手要重新摆一遍，看看哪里下得好，哪里下得不好，对下得好和不好的地方，都要进行分析和推演。这个把对弈过程还原并且进行研讨、分析的过程，就是复盘。

从上面的定义可以看出，复盘是对一次事件展开的追溯和探讨分析，它的着眼点是事件参与者在行动后的反思学习。参与者后续还要做同类事件的频率，决定了复盘的价值。例如围棋选手需要不断地下棋、投资经理需要不断地交易，他们做复盘的意义和价值就极高，每次的复盘都是一次迈向成功的复利式成长机会。

创新人才也需要持续不断地推进同类创新项目，对他们来说，持续做创新复盘也是一种迈向成功的"复利加速器"。

由于复盘的价值显而易见，不少企业已经开始形成在管理或创新项目中复盘的行为习惯。但从复盘结果看，出现了太多成效不佳的复盘情况。

首先，造成上述现象的一个原因是做创新复盘时没有把精力放在正确方向和重点事情上。

时间资源对创新者来说最为稀缺，那么必须要将复盘重心放在最有价值的事情上。在创新复盘过程中，回顾、反思、探究、提升这 4 项事情最为重要。回顾是指对创新过程和结果的回顾，反思是指对形成结果原因的反思，探究就是探究规律，提升则是指创新者能力的提升。回顾、反思、探究是创新复盘的关键动作，提升则是创新复盘的核心目的，复盘的所有内容和动作都应该以迈向成功和持续成功为唯一目标。

其次，忽视创新复盘的基本保障是造成无效复盘的另一个原因。重视"复盘四度"原则是有效复盘成功的关键。

1. 创新复盘要有制度

创新复盘应当作为一种创新习惯在创新过程中持续开展。

因此，创新复盘的机制要融入日常的创新推进过程中，成为创新项目管理的重要部分。

创新复盘可以分为个人复盘、团队复盘、复盘他人，也可以分为每日 / 周的动作复盘、每周 / 月的计划复盘和每季 / 半年的阶段复盘等。

创新复盘不仅是管理者的事，也是每一个创新成员的事，通过复盘机制的落地形成一种创新复盘的思维习惯。

2. 创新复盘要有温度

从某种意义上说，复盘是一项逆人性的管理方法，所以它需要有感性的要素来相互调节。

特别是在创新项目的推进过程中，面对的失败总是多于成功。如果采用太多负面的反馈容易打击成员的积极性，同时使成员间产生自我保护、逆反抵抗等负面情绪。因此在复盘汇报、提问和反馈等过程中，要兼顾相互间创新能量的补给。可多运用"如何好和更好"的欣赏式提问反馈方式，如抛出下面的问题：

"在过去的一周里，做得最有成就感的事情是什么？"

"有没有做得不够满意的地方，如何在接下来的一周里做得更好？"

在创新复盘中，除了要敢于直面行动中的问题和不足，也要以激发每个人持续创新的潜能和内驱力为导向，共同营造有温度的创新复盘氛围。

3. 创新复盘要有高度

求其上者得其中，复盘的起点不是准备复盘材料的那一刻，而是一个项目、一项工作的初始阶段。

很多复盘费力却无果的原因是复盘工作从一开始就是一项"豆腐渣工程"。试想"豆腐渣工程"再怎么复盘都不能验收合格，只会越建越烂。

为此，有效复盘的一大关键是要从高起点开始，并在复盘过程中坚持高要求，这样的复盘才会有效并更有价值。

创新复盘的高度体现在对成果的严格检验上。一方面，复盘结果应逐渐接近创新项目的目标，通过复盘的过程，团队可以总结出有效的工具、方法或流程，从而提高团队成员解决问题的能力。另一方面，复盘过程中的相互沟通应保持高的正能量，使用正反馈和建设性反馈的方式促进持续改进，并激发团队成员面对下一步行动时的信心和动力。

4. 创新复盘要有深度

每次的复盘过程都是一次创新项目阶段反思和探究规律的良好机会，如果很敷衍地走一次过场，只是表面地完成了复盘流程，就缺少了深度复盘的价值。

保持专业有序地推进非常重要，有深度的复盘应该在回顾目标、评估结果、系统分析、总结规律这 4 个环节中，让个体思考和团队研讨的颗粒度尽量细化，每一步的深度细化都是对经验转化价值的强化。

重视复盘 4 项要事和"复盘四度"，是有效复盘的关键。有效发挥创新复盘迈向成功的"复利加速器"价值，离不开机会识别、原因分析和行动改进这 3 项子能力的提升。

4.3.1　机会识别: 厚雪长坡上的大雪球

百度百科中对复利的定义是在计算利息时,某一计息周期的利息是由本金加上先前周期所积累利息总额来计算的计息方式,即通常所说的"利滚利"。

复利的计算公式是

$F=P(1+i)^n$

其中: $P=$ 本金; $i=$ 利率; $n=$ 持有期限。

在投资理财课中,都会特别强调复利公式中本金的重要性——本金是所有投资的基石。股神巴菲特有一句名言:"投资就像滚雪球,关键是要找到足够深的雪和足够长的雪道。"但在找到厚雪长坡的同时,如果能做一个结实的大雪球,后面便会事半功倍。本金就是你在投资厚雪长坡上的雪球,本金越大,未来的收益就有可能越高。

如果用复利公式表达创新复盘中的关键变量,经过回顾目标、评估结果两个步骤后的机会识别对应的就是创新复盘复利公式中的本金这一变量。通过复盘结果与目标之间的差距,识别的机会越大,本金雪球就越大,创新复盘的复利成果就越大。

复盘的价值有很多,但对于持续创新过程中的创新团队来说,首先应该关注机会识别的价值。

复盘的机会识别可以分为外部机会识别和内部机会识别,外部机会识别的侧重点在于对趋势、市场、竞争对手变化的机会识别,是基于外部客户定义的价值机会;内部机会识别的侧重点在于对成功后经验形成的优势,以及失败后分析不足补弱的机会识别,是基于内部降本增效的价值机会。

为了在复盘过程中更有针对性地进行机会识别,我们还可以按纵向分为战略与战术两个层面机会,横向分为有关人与事两类机会,这样就形成 4 种类型的机会,创新复盘机会矩阵表如表 4-10 所示。

表 4-10　创新复盘机会矩阵表

机会层面	机会类型	
	有关人	有关事
战略层面	3. 协同与共享的机会识别	1. 方向与目标的机会识别
战术层面	4. 能力与能量的机会识别	2. 流程与方法的机会识别

1. 方向与目标的机会识别

明确的目标,有利于组织和个体对项目的执行和推进进行有效管理。最初的方向与目标给我们指引，让团队知道要往哪里努力，避免失去方向或者偏离创新路径。

复盘的第一步，就是对项目目标的回顾。这个过程不仅可以再次澄清和达成对项目方向和目标的共识，还可以识别是否需要进行调整或改变。

在回顾目标时，将结果与目标进行对比后，需要先确定复盘所说的目标是计划项目时真正希望达成的目标。

在叙述目标时，可以借助以下问题来再次明确共识并坚定最初的目标。

（1）这是我们当时要的吗？

（2）这是客户要的吗？

（3）这是最初的目标吗？

（4）会不会用手段替代了目标？

很多时候，对照结果复盘目标，会发现一些伙伴将手段当成了目标或者替代了目标，这是很常见的一种错误。

因此，在回顾目标的时候，有一个简单有效的技巧，那就是将目标展示出来，让每一个参加复盘的人都能够轻易看到，可以写在白板上，也可以投影在屏幕上。

将目标在显眼的地方展示出来，可以在复盘的过程中时时回顾目标，不会中途忘记目标，也不会偏离目标，保证复盘的方向始终是正确的。

如果外部情况有所变化，我们需要通过复盘重新审视一下最初的方向和目标是否需要调整和改变，可以通过以下问题展开团队的思考。

（1）当初是什么原因决定了项目的方向和目标？

（2）现在情况如何？这些原因或条件是否发生了变化？

（3）我们应该坚定最初的项目的方向和目标，还是需要调整和改变？

常规的项目受外部因素影响较小，方向和目标一般很少发生改变。而创新项目基于外部市场需求和用户洞察，发生变化的不确定性很大，所以对项目方向和目标的再次复盘，不管是不调整还是调整都有意义：前者具有共识目标可以坚定加速的价值；后者更具有新方向、新目标的机会识别价值。

一个成功的复盘，坚守但不固执，既要有坚持的东西，保持不变的战略定力；也要能关注外部变化，因需要随时准备改变。

2. 流程与方法的机会识别

流程与方法对创新项目的影响是至关重要的。流程是实现创新项目的组织架构，可以帮助项目实现可持续发展。有了一套完整的流程，不仅提高了项目的效率，也让项目能够按部就班地实施。同时，流程还可以确保创新项目的所有参与方都能够依据统一的标准，做出正确的决定，保证项目团队的协作性。

方法是确保流程正确执行的重要工具之一。它是实现流程的具体步骤，可以帮助项目参与者明确自己的职责，确保流程的正确执行。此外，通过使用有效的创新方法或工具，可以大大降低创新项目的风险，减少沟通不畅的情况，降低进度错误或者技术错误发生的概率。

构建流程和选择方法都是创新项目实施的重要因素，它们可以使项目实施的进程更加顺利。所有创新项目的推进，最终都要落实到对具体的流程与方法等事物的运用上。

因此，创新项目推进中的关键节点的成功或失败，都是对这些事物的验证，同时也是识别影响创新项目成功的因素的机会。

在复盘过程中，创新团队可以通过以下问题展开对流程与方法的机会识别的思考。

（1）从阶段成果看，可以发现哪些流程、方法和工具缺失或不能推进项目？我们的构建计划或优化方案该如何开展？

（2）从阶段成果看，可以识别出哪些经过验证的流程、方法和工具？如何在未来的项目中加以推广并持续应用？

3. 共享与协同的机会识别

共享与协同对创新项目的影响是巨大的。通过共享资源，创新团队可以节省大量的时间和资金，去研究、实践新的想法。企业可以利用共享资源解决资源稀缺的问题，并减少创新的开发成本和实验成本。创新团队还可以使用共享平台解决集体问题，利用多个人的想法解决实际问题，从而加速创新项目的进展。

另外，组织内部的共享平台能够帮助创新团队促进新理念的实施，追踪创新项目的发展曲线。外部的共享平台还能帮助创新项目获得资金，利用平台聚集数以千计的投资者和早期用户，有利于资金获取和加速市场验证。

总而言之，共享与协同在创新项目中发挥着重要的作用。它有助于节省时间和资金，促进项目的进展和实施，聚集资金，有助于多方参与者的协作，提高创新项目的可持续性。

在复盘过程中，创新团队可以通过以下问题展开对共享与协同的机会识别的思考。

（1）从阶段成果看，可以发现哪些关键资源和部门配合不能推进项目？我们该如何构建资源共享平台和协同机制?

(2)从阶段成果看,可以识别出哪些经过验证的共享平台和协同机制?如何在未来的项目中加以推广和持续应用?

4. 能力与能量的机会识别

创新团队关键人才的核心能力和创新能量是创新项目取得成功的关键要素。

这里的能力,是指具体支撑创新项目得以顺利实施的核心能力,如技术研发能力、数据分析能力、项目管理能力等,它们是创新项目实施的基础。但随着项目的推进,就会暴露出个体能力难以支撑项目需要的问题。

创新能量是一种动力,可以推动个体间的相互影响,共同朝着项目目标前进。此外,创新能量不仅可以帮助项目参与者实现自身目标,还可以激发参与者的想象力和创造力,使创新项目可以在艰难困苦之中取得成功。同样,随着项目的推进,不断的失败和挫折、高挑战压力下出现的相互抱怨,以及来自内外部"弹窗"事件的干扰,都会影响团队的士气和信心。

因此,能力和能量对于创新项目都是非常重要的要素,是实现创新项目的基础和动力。建立有效的能力和能量保障机制,确保创新项目朝着正确的方向发展,是创新项目能够取得成功的关键。

在复盘过程中,创新团队可以通过以下问题展开对能力和能量保障机制机会识别的思考。

(1)从阶段成果看,可以发现哪些关键能力不足以支撑项目的推进?我们应该如何提升或补充这些能力?

(2)从阶段成果看,可以识别出哪些经过验证的关键能力?如何在未来的项目中加以提炼推广和持续应用?

(3)从目前看,团队的士气和能量是否低迷或不足?我们应该如何提升团队能量?

(4)从目前看,是什么保障团队士气和能量持续良好?如何在未来的项目中加以提炼推广和持续应用?

正如任正非强调复盘的意义时,经常说的那句话:"企业最大的浪费,是经验的浪费。"创新项目中的成功与失败都具有价值,特别是在复盘中,我们更应该重视对失败的经验价值提取。不用总是回避失败和错误,有时候可以反过来看待失败和错误,从失败的经验中识别价值机会。从这层意义上讲,"失败是成功之母"并不是一句口号,它是实实在在的识别价值机会的方法论和重要路径。

4.3.2 原因分析：探寻要因的"广深高速"四步法

创新是一个探索的过程，一定不会一帆风顺、按部就班、一条道走到目的地，中间一定会有"走弯路"的时候。

另外，所有的创新项目都需要团队的协作，每个人看到的都只是局部，没有人能够独自完成创新项目的所有重要方面，这就需要大家一起研讨，共同拼出一个完整的"大象"。

创新项目确实不容易，但如果创新团队能够对项目过往的成功与失败进行有效复盘，发现真正促使成功的原因，清楚"为什么能够成功"，并复制成功的"捷径"；发现造成失败的关键，知道"如何不再失败"，把过往项目中造成失败的因素"大坑"都填上，这就如同为迈向项目成功，修建了一条平坦宽广的高速公路。

在创新复盘中，要对失败的因素进行深度分析，找出失败背后的内在规律和问题根源。在创新过程中出现问题并不可怕，最可怕的是找不到问题的根源。

我在多年为众多企业的创新增长做咨询服务的实践中，总结并验证了一套行之有效的方法，非常适合对复杂问题进行深度分析后探寻要因，我称它为"广深高速四步法"。其中"广深高速"，是指分析问题的广度、深度、高度和速度。

而且，这套方法同样非常适用于创新项目复盘中的原因分析环节。

1.广度：结构化头脑风暴，罗列所有原因

何为广度？即对结果形成的原因分析要有广度，尽量全面充分。毕竟大多数复杂问题的结果形成并非简单的一因一果。

我经常见到团队使用头脑风暴法，希望能对问题原因进行充分的分析，但结果不仅低效且并不充分。这主要是因为团队成员的相对稳定性，造成团队思维的趋同性，结果是投入了很多精力的头脑风暴，共创出的问题原因却高度重合。

因此，我再介绍一个更加有效的方法，就是结合结构化原因框架去运用头脑风暴，简称结构化头脑风暴。这里的结构化原因框架，就是指直接借鉴经过长期验证的、已成熟的问题原因分类框架，如很多人熟知的对生产问题原因分类的人、机、料、法、环五分类框架；对管理问题原因分类的人、事、时、地、物五分类框架。这些原因分类框架都有一个共性特点，就是都符合结构化的 MECE（相互独立，完全穷尽）原则。

这里，特别推荐使用前文中提到过的 BEM（行为工程模型）分类框架，见表 4-11。

表 4-11　BEM（行为工程模型）

绩效原因分类	绩效问题	绩效问题原因范例
数据要求反馈	在需要的情况下，人们提供数据信息和反馈的情况是怎样的？	未能及时提供信息；缺乏反馈机制；文件记录不详；没有建立绩效标准；数据是否与绩效关联
资源流程工具	人们在资源、流程、工具、设备等方面获得支持的情况是怎样的？	人类工程学方面的缺陷；不适当的工作条件；没有提供工具或工具配置不合理；完成工作的时间不充足
后果激励奖励	员工们怎样看待取得结果或成果的他们获得的奖励或激励的情况？	工作与组织使命和员工需求无关；奖励和绩效无关；相互矛盾的激励机制；工作表现较差仍获得奖励
知识技能	员工们的知识和技能是否与绩效目标的要求相匹配？	知识、技能、培训和教育的缺乏；无法发挥系统的作用
天赋潜能	人们的表现怎样？	天赋、能力、体能或体力的缺乏；工作分析不充分
态度动机	人们的行为受到哪些动力的影响？期望是否现实？	不适当和惩罚性的绩效体系；薪资待遇不切合实际

这样，在运用这些原因分类框架的基础上，团队再进行头脑风暴，往往能够深度挖掘多维广度的原因数量，取得显著的成果。然后，再以鱼骨图的形式展示出最终的原因分析成果。

2. 深度：5Why 法深挖，从表象到根因

我们对问题的原因做出的快速分析的结果，往往只是表象症状。特别是使用头脑风暴在一定时间内追求数量的原因分析更是如此。如果把这些表象当作真正要解决的问题，就如同隔靴搔痒。

那么，何为深度？即对结果形成的原因的深度分析，一层层从表象原因深挖，直到发现真正的问题根因。

这一步，创新团队伙伴可以两两结对，使用前文介绍的 5Why 法，逐一对上一步鱼骨图里的所有原因向下深挖，直到探寻出问题的根因。然后，再用深挖出来的根因，替换原来的表象原因，并展示出更新的根因版鱼骨图。

3. 高度：反求诸己，转化无法操作的

造成问题的原因有很多，其中有许多是组织中的创新团队无法操作或无法影响

的原因，是外部及他人的原因。这个时候就需要创新团队具有高度的"行有不得，反求诸己"的意识，即使用原因内化的"反求诸己法"，先把这些原因由外部及他人的原因向内部及自己的原因进行转化，这样才能形成具有针对性和可操作性的行动改进方案。

具体使用"反求诸己法"的方法如表 4-12 所示，把左边一列的客观的、外部的、别人的原因，用右边一列的标准转换语言向内部及自己的原因转化。

表 4-12　反求诸己法

序号	原因类型	
	外部及他人的原因	内部及自己的原因
1	客观的：客观存在且无法改变的原因，如：自身的品牌、客户、产品、价格、服务等；外部政策法规、竞争对手竞争动作、客户需求难满足等。	我们没有关于这方面的解决方案；或关于这方面的做法不够有效。
2	外部的：不属于本企业但有合作关系的群体造成的原因，如：供应商、上下游的原因。	甄选类原因：没有甄选标准；标准不够有效；没有按标准甄选。监管类原因：没有监管标准；标准不够有效；没有按标准监管。
3	别人的：上级、下属或跨部门人员的原因。	人员可替换时：甄选时没有体现标准；人员不可替换时：我们没有关于这方面的解决方案；或关于这方面做法不够有效。

然后，再次逐一替换后，就可以把上一步的根因版鱼骨图更新为内因版鱼骨图。

4.速度：用多重投票法，二八识别要因

何为速度？就是对上一步所有转化得到的内因进行二八识别，找出最强相关问题的要因，一般建议找出排序最前的 3 个要因即可。这样就能把精力集中投入在少量却主要的问题原因上，制定针对性的改进方案，创新项目的推进速度会更快。

在这一步，可以运用决策矩阵或者多重投票的方法，筛选出三大要因。前文已介绍过决策矩阵的方法，这里就重点介绍多重投票法。

多重投票法是使团队成员将他们的想法统一起来的另一种简单高效方法，是一种可快速厘清所有想法的优先顺序或至少缩小范围的技巧。

首先，将上一步团队成员共创出的所有内因形成列表。然后，要求他们投票选出他们认为最主要的内因，通常允许每人投的票数是内因总数的一半左右，如有 10

个内因，每人的票数为 5 票左右。在全部参加者都做出投票选择之后，项目负责人将
逐项进行统计。按照帕累托多数原则，保留得票最多的前 3 个内因。具体步骤如下。

（1）将每个列出考虑的内因加以编号；

（2）把每个内因写在每个人都能看到的海报或白板上；

（3）决定每个人可以投多少票；

（4）进行投票；

（5）统计投票；

（6）选出票数最多的 3 个内因。

最后，还需要增加一步相关性的验证："如果这 3 个内因得到有效解决，其对
项目成功推进的影响是否占据了所有原因影响的 50% 以上？"如果多数成员认可，
就说明三大要因识别成功；如果仍有超过 1/3 的成员不认可，那么就需要大家各自
发表说明后再重新投票，直到达到上面的验证标准。

思考的深度决定复盘的深度，经过上面细颗粒度的、环环相扣的"广深高速"
四个步骤，就能识别出问题的真正本质，创新项目通向成功的高速公路就形成了。

4.3.3　行动改进：让持续提升成为习惯的"胜利之吻"

复盘的最终目的是指导实践，让目标落地。

行动改进计划正是创新项目复盘中一个非常重要的落地环节，它是决定创新项
目成功或失败的一个重要指标。缺少行动改进计划的复盘工作，就不能形成一个完
整的闭环，更不能有效地复盘。

如果只是偶尔复盘一次，虽然也有价值，但是项目的进步就比较缓慢了。

要想充分发挥复盘的威力，创新团队应该让复盘形成习惯，持续地积少成多，
将更加有助于锻炼、提升创新团队成员的深度思考能力，从而更快地进步、成长、
迈向成功。

需要指出的是，持续进行项目团队复盘相比个人复盘的威力更大，它可以突破
个人的思维定式，从不同的视角、汇集各方面的观点，做到 1+1>2 的协同效应。

因此，定期做项目复盘，定期做行动改进计划，是让团队和个体的能力持续提
升的最好的落地方式之一。

有效的创新行动改进以识别的创新机会为导向，以对项目中成功与失败的原因
的系统分析为基础，并把前两步的内容输入转化为进一步优化后的行动计划，然后
聚焦关键资源继续更加高效地向着下一个里程碑前进。

具体操作可以按下面 3 个步骤展开。

1. 经验归类

首先，可以按创新复盘机会矩阵表（见表 4-13）的框架，对项目中成功与失败的原因进行系统分析和归类。

表 4-13　创新复盘机会矩阵表

机会层面	机会类型	
	有关人	有关事
战略层面	3. 协同与共享的机会识别	1. 方向与目标的机会识别
战术层面	4. 能力与能量的机会识别	2. 流程与方法的机会识别

（1）成功关键因素

事：有哪些成功的规律（方向 / 目标）？

人：有哪些成功的协同？

事：有哪些成功的关键（流程 / 方法）？

人：有哪些成功的行为 / 能力？

（2）失败 / 不足关键因素

事：存在哪些规律提炼不足（方向 / 目标）？

人：存在哪些方面协同不足？

事：存在哪些聚焦关键（流程 / 方法）不足？

人：存在哪些行为 / 能力不足？

2. KISS 分类

其次，把上面总结的成功与失败的规律经验，与调整项目下一阶段的行动计划进行关联。这就要求创新团队在复盘行动改进阶段，必须掌握和使用最重要的 KISS 模型工具，它又被称为行动改进"胜利之吻"，是由 Keep（保持）、Improve（改进）、Start（开始）、Stop（停止）4 个英文单词的首字母组成。

（1）Keep：需要保持的

是指那些做得好的地方，令人满意的点，在后续的项目中可以继续保持的事项。如正确的方向与目标、良好的协同氛围、有效的方法和工具、好的行动和习惯等。

（2）Improve：需要改进的

是指那些做得不足的地方，需要在后续项目中进行改进和优化的事项。如需要调整的衡量指标、需要改进的协同和共享机制、待优化的流程、需要改进的方法和工具、需要提升的能力等。

（3）Start：需要开始的

是指那些在项目中未想到和缺失的，之后需要立刻开始行动的事项。如开始推行从外部借鉴学习的有效的新方法和工具、新的实验测试、新的阶段衡量指标等。

（4）Stop：需要停止的

是指那些需要立即停止的，不利于项目推进的事项，这时应该大胆地止损和做减法，把精力聚焦在核心事项上。如错误或无效的方法和工具、错误的习惯、影响协同和共享的机制或行为等。

虽然历史不会重演，但总是惊人的相似。KISS 模型是一种在项目行动阶段非常重要的科学复盘方法，创新团队可以利用它复盘所有的行动计划，促进项目下一阶段的行动更好地展开。

3. 调整计划

最后，基于创新项目的总计划，剔除 KISS 模型中需要停止的事项，把其他三类事项进行优先级排序后，调整和增加到新的行动计划中。

在纵向维度上，一个行动计划表对应一个优选的创新策略，通过行动计划的落地实现了相应策略的执行；在横向维度上，对于创新行动计划中的优先事项进行排序，同时结合 PDCA 工具进行全流程的闭环推进，可以参考创新项目行动计划表（见表 4-14）。

表 4-14　创新项目行动计划表

序号	策略一：				策略责任人：		
	P				D	C	A
	关键任务	衡量标准	责任人	起止时间	实施情况	原因分析	后续改进
1							
2							
3							
4							
5							

创新项目具有高度的不确定性，但创新团队如果能坚持做到事前有沙盘，事后有复盘（两者合称为创新项目制胜双盘），有这样闭环管理的系统方法保驾护航，

实现创新项目的成功就并不难了。

 4.4 创新萃取：获取项目战斗中的"能量宝石"

在我们做完一个创新项目或完成一项创新任务并提交一个创新成果之后，创新是否就结束了？

当然没有！

还有一半的价值没有拿到，那就是个体和组织在创新过程中积累的宝贵经验。

要想拿到这另一半的价值，还需要在项目阶段复盘后增加经验萃取的环节。即把项目经验转化为能在未来创新项目的战斗中随时吸收能量的"能量宝石"，它是取得项目成功的重要装备。

经验萃取源远流长，从化学的提纯，到医药行业的提取，历史悠久，运用广泛。近几年，经验萃取在组织中得到了更多的重视和运用，各种萃取技术、方法、工具不断涌现，同时也出现了一些误区，带来了一些混乱。

我和一些学员交流时，发现不少人会分不清复盘和经验萃取的区别，认为两者差不多。实际上，两者既相通又有不同，不能画等号。如果把两者混为一物，就会影响各自的真正价值的发挥。

所以，我们有必要先搞清楚这两者的共性和差别。

复盘和经验萃取存在以下两大共性。

（1）都强调亲身经历——都是基于亲身的实践，基于这段经历开展的回忆和反思。

（2）都是从过去的经验中学习——无论是复盘还是经验萃取，都是对已经发生过的事件的整理和总结，目的是从中获取经验教训，让未来再做这件事时表现得更好。

同时，复盘与经验萃取存在以下三大差别。

（1）基于个人或团队的差别

虽然复盘也可以针对个人，但一般而言，复盘大多以团队为单位。因为复盘要对整个项目或任务进行从头到尾的回顾和反思，需要复盘的往往是一个项目或者一个团队协同完成的任务，个体根本无法胜任，毕竟有许多关键信息靠一个人是无法完全掌握的。

经验萃取既可以针对个人，也可以针对团队，更多的时候以个体为单位进行经验萃取。

（2）基于背景与场景的差别

复盘对准的是项目目标，目标需要基于对项目背景的清晰理解，复盘用力在对具体创新项目背景的深度上。

经验萃取瞄准的则是具体任务场景，往往锁定了一个待完成的任务或待解决的问题，回溯找出具有代表性的实践案例，从案例中萃取形成针对性的解决方案。经验萃取的任务场景相对通用，它的适用面更广，推广起来也更简单容易。因此，经验萃取用力在对未来创新项目特定场景的广度上。

（3）基于成功与失败的差别

复盘既关注成功经验，也关注失败教训。但总体来说，大多数时候会更关注失败的经验，因为失败当中往往蕴含着项目推进过程中的一些能力和机制短板，这正是需要借助复盘反思和改进的重要机会点。

经验萃取虽然不能说只关注成功的经验，但基本上还是关注某一领域里或任务主题上稳定可靠的成功经验，因为经验萃取的目的是要把经验总结出来，然后在更大的范围内推广和复制，所以必须针对已经通过实践检验的成功方法。这是经验萃取和复盘最大的差别。

我们经常说"失败是成功之母"，实际上成功还有一个亲人，（过去的）成功是（未来的）成功之父。

正如妈妈们很愿意对孩子说的那句话："有事，别只知道找你妈，还要找你爸呀！"创新项目的快速健康"成长"，除了要盯着复盘这个"母亲"，也要关注经验萃取这个"父亲"。

搞懂了复盘和经验萃取的区别和关系，我们就会更加清楚创新项目中经验萃取的关键价值。

获取创新项目战斗中的"能量宝石"，主要有选石、雕琢、打磨 3 个关键步骤，与之对应，需要重点提升创新团队价值识别、访谈萃取、定型验证这 3 项子能力。

4.4.1　价值识别：挑选经验玉石的 5 种方法

打造"能量宝石"之前，要先选对玉石，而非普通的石头。

萃取创新项目的经验之前，也要先选出有价值的经验。

并不是所有经验都值得被萃取，萃取本质上是提取精华。只有精华才值得被萃取，只有精华才值得传承。

经验萃取的核心价值是"可被复制"，如果萃取出的经验不具有普适性，无法让更多人复制，这样的萃取的价值同样不大。

所以，首先要充分考虑和考量对项目中众多经验的价值识别。对主要经验的价值识别是萃取经验前的关键环节。确定了主要经验，才可实施萃取的操作步骤，才能让呈现方式具备价值，从而在应用经验时才有效。因此，识别主要经验的环节绝不能省略。

经验萃取的最终目的是能够普及和推广经验，给项目中遇到同类型问题的伙伴以新的、可以借鉴和学习的有效方法。因此，对经验价值识别的衡量标准有创造性、普适性、可复制。

依据上面 3 个主要的衡量标准，在识别主要经验时，可以综合使用下面的 5 种方法。

1. 漏斗法

漏斗法是指经过所有经验、内部经验、重要经验 3 个步骤的逐层过滤，最后留下主要经验的价值识别方法。漏斗法具有实用精准的优点，因此应用较多。

（1）罗列经验

首先，需要项目团队一起回顾，共同把创新项目中所有的成功经验罗列出来。

（2）区分内外

然后，项目成员应该将那些他们认为自身可以控制和影响的经验标注为内部经验，漏掉那些外部经验。

（3）区分轻重

接下来，在漏下来的选项结果中，将有重要影响的经验标注为重要经验，漏掉那些次要经验。

（4）识别主要

如果仅仅漏下一个经验，那就是主要经验；如果漏下两个以上的经验，就需要两两比较，剩下一个作为优先萃取的主要经验。

比如客户转推荐产品的这个场景，分析出客户的人脉价值、请客户推荐的时机、客户转推荐激励方式、客户转推荐的技巧等经验，第一次过滤是区分内外，内部因素是请客户推荐的时机、客户转推荐激励方式、客户转推荐的技巧；第二次过滤是区分轻重，重要因素是客户转推荐激励方式、客户转推荐的技巧；两两比较，最后确定客户转推荐的技巧最重要，那么这个就是最应该优先萃取的主要经验。

2. 权重法

权重法就是从价值和工作量两个角度衡量哪个经验占比最多，这个经验就有可能是主要经验，然后可以通过综合考量进行验证。

（1）价值权重法

分析创新项目中成功的所有经验，逐个考量经验对项目成功的影响比例，以
100% 作为量表满分，这就是价值权重法。

比如客户转推荐产品的场景，分析出请客户推荐的时机、客户转推荐激励方
式、客户转推荐的技巧等经验，采用价值权重法衡量之后，分别占 20%、30%、
50%，那么客户转推荐的技巧就是最应该优先萃取的主要经验。

（2）工作量权重法

分析创新项目中所有成功的经验，回顾完成项目的整体时间，然后逐个考量经
验在项目中所占的工作量，占比最多的可能就是主要经验。如果有两个经验需要一
样多的工作量，可以再结合所占其他资源进行比较，所占资源多的是最主要的经验。

比如在 2B 解决方案销售中准备方案汇报的这个场景原来共需要 7 小时，包括
设计调研问卷、汇总分析调研信息、形成初步诊断报告、内部 PPT 汇报预演、反馈
后 PPT 优化等过程经验事项。各过程所需要的工作量分别是 2 小时、1 小时、2 小
时、1 小时、1 小时，其中设计调研问卷与形成初步诊断报告的工作量都是 2 小时，
但比较二者后发现，形成初步诊断报告更为重要，那这个就是最应该优先萃取的主
要经验。

3. 重复法

在确认主要经验时，可以思考哪个经验在接下来同样的项目中一定会出现的次
数，或者项目成员回顾某个经验在自己经历的项目中出现的次数，重复次数最多的
经验就有可能是主要经验。

比如客户转推荐产品的场景，采用重复法的确定方式如表 4-15 所示。

表 4-15　重复法统计表

统计单位：次

小组成员	客户的人脉价值	请客户推荐时机	客户转推荐激励方式	客户转推荐技巧
A（2 次事件）	0	1	2	2
B（3 次事件）	0	1	3	3
C（3 次事件）	1	2	2	3
D（4 次事件）	1	2	2	4
E（2 次事件）	0	1	2	2
汇总重复次数	2	7	11	14

如果在同类项目中重复次数最多的是客户转推荐的技巧，那么这个经验就是最应该优先萃取的主要经验。

4. 投票法

投票法，是指项目所有成员对罗列出来的多个经验进行投票，票数最多的经验就被认为是主要经验。投票法有一人一票的单投法和一人多票的多投法。

单投法，是指小组成员每人一票，只能投一个经验，最后统计哪个经验的票数最多。这种方法简单快捷。劣势是可能会因为某人的强势影响了太多人，因为票数不够，有人就只能跟风投某一经验，从而会漏掉真正的主要经验。

还是以客户转推荐产品的场景为例，采用单投法的确定方式见表 4-16。

表 4-16　单投法统计表

统计单位：次

小组成员	客户的人脉价值	请客户推荐时机	客户转推荐激励方式	客户转推荐技巧
A	0	0	1	0
B	0	0	0	1
C	0	0	0	1
D	0	0	0	1
E	0	0	1	0
汇总票数	0	0	2	3

票数最多的是客户转推荐的技巧，那么这个经验就是最应该优先萃取的主要经验。

多投法，即使用前面章节介绍过的多重投票法。相比于单投法，多投法会更加准确，但也会比较耗费时间，项目成员会因为需要考虑哪些因素更重要而纠结。

5. 排除法

在分析完创新项目中取得的诸多成功经验后，逐个考量经验是否是主要经验，不是就划掉。不确定的话，就先搁置，接着衡量下一个经验，最后再比较搁置的几个经验，再次逐个排除。只剩下两个经验时，可以比较哪个更重要，最后剩下的那个经验就可能是主要经验。

例如客户转推荐产品的场景，分析出客户的人脉价值、请客户推荐的时机、客户转推荐激励方式、客户转推荐的技巧等经验，逐个排除，客户的人脉价值（不是）、请客户推荐的时机（不是）、客户转推荐激励方式（搁置）、客户转推荐的技巧（搁置）。然后对客户转推荐激励方式与客户转推荐的技巧进行比较，觉得客户转推荐的技巧更重要，那么这个经验就是最应该优先萃取的主要经验。

排除法和其他方法组合起来也会很好用，尤其是在应用其他方法后、剩下几个经验不能确定时，就可以用排除法来确定。

识别出创新项目的主要经验是为了更加聚焦方向，即明确创新项目中最迫切需要解决的问题或最值得沉淀的经验，只有先明确萃取的主题和目的，才能更好地细化和实施接下来的经验萃取。

4.4.2　访谈萃取：琢玉成器的核心三法

萃取的主题和目的确定之后，就可以围绕这个中心点开展具体的经验萃取工作。这一步是创新经验萃取最重要和最复杂的一步。因此，必须通过一些专业的方法萃取经验。

常用的经验萃取的方法有观察法、分析法、研讨法和访谈法。其中访谈法是最常用和最有效的方法。

访谈法，是指访谈者通过提前引导绩优者讲述他在解决难题或应对创新挑战时的经验，提炼出可供学习使用的知识点。与其他萃取方法相比，访谈法具有对象轻松、时间灵活、主题多样、萃取深入、经验精准的优点。而且访谈法特别适合在萃取对象位置高、忙、远、配合度低、喜欢"动嘴"等情况下使用。对创新项目的经验萃取也往往以访谈法为主，其他方法为辅，因此掌控访谈法对创新团队来说尤为重要。

访谈法是技术含量最高的萃取方法，其中设计访谈框架和灵活提问引导最为关键。

因此，根据创新项目中不同的价值经验类型，需要设计和采用不同的访谈框架，把握不同访谈框架的重点和难点，做到"选对类型，匹配技巧"，让访谈对象遵循框架顺利流淌经验，才能实现"一次访谈完成萃取，二次访谈完成定稿"的最佳效果。

运用访谈法对经验萃取的过程，经常会被比喻为"琢玉成器"。创新项目中的价值经验主要可以分为事件经验、流程经验和技巧经验，针对这 3 类经验的访谈萃取技巧也就被称为"琢玉成器的核心三法"。

1. 事件经验访谈

创新项目往往落地于一个个关键的任务中，创新团队在完成关键任务的过程中就形成了具体执行任务的宝贵经验。因此，事件经验是创新项目最重要的价值经验，同时事件经验访谈也是萃取其他类型经验的基础。

事件经验访谈更需要有效地设计大量的问题，对问题进行深度挖掘和系统提问，才能萃取完整的事件经验。

这里，事件访谈可以使用 SATCAR 框架，具体是背景、经过、冲突、选择、行动和结果。全面、具体地梳理高手们的绝招，把这些"牛事"梳理到位，绝招才不会浪费，否则就会遗漏在没有访谈到的事件中，访谈萃取就会有缺失。具体使用 SATCAR 访谈框架如表 4-17 所示。

表 4-17　SATCAR访谈框架

事件过程	事件过程定义解释	访谈问题清单
S 背景	背景是指事件发生时的现状。又分为事件的现状（从宏观、中观、微观分析）和人的现状（从自身和团队分析）	那时事情的情况是怎样的？ 当时竞争对手的情况如何？ 当时客户的情况如何？ 那时你的工作量是否饱和？ 你那时觉得有信心吗？ 人员配备充足吗？人手那时是怎么分工的？ 大家对怎么做达成共识了吗？
A 经过	事件的经过包括发生的时间、地点、人物、阶段、行为、结果等描述事件的梗概，目的是简单了解事件的全貌，为后面的事件冲突做好筛选	你可以概括一下事情的经过吗？ 可以从阶段、关键行为、人员等几个角度，简单地介绍一下事情的来龙去脉，让我有一个大概的了解。 你说一下事情的梗概，不用特别展开，介绍一下大致分为几个阶段、做了什么，最后取得了什么成绩。 开始准备时必须要做什么？ 经过主要做了什么？可以概括一下。 收尾时做了什么？不用具体讲，就是简单地概括一下。
T 冲突	每个重要事件的达成都解决了一个重要的冲突，冲突是问题、矛盾、挫折、困难、挑战、不顺利的统称。冲突可以基于内部、外部，分为外在难点、内在挑战点	国家政策或行业做法对这事的影响是什么？ 事情的成功，在于应对和解决同行的什么竞争？ 那时你最头痛的是什么问题？ 你觉得最需要提升自身哪个方面，才能推动事情的解决？ 在解决问题上，你一直在弥补什么能力？ 你在什么方面一直在琢磨，经过多久才搞明白？

续表

事件过程	事件过程定义解释	访谈问题清单
C 选择	冲突与行动之间是选择，行动是选择的践行，冲突是选择的背景。选择是指冲突发生时，当事人是怎么想的，有什么选择，要考量哪些因素，最终选择哪个策略	关于这个冲突，你第一时间想到的应对策略是什么？ 除此之外，你还考虑哪个方案？ 你和团队一同制定了几种应对策略？ 如果这一方案不通过，你有备选方案吗？ 为什么选择这个方案？ 你一直坚持的选择是什么？ 排除这个方案的最大因素是什么？
A 行动	访谈对象都做了哪些行为，哪个行为是第一次加入的，去掉了什么行为，优化、改造了什么行为，对哪个行为投入了很多的时间和精力。对这些行为的访谈是为归纳流程经验和识别技巧经验做准备	你着手准备的第一个行动是什么？ 接下来又做了哪些行为？收尾的动作是什么？ 其中，哪个行为让你投入的精力最大？ 针对某一点，还有什么不同的行为吗？ 让你印象最深刻的是哪个行为？ 有你第一次操作的行为吗？ 你优化了哪个行为？ 与之前相比，这次去掉了哪个行为？
R 结果	访谈标杆事件取得的结果往往都是良好的结果。这些结果可以分为事件的成绩和人的成长两方面	这个事情取得了什么成绩？ 在收益方面，这个事情取得了什么成果？ 在成本方面，这个事情是否创造了什么纪录？ 还有什么其他成绩？比如在成交速度、服务、评价等方面。 通过这个事情，你学了什么新知识？你掌握了什么新技能？ 和你搭档的同事，他们有什么变化？

事件经验访谈是萃取经验的基础。流程经验和技巧经验都隐藏对在这些事件的处理过程中，访谈者引导事件按照 SATCAR 框架进行复盘，要把事情的背景、经过、冲突、选择、行为和结果问清楚，尤其是针对冲突的行为行动，做好关键词记录，为后面的经验萃取做好铺垫。

2. 流程经验访谈

流程经验访谈的核心在于梳理并还原价值经验中的前中后关键行为的过程。从成功事件中萃取出的流程是"原生态"的经验，是其他经验的基础，只有萃取出的流程才能被优化为口诀，才能被具体量化为行为或行动，才能被转换为工具、话术、模型等。

虽然许多方法都可以萃取出流程经验，但如果选择过于复杂的萃取方法，访谈的时间就会严重不足。所以应当选择最简单有效的访谈方法，以产出最大化的基础经验内容为目的。

头尾法就是一种非常简单有效的流程经验访谈法，它是指萃取流程时先确定作为"头"的第一步流程，然后确定作为"尾"的最后一步流程，接下来再从"头"到"尾"拆分中间流程，并根据流程对结果的价值确定一个"重点"流程，根据流程对于复用者的使用难度大小确定一个"难点"，由此完成整个流程的萃取。

（1）起点流程

访谈者基于选取的经验主题萃取流程，确定起点流程会分为"第一动作"和"预备动作"。

"第一动作"是把经验主题的第一个行为动作作为起点流程，是在执行者身心准备好的情况下就可以着手的第一个动作，不需要做什么准备。

另一种情况是将"预备动作"作为起点流程，因为有些经验主题在行动之前必须要做一定的准备，此时需要把"预备动作"作为起点流程。或者有的项目任务需要刻意强调一下某个准备动作，否则执行时就容易忽略。例如，萃取组建创新战斗小组项目经验时，需要把"了解每个成员"的预备动作作为起点流程，强调了解成员的重要性。

（2）终点流程

终点流程是指经验主题的最后一个行为动作，在访谈对象说完"起点"流程之后，可以询问"终点"流程，这样操作的目的是框定流程范围，避免访谈对象过度发散，讲述太多无关内容。

"终点流程"又分为"最后动作"和"善后动作"。

"最后动作"是指把经验主题的最后一个行为动作作为终点流程，是项目任务的阶段性结果，不会关联后面场景的行为，是点到为止的"结束"，不要太往后涉及。

"善后动作"，是指为降低风险、保证效果的后续延续性行为，虽超越了"最后一步"，但从避免风险、提高满意度等方面来说，值得往后关联一步。

（3）中间流程

是指按照时间顺序从头到尾梳理中间流程，把流程萃取完整。拆分中间流程时要符合唯一性、独立性和重要性的原则。

"唯一性"是指一个流程应只有一层含义，具体有以下 4 种情况：如果一个流程里有两层独立的含义，就需要拆分为两个流程；如果一个流程里有过程性和结果性两层含义，就可以只突出结果性的动作，例如"与各方沟通，确定方案"，可以只把"确定方案"作为一个流程；如果是一个流程步骤的多个细节动作，就可以合并为一个流程；如果一个流程里的两层含义有主次之分，确认流程时就可以只保留主要的含义。

"独立性"是指拆分的流程不要有重复和交叉，每个流程都是独立且排斥的，这样在执行流程时才不会出现反复。

"重要性"是指拆分的中间流程都是重要的，因为整体流程的动作的数量一般在 4 ～ 10 步，便于经验的复用和复制，所以要保证拆分流程的质量，不要让一般的、次要的动作成为流程。

（4）强调流程

全部流程萃取之后，需要从"事"和"人"两个方面分析流程中的重点和难点，便于为此分配更多资源和精力，并起到强调的作用。

从"事"的角度看，做不好会影响成败的流程就是重要的流程。从"人"的角度看，执行时容易犯错、跑偏的流程就是难度大的流程。

识别出的重点和难点的数量最好都只有一个，这样容易记忆，操作时也好分配资源，即使事实上真的有多个重点和难点，在强调流程时也可以先人为地只强调一个。

重点流程和难点流程可以是同一个流程。操作少的或简单的流程可以没有难点，但必须有重点，可以从工作价值和权重角度将一个关键的流程确定为重点流程，便于后期复用时分配资源和精力。

运用访谈法对流程经验进行访谈时的常用问题清单见表 4-18。

表 4-18 强调流程常用问题清单

流程节点	常用问题清单
起点流程	回想一下这件事，你大多数时候第一步会做什么？ 你刚才说的那些动作，哪个动作作为第一步比较合适？ 如果从新手复制角度看，一般第一步做什么比较合适？
终点流程	通常在这类任务中，这个事情一定要完成什么才算是结束？ 从交付物角度看，最后要完成或提交什么才算是结束？ 从善后角度看，一定要完成什么才算是真正结束？
中间流程	接下来的第二步是什么呢？ 你拆分的这些中间流程是否都是重要的？有的次要流程是否可以不体现？ 你拆分的这些中间流程中是否有重复或交叉的部分？是否有可以去掉的重复部分？
强调流程	从事情的角度看，哪个流程是最重要的呢？ 从新手复制的角度看，哪个流程执行起来是最困难的？ 重点流程只能确定一个，你认为是哪个流程？ 难点流程只能确定一个，你认为是哪个流程？ 重点流程和难点流程是可以重复的，你觉得哪步还是难点？

3. 技巧经验访谈

技巧经验访谈的核心在于萃取创新项目中绩优者的"绝招"和"秘技"。

技巧经验访谈时可以从"人无我有"（新）、"人有我快"（快）、"人快我好"（好）和"人好我省"（省）4 个维度展开。具体 4 个维度的技巧定义和访谈问题清单见表 4-19。

表 4-19　技巧经验访谈问题清单表

技巧类型	技巧定义	访谈问题清单
人无我有	访谈对象在执行过程中使用了什么新流程、新行为。又细分为改造性行为和创造性行为	与其他同事相比或与之前相比，你有什么新的流程或者行为吗？ 你对哪个流程、动作或行为进行了改造？ 盘点一下，看看哪个流程或行为是之前没用的？ 除去之前经常用的流程，你还改造或创造了哪些流程或动作？
人有我快	是指和大家或外部相比，访谈对象在效率上更快的绝招。又分为准备快、执行快、修改快、结果快 4 种情况	在事情推进的过程中，你在哪些方面做得比别人更快？ 在事前准备时，你在哪些方面做得比别人更快？ 在行动过程中，你至少会在哪个行为上尽快完成？ 如果发现某个环节出现了错误，你会怎样快速纠偏？ 在结果交付方面，你会优先完成什么？ 除此之外，你还在哪些方面做得比较快？
人快我好	是指访谈对象在保持速度基础上的质量精进，追求更好的质量标准，可分为态度好、服务好、过程好、结果好 4 种情况	为了提供更好的质量，你还做了什么特别的举措或动作？ 在态度方面，你一直秉持的是什么？ 在服务方面，你追求在哪些方面必须要做好？ 在过程方面，你一定会保证什么做好做到位？ 在结果方面，你会怎样管理客户期望？
人好我省	是指访谈对象积累成本费用的技巧。可分为省钱、省事、省心 3 种角度	最后取得了哪些降本的成效？ 过程中有哪些控制成本的关键举措？ 哪些动作让对方觉得省事？ 很少麻烦对方，是因为你在哪些方面做得到位？ 跟你合作，让伙伴或客户最省心的地方有哪些？

技巧访谈是对创新项目中的经验进行萃取的关键亮点和落脚点，访谈者一定要千方百计地萃取出"新""快""好""省"的"牛招"，让"牛人"的"牛事"通过这些"牛招"得以体现。

4.4.3　定型验证：最大化发挥经验的应用价值

经验萃取的最终目的是推广经验，最大化发挥经验的应用价值。

因此，为了更好地将专家经验呈现给学习者，帮助其快速理解整体逻辑、方法内涵，进而有效地应用和创造新价值，就需要对经过系统化梳理后的经验知识做进一步的定型验证。

这是组织把隐形经验价值显性化的最后一个关键环节，具体又分为定型包装和运用验证两个步骤。

1. 定型建模，外在包装

经验萃取是将组织内部绩优人员的隐形经验显性化，将其头脑中的思考通过建模方式结构化、显性化，以方便新人或工作经验尚浅的员工学习。

科学研究表明，人类接收外界信息时约 83% 是靠视觉，约 11% 是靠听觉，剩下约 6% 是靠嗅觉、触觉和味觉。

原生态的经验萃取出来之后，不便于理解和传播。因此，对经验知识定型包装的重点就在于可视化呈现、口诀化表达和吸引人的标题。而且这类任务正是团队创新共创力再次得到展现和实践的一个应用场景。

（1）可视化呈现

我们都知道"文不如表，表不如图，图不如实物"的视觉化法则。

因此，可视化呈现就是指将经验成果的文字信息内容，转化为直观的图形、表格、模型或实物等的过程。需要强调的是，可视化呈现的前提是结构化，要先找出核心内容内在的逻辑结构，再匹配图形。

一般用图形、图表可视化呈现如并列、总分、时间轴、循环、流程、层次结构、金字塔、矩阵、对比等逻辑模型关系结构，可直接使用 Office、Powerpoint 软件中的各种图形结构模板。

更有创造力的可视化呈现方式可以利用实物来表达。常用的实物建模有汽车、火箭、罗盘、杠杆、树木、花朵、金字塔、房屋、魔方等。

本书中的创新力和创新增长的经验理论就是分别用一个金字塔魔方和一个金字塔花瓣魔方进行呈现的，以及我在创新增长课程中带领学员体验商业模式四要素的弓箭模型，都使用了利用实物进行建模的可视化呈现方式。

通过可视化呈现，可使经验成果有形有色，更加容易引起学习者的共鸣和兴趣。

（2）口诀化表达

经过系统化梳理和可视化呈现，已经有利于学习者从逻辑性更好地理解经验成果价值。但是在移动互联时代，大量的碎片化信息冲击着每个人。从表达上看，那些越清晰简洁、有趣味的信息，越使得学习者能够快速理解其中的关键内容，越容易被长期记住，同时在需要使用时越容易被快速提取。

因此，将萃取的经验成果通过顺口、轻松的口诀化方式表达出来，可以帮助学习者快速记忆并实现高效传播。

口诀化表达的 3 种常用技巧如下。

①英文组合法：

是指对流程经验的关键步骤用英文首字母组成一个英文单词的展现方法。例如，常规访谈技术的 STAR（背景——任务——行动——结果）法；或对成功经验的关键影响因素用英语首字母组成一个英文单词的展现方法，如复盘行动改进的 KISS（保持、改进、开始、停止）。

②数字表达法：

是指通过数字顺序突出经验成果的关键要点或步骤的展现方法。想一想为什么士兵每次跑操时，都一起喊一些口号？当内容被总结成（口号）口诀时，有助于形成"从思维到行为条件反射"的推进。

例如，陌生拜访四字诀。一问，问清客户信息；二搭，搭建客户关系；三听，听取客户需求；四解，解决客户疑惑。

③顺口溜法：

是指把经验成果的核心内容编成顺口溜。例如，保险行业出单经验成果的"盯管见功夫，六'盯'最关键。盯人、盯团、盯动作；盯单、盯点、盯达成"。

人的大脑不适宜一次记忆 7 个以上的思想、概念或项目（比较容易记住的是 3 个，最容易记住的是 1 个）。因此，需要强调的是，应用口诀化表达方法的提炼结果不要超过 7 个，最好是 3 ～ 5 个。

（3）吸引人的标题

为经验成果想一个极具吸引力的好标题，会起到画龙点睛、锦上添花的作用。标题如同经验成果的门面，门面好，才能吸引人去学习并运用。

下面介绍打造好标题的 4 种常用技巧。

①联想双关法：

从电影、歌曲、成语中获取联想的灵感，例如，《让你的文案不同凡"想"》《短视频，Angel or Evil?》《客户信息收集，让我欢喜让我忧》。

②价值推广法：

将运用经验成果的收获在题目中表述出来，可以套用公式"关键词＋广告语"。例如，《学会这五步，陌拜有门路》《巧用三招，"诉"战速决》《打破"15 秒定律"，5 招让你提升连带率》。

③行动计划法：

将经验成果的内容转化为具体的行动，可以套用公式"如何＋动词＋经验成果的核心内容"。例如，传授信用卡市场活动促动的经验成果可以叫《如何让卡"动"起来》《如何精准找到目标客户》。

④主副标题法：

即主标题＋副标题的结构，可以套用公式"吸引关注的主标题＋点破窗户纸的副标题"。例如，《生死 300 秒：从一起安全事件看五大隐患的防范》《美图总动员：玩转文案的四大技巧》。

主副标题法是比较常用的方法，也是比较容易学会的。主标题可以是成语、歌名、书名等一切大家熟识的词语，副标题直接聚焦于经验成果要讲授的知识点。

2. 推广运用，验证优化

定型与包装之后，创新经验萃取就算初步完成了。但萃取出来的内容还需要选择小范围实验对象，经过推广运用、反复实践验证，以及持续改良优化。

只有经过验证后的经验才能作为组织的真正知识资产，只有广泛应用的经验成果才能产生价值。定型包装后的推广运用的验证标准就两个：易推广和可复制。这也是推广阶段，创造经验价值最大化的检验标准。

创新经验萃取出来的最终成果主要有以下常见形式，见表 4-20。

表 4-20 创新经验萃取成果形式

序号	经验内容	呈现形式
1	话术	话术 SOP 手册、音频、视频、培训课件
2	表单	工作汇报 Excel 或 PPT
3	业务操作动作	SOP 指导手册、培训课件、图片
4	业务实施步骤	工作制度、流程图、培训课件
5	业务 / 技术标准	制度、图片、培训课件
6	执行原则、原理、守则	手册、制度、图片
7	Moment 决策点	文字形式：案例、理论知识

　　组织要站在知识经营的高度进行经验的推广应用和验证优化，主要包含以下 4 种途径。

　　（1）正式学习

　　开发案例课程或系统化面授课程，形成统一的工作方法，培训相关员工，提升整体能力。

　　（2）线上学习

　　建立案例库、开发在线课程，并提供在线文档，方便相关员工随时随地学习和使用。

　　（3）融入项目操作

　　制作操作流程或工作宝典，作为创新项目中的操作指引；开发成辅导手册，作为师带徒工具；开发成稽核标准，作为管理指导工具。

　　（4）改善管理体系

　　改善创新评估模式，将萃取的成功标准转化为衡量创新成果的评估标准，通过创新目标推动工作方法的改善；根据需要进行资源改造，例如销售可能需要提供更有针对性的销售工具、体验场景等。

　　通过以上 4 个途径的推广应用，创新经验不仅能提升员工个人的创新能力，还能提升组织整体的创新能力。

　　另外，对于传授创新经验的专家或分享者来说，教也是最好的学。这种面对面、有互动的教与学的场景，正是另一种检验经验有效性的场景。

　　总而言之，结合组织实际情况，将挖掘出的创新经验尽量用更多的形式及方法传递给团队伙伴，帮助我们的创新人才吸收并运用，让创新经验萃取形成闭环，这才是根本。

第 5 章 创新者的实践：
增长是检验创新力的最好方式

管理是一种实践，其本质不在于"知"而在于"行"；其验证不在于逻辑，而在于成果。

——德鲁克

"现代管理学之父"彼得·德鲁克强调，任何企业的目标都不是纸上谈兵，更不是空中楼阁。管理应该重视实践、重视行动、重视成果。管理者应该做到"知行合一"。

创新也应该如此，作为 π 型创新人才，只有高深的创新理论是不行的，还需要将这些理论应用于实际工作中，并能够产生积极效果，创造无穷价值。从个体成长到组织增长，从能力到成果的实现，都离不开创新者的实践。

从创新洞察力、创新共创力到创新行动力，和所有能力一样的 3 项核心创新力，也需要放在具体的、组织面临的生存与发展的挑战实践中，才能得到最好的检验。

组织增长强调关注成果，重视因果。组织增长也是检验个体创新力的最好方式。

创新是一个从此岸到彼岸的过程。面对汪洋大海、崇山峻岭、泥泞沼泽或茫茫大漠，创新者要闯出一条路来，可谓九死一生！

许多初创企业，前 3 年内都身处风险最大、死亡率最高的发展阶段。通常这个时期的创新创业失败率大于 95%，因此被称为创新"死亡之谷"。一旦企业度过早期高风险阶段，就会进入稳定的成长发展阶段，但这个时候又会面临另外两种创新死地，一种是因核心领导层习惯和享受过往企业的成功模式，直到外界竞争变化造成优势不再，寻求救命稻草时，才发现长时间的"路径依赖"已经深陷"不变沼泽"，这就是所谓"不创新等死"的结局；另一种则是因核心领导层的狂妄自大，贸然地进入新领域，或无序地多元扩张而身处"豪赌悬崖"，就有了所谓"创新找死"的结果。

企业如何能顺利走出这些创新死地，提高创新成功率呢？

答案就是企业需要有效创新，在空间维度上做到有限创新，在时间维度上做到有序创新，并实现有限与有序契合的持续创新。

如果提升好 3 项核心创新力的 π 型创新人才可以一手拿着"创新地图"，一手拿着"增长罗盘"，逢山开道，遇水架桥，就可以开始有效创新的实践之旅了。

5.1　有限创新：有"路"可循的创新地图

美国的埃默里大学经过对 0 ～ 10 岁儿童的长期追踪与研究，发现孩子多看地图会加快大脑发育。抽样调查也发现，从小爱看地图的孩子更聪明，长大后的眼界和格局也远超同龄人。

这项研究表明静态的物体会让孩子大脑的逻辑思维功能开始运作，可以不断刺激神经元，从而建立脑信号传输的途径，促进大脑皮层发育，提升智力发育的速度。地图正是一个包含很多信息点，并且带有空间感、逻辑感的静态图像。通过对地图更多地仔细观看和学习，孩子既可以构建从点、线、面到体的逻辑体系，同时，也对时间和空间有了复合、多维度的全方位认知和理解，有利于促进想象力发展，培养好奇心与探索精神。

基于此项研究，许多幼儿教育机构以及众多家庭，开始更有意识地带着孩子通过看地图认识世界，探索更多可能，以开发孩子的多项综合能力。

那么，在企业创新增长之旅中，如果创新者有一份清楚认识创新世界各种地理特征的完整的"创新地图"，就会大幅提高走出创新死地的成功率。

美国德布林咨询公司为全世界的创新者和创新企业绘制了一份《创新十型》地图，他们团队经过 30 多年的研究，对众多企业伟大的创新经验进行了总结和整理，形成了具有共性的 10 种创新类型和超过 100 种的互不关联的创新策略。

经过多年以培训和咨询形式服务几十家中国大中型企业的创新增长实践，我逐步完成对《创新十型》框架的再次结构简化，分类为创新四型，我更喜欢称其为创新增长四方位或四维度，分别为客户创新维度、产品创新维度、模式创新维度和团队创新维度。4 个创新维度下各包含 3 个创新路径，每个创新路径又包含 4 个创新策略，总共 48 个创新策略。这 48 个创新策略是对《创新十型》一书中多达上百种的创新策略筛选后的结果，更加适合当下中国企业。

从初创阶段顺利到达成长阶段的企业，有两大共同点：一个是有意或无意地实现了顺应趋势与发挥优势二者的契合；另一个就是在业务范围或区域范围内，正确地选择了有限创新。

毕竟初创期企业的各类资源是非常有限的，如果希望在广阔的市场中占有一席之地，首先就要有意识地去了解"创新世界"的整体全貌，这样才能更容易、更有效地做出正确选择——聚焦资源在最优的创新方向上。

基于明确的创新方向，再优选创新路径，有机组合多种策略，这些正是实现有限创新的关键。

5.1.1 创新维度：探索创新世界的 4 个方向

正如世界被划分为东西南北 4 个方位，根据众多企业不同的发展阶段选择主要创新的方向不同，我们也可以把企业希望在"创新地图"上规划并创建的创新根据地或领地划分为 4 个方位。接下来让我们先从 4 个创新方位开始认识完整的创新世界吧。

1. 产品创新维度

产品创新驱动增长，简称产品创新。这类企业大多因创始人具有产品研发和生产制造的优势，所以选择产品创新的方向。他们将创新的精力和资源更多地投入到供给端的产品创新上，往往孜孜不倦地追求产品的品质，不会因为个别消费者不满意就立即调整产品，而是一直聚焦通过制造出的"精品"带给客户新体验，引领消费者。这类企业会以掌握多少产品核心技术为荣，更在意产品的发明专利、技术的突破或首创等创新。选择这类创新驱动增长方向的企业是 4 种类型创新中占比最多的。

以产品创新维度驱动增长要思考的核心问题是：如何通过创新为客户提供多领域的价值服务？

其中科技类企业，大多会选择以产品创新为主驱动方向。典型代表如美国的苹果公司和国内的小米公司，两家公司的早期阶段都是通过产品创新带动消费和市场的增长。这两家公司的创始人甚至都被称为"拜产品教"的代表人物。

根据企业不同的发展阶段，以产品创新维度作为增长突破口的进程可以分为 3 个重要阶段：单品定位管理、产品矩阵布局、产品生态管理。

2. 客户创新维度

客户创新驱动增长，简称客户创新。这类企业的创始人大多对市场高度敏感，他们擅长抓住那些刚刚启动的新行业或新市场的机会，因而选择了客户创新的方向。因此他们将创新的精力和资源更多地投入到需求端的客户创新上，他们往往能快速开发市场，整合渠道和占领终端，并随时能拿出产品或者组合别人的产品来满足市场需求。这类企业会以销量或市场的领先占有率排名为荣，更在意客户的服务和体验创新。随着物质日趋丰富，消费者对产品的基本功能的需求在下降，对情感和精神价值的需求却在大幅提升。因此，近几年越来越多的初创企业选择客户创新驱动增长方向。

以客户创新维度驱动增长思考的核心问题是：如何通过创新让客户从消费一时到消费一世？

特别是消费品和民生服务类企业，大多会选择以客户创新为主驱动方向。典型代表如以服务创新闻名的海底捞，它能成长为今天火锅品牌排名第一的企业，得益于海底捞创始人从餐饮行业五大成功要素"口味，价格，服务，地点，环境"中选择并非常好地实施了客户创新方向中的服务创新。

根据企业不同的发展阶段，以客户创新维度作为增长突破口的进程可以分为 3 个重要阶段：客户定位管理、客户价值管理、客户生命周期管理。

3. 模式创新维度

模式创新驱动增长，简称模式创新。这类企业大多将精力和资源更多地投入到商业模式、运营流程或组织结构等模式创新上，并逐步形成了企业在模式创新领域的优势。

以模式创新维度驱动增长思考的核心问题是：如何通过创新实现在行业内的组织效能最优化？

那些希望成为行业或细分领域翘楚的企业，大多会选择以模式创新为主驱动方向。例如吉列剃须刀，奠定其在刮胡刀领域领导地位的最大原因，是其创始人创造了一种盈利模式的创新，通过从产品使用驱动到延长产品生命周期的转变，以刀柄为诱饵，让需要不断替换的刀片成为其主要收入的来源，所以这种模式也被称为诱饵模式（或称免费模式，见"创新策略工具箱"中相关定义）。

再如麦当劳能成为全球快餐界的巨头，也离不开其对模式创新方向的选择。其中最重要的包括 1940 年前后开始的流水线模式创新：通过大幅度的减配，保留产品核心功能，砍掉多余的纷扰繁杂的配套，然后大幅度提高产品体验的便捷性、经济性；以及 1955 年开始的特许经营权合作创新：不以榨干特许经营者血汗钱为目的，只收取较低的特许经营费，通过帮助特许经营者成功来使自己获得成功。

根据企业所处的发展阶段，模式创新的方向可以从低到高分为三个层次，包括方法与工具创新、流程与标准创新，以及模式与机制创新。这三个层次的创新价值逐渐增加，代表着企业在不同阶段应该优先考虑的模式创新方向的不同层次。具体而言，方法与工具创新主要关注提升生产或工作效率，流程与标准创新则强调优化业务流程和确保一致性，而模式与机制创新则着眼于改变商业模式和组织机制，以适应新的市场需求和实现长期竞争优势。

4. 团队创新维度

团队创新驱动增长，简称团队创新。这类企业大多因创始人具有团队管理的优势，所以能借助一定的成熟产品或市场，通过有效的团队赋能管理实现组织的持续增长。他们将精力和资源更多地投入到对公司纵向各级人员的激励和横向各部门协同的团队创新上。

知识人才密集型企业，特别是那些创意设计型人才集中的企业，大多会选择以团队创新为主驱动方向。

以团队创新维度驱动增长思考的核心问题是：如何通过创新有效构建团队和激发全员共创客户价值。

典型代表如贾伟创立的洛可可，用 10 年时间做到设计行业第一。从最初的小作坊发展到 100 亿大平台，经历了 5 次重大的管理变革，其中从 2009 年开始的细胞式管理创新意义重大，大大激发了员工的自主创新能力，同时也在公司层面实现了较高的管理效率。在实行细胞式管理后，每个细胞组织自主管理，成为独立管理单元承接设计任务，表现好的细胞可以裂变出多个事业部，进而形成事业群，整个公司后来裂变出 190 个细胞组织。

选择团队创新方向的企业会更重视内外部人才团队的构建、联盟，以及提升团队能力与团队能量的赋能创新。也会积极构建如 OKR 战略目标管理机制、战略合作机制、事业合伙人机制、员工贡献积分管理机制、阿米巴模式、增长战斗小组等机制或模式。但团队创新和模式创新的最大区别就是创新导向的不同，前者更偏重人，后者则更偏重事。团队创新的企业更坚信"人才是一切创新的本源"，因此组织的最大价值就是打造一个赋能平台。

4 个创新维度都能有效驱动组织增长，也各有优劣。

例如产品创新维度的优势是通过"精品"或"爆品"引领消费，壁垒护城河较深，市场拓展费用也低。但缺点是长周期高投入研发出来的产品，可能会面临并不受市场欢迎的风险，以及难以保持"精品"和"爆品"对用户的长期吸引力。事实上，仅凭借产品技术创新带来的竞争优势很少能够长久。

客户创新维度的优势是重客户需求满足的灵活经营，产品开发速度快。但优点也会是其缺点，产品变化过快、过多，容易出现重规模、重市场手段而忽视生产

"精品"或用户"不可拒绝的产品"的现象。市场一旦转冷,业绩容易出现下滑。如当年的凡客诚品,高峰时期 SKU 数量高达 24 万。

但一个企业在一定周期内,需要选择一个创新维度为主驱动方向,而非全面开花地同时选择多维方向的创新。这是因为当创新实施层面优先级出现冲突时,企业经常会出现内部降本增效创新与外部客户服务体验创新出现冲突时的选择难题。企业有清晰明确的创新主驱动方向时,放弃或选择创新行动的决策就不会那么困难和具有经营风险了。

企业选择并明确一个创新主驱动方向,就如同在创新世界地图上先划分和建立出基础的创新根据地,实现聚焦单点破局的有限创新后,才有可能让星星之火燎原——逐步选择其他创新维度为辅助方向,以扩大企业在创新领域的"疆土"。

5.1.2 创新策略: 构建创新世界的 48 个模块

大家常说创新需要冒险,而德鲁克在其著作《创新与企业家精神》中说:"创新之所以含有风险,其主要原因是在所谓的企业家中,只有极少数人知道自己在干什么。他们缺少方法论,并违背了基本且众所周知的规则,高科技企业家尤为如此。"

在德鲁克看来,创新者需要的并不是勇于冒险的精神,而是一套科学的创新方法论。创新管理水平的高低,将直接影响企业绩效的高低,甚至决定企业的生存和发展。

包含 48 个模块的"创新策略工具箱"(见表 5-1),就是从众多企业最佳创新成功经验提取而来的一套科学创新方法论。基于 4 个创新维度框架,每个维度都包含3 个创新路径,每个创新路径又包含 4 个创新策略。

表 5-1 创新策略工具箱

创新增长维度	创新增长路径	创新增长策略模块
客户维度	市场渠道	多元融合、特定场景、体验中心、交叉销售
	品牌营销	品牌定位、品牌扩展、品牌合作、价值统一
	客户交互	拓展体验、身份认可、技能掌握、个性化展示
产品维度	产品展现	聚焦单点、产品定制、产品体验、产品卓越
	产品体系	产品捆绑、拓展插件、模块化系统、产品矩阵
	服务增值	附加价值、增加保障、个性化服务、卓越服务
模式维度	盈利模式	定价模式、收费模式、成本领先、免费模式
	运营流程	柔性制造、精益生产、流程效率、按需生产
	组织结构	组织设计、目标系统、IT 整合、外包

续表

创新增长维度	创新增长路径	创新增长策略模块
团队维度	合作联盟	互补合作、合并收购、输出标准、众包
	团队能量	积分管理、分权管理、员工关怀、价值信念
	团队能力	企业大学、职业发展、知识管理、开放式学习

这套"创新策略工具箱"对创新的价值在于，当创新者用新的方式有机组合多种策略模块时，能非常容易地构建出更加复杂且强大的创新，而且这个过程不需要承担创新想法无法落地的巨大风险。毕竟大多数成功的创新都不是全新的发明，而是整合互不相干的、分散的、为人熟知的想法，将其转变成新的、有价值的创新。

1. 产品维度创新路径与策略模块

（1）产品展现：如何开发具有显著特征和功能的产品？

①聚焦单点：在产品功能性、快捷性、舒适度、低成本等上集中力量，打造极致优势。

②产品定制：基于特定人和特定场景。

③产品体验：提供让客户有交互体验的环节。

④产品卓越：开发有着非同一般风格或形象的产品，使用户渴望得到这种产品。

（2）产品体系：如何提供互补的产品和服务？

①产品捆绑：将几种产品集中，形成组合后再进行销售。

②拓展插件：允许从内部或第三方添加插件，增强功能或服务。

③模块化系统：提供一系列能独立使用的单独元件或模块，组合时能获得新的功能或服务。

④产品矩阵：将产品按纵向产品单价和横向产品交付及回款周期进行分类拓展。

（3）服务增值：如何支撑和扩大产品的价值？

①附加价值：基准价格里包含额外的产品或服务。

②增加保障：消除客户购买决策造成金钱和时间损失的风险，提供售前和售后的保障服务。

③个性化服务：利用客户的精准信息提供完善的定制服务。

④卓越服务：提供更高质量、更好功效或比竞争对手更好的服务。

2. 客户维度创新路径与策略模块

（1）市场渠道：如何将产品和服务提供给客户？

①多元融合：拓展及融合新的客户市场和不同渠道（直销、分销、多级销售、线上线下融合等）。

②特定场景：让客户及时得到他在特定位置、场合和环境所需要的产品。

③体验中心：建立一个场所，鼓励客户与产品接触互动，但通常从其他成本更低的渠道购买此产品。

④交叉销售：识别、引领现有客户的多种需求，并通过满足其需求而销售多种相关的产品或服务。

（2）品牌营销：如何更好地展示产品和业务？

①品牌定位：开发一个新品类，包含品牌符号及广告用语，确保产品包含某些令人向往的特性。

②品牌扩展：在现有品牌下提供新的产品或服务。

③品牌合作：合作品牌，以强化关键特征或增加产品的可信度或知名度。

④价值统一：让你的品牌代表某个伟大的理念或价值体系，并在公司的方方面面中一致地表现出来。

（3）客户交互：如何培育吸引客户的互动体系？

①拓展体验：提供以往不可能的体验，如让客户参与品牌的建设和设计、鼓励客户创造和展示产品的成功之处。

②身份认可：提供有意义的场景或系统，让客户和他的交互者发展并展现出他们的身份特征或社群归属。

③技能掌握：帮助客户获得重要的技能或者掌握更多的工作或学科的知识。

④个性化展示：改变标准化的产品或服务，提供人性化的产品和服务，以满足客户展示个性的需求。

3. 模式维度创新路径与策略模块

（1）盈利模式：如何更有效地实现持续盈利？

①定价模式：通过区别于竞争对手的新定价模式而创造优势（按拍卖、捆绑、浮动、分拆、灵活、溢价等模式定价）。

②收费模式：通过区别于竞争对手的新收费模式而创造优势（按次、按量、按时间、按会员资格等）。

③成本领先：维持低的可变成本，以低价格、大批量销售产品。

④免费模式：提供免费或低毛利（甚至亏本销售）的基础产品和服务刺激需求，培养客户使用习惯，再通过其他高级或特殊服务的额外费用，或与第三方合作伙伴

的产品和服务变现。

（2）运营流程：如何采用独特或卓越的方法运营企业？

①柔性制造：采用能灵活应对变化并保持高效的生产系统。

②精益生产：消除生产和运营过程中的浪费，降低成本。

③流程效率：通过流程优化、标准化或自动化手段，实现用更少的原材料、能源消耗和时间创造更大的产出。

④按需生产：接到订单后生产，避免库存的持有成本。

（3）组织结构：如何更有效地组织并匹配企业的人才和资产资源？

①组织设计：组织架构和核心竞争力与业务流程匹配。

②目标系统：采用特定的目标管理方法，保证组织纵向和横向协同。

③IT 整合：整合 IT 技术资源和系统应用，以有效地利用各种资源创造价值。

④外包：找外部供应商发展或维护系统。

4.团队维度创新路径与策略模块

（1）合作联盟：如何联合他人来共同为客户创造价值，以保持组织的持续增长？

①互补合作：与有着相似市场但产品和服务不同的公司结成伙伴关系，分享收益，分担风险，提升各自的竞争优势。

②合并收购：将两个或更多的实体合并，提升资产及核心竞争力。

③输出标准：向合作伙伴提供产品、服务、运营流程或管理经营的生产、交付、规范等标准。

④众包：将重复性、挑战性的工作外包给一批半组织化的个体。

（2）团队能量：如何有效地激发团队能量，以保持组织持续增长？

①积分管理：用游戏 PK 等趣味的积分管理激发团队成员的工作能量。

②分权管理：将决策权交给下级或更接近业务动作的员工。

③员工关怀：对员工进行人性化管理和关怀，增进员工对公司的认同感、归属感及忠诚度。

④价值信念：倡导和输出让员工认同的价值观、信念。

（3）团队能力：如何有效地发展团队能力，以保持组织持续增长？

①企业大学：为经理人或关键人才提供与工作和公司需求相关的培训和训练。

②职业发展：为员工提供可持续发展的、有安全感的职业规划。

③知识管理：内部分享相关信息，减少重复性工作和易失误的风险行为，以提

高团队工作绩效。

④开放式学习："走出去"与"请进来"，向其他标杆公司学习，内化并形成自己的优势能力。

需要强调的是，这些模块都只是在企业选择不同创新增长方向后的具体落地行动策略。因此，这些创新策略模块并不是固化的，随着企业拥有更多创新实践经验，可以每一两年进行调整并替换其中的策略模块。毕竟工具的最大价值，是助力我们提升高效达成目标的能力。

那么，了解创新维度、创新路径以及创新策略后，就可以思考下一个重要的创新实践问题："什么时候以什么原则对这些策略模块进行有机组合。"

5.2　有序创新：创新目标的 3 个进阶

实现有效创新的一个核心是有序创新，否则就会造成组织在扩张时的创新节奏过快或过慢，企业也会因此陷入创新死地。这就需要我们根据企业内外因素的变化，确定和匹配最合适的创新目标等级。

5.2.1　创新等级认知：三级创新目标的不同特点

任何组织本身就是一个体系，体系的形成实际上是一个从点到线、面、体的进化发展过程。不同进化阶段的创新复杂度不同，这就形成了不同的创新目标等级。

1. 线型创新

这类创新属于"发现问题后再解决问题"，是指在组织增长原点基础上往前改变已知的、有所前进的创新，我称它为线性创新。因为这类创新只是在原有的创新维度内进行创新策略的组合，所以也被称为一维创新或低阶创新。例如在任何已知的品类中为客户提供更低价、更便捷的服务的创新。

我们可以用加法运算来形容这种创新给企业带来的增长速度。这种一维创新的创新策略的组合结构并不复杂，投入也不大。通常只需在同类创新维度内组合1 ～ 3 种创新策略，就可以快速形成实实在在的优势和增长。但这类创新形成的优势和增长往往也不会持续太久，因为竞争者通常在较短的时间内，就可以拆解出这种增长背后的策略组合结构，之后便可以快速模仿。企业增速也会因为供需关系再次回归平衡而迅速趋于缓慢。

例如，小米曾经发布过一款"巨能写"的签字笔，性价比超高，一支可顶四支普通的签字笔。据测试一支笔芯可书写 1600 米、5 万个汉字，一支售价只需 0.99 元，创造过单日 7.8 万支的超高销量纪录。

但不超 3 个月，网上其他品牌的"巨能写"签字笔就纷纷出场，而且售价只在 0.5 ～ 0.7 元。小米"巨能写"的销量也因此快速下滑。

这就是为什么市场的新进入者很少能通过线型创新获得长期增长的原因，他们无法创造出难以模仿的差异化，而且很快会遭到现有市场竞争者的反击。

在某行业或某产品品类中已经占据了一席之地，并希望借此得到一些改善的成熟企业大多会选择线型创新。一些初创企业也希望通过线型创新影响市场，以此为切入口，快速获取创业初期生存阶段必要的原始积累。

但不管是哪种情况，企业所做的线型创新都很难长期停留在这个阶段，要么被竞争对手模仿或赶超，被动地往下一阶段的创新目标前进，要么为保持领先地位，主动地往下一阶段的创新目标前进。

2. 平面创新

这类创新属于改变边界的向外延伸的创新，我称它为平面创新，因为这类创新已经开始在两个不同创新增长驱动维度内进行创新策略的组合，所以也被称为二维创新或中阶创新。

我们可以用乘法运算来形容这种创新给企业带来的增长速度。成功地进行平面创新的企业，通常会改变自身为客户创造和传递价值的方式——改变现存的能力或开发新的能力。因此，平面创新通常需要在两个创新维度内有效组合 3 ～ 4 种创新策略，它相较于线型创新更具风险，但平面创新也让竞争对手难以模仿，并可能帮助企业形成长达数年的竞争优势。

以蛋糕烘焙行业中的"熊猫不走"为例，其平面创新的成功之处在于深刻洞察了消费者对生日蛋糕的需求不仅仅是简单的对产品功能的需求，还存在更深层的对仪式感和社交感的需求。因为有了深层洞察，"熊猫不走"以"产品 + 服务"模式创造差异化价值，并通过品牌运营和营销推广进一步提升品牌价值，把传统烘焙业的用户体验做到了新高度。从 2018 年创立至今，"熊猫不走"在会员用户数、用户复购率、城市门店数量，以及年销售业绩方面都一直保持良性的高速增长。

3. 立体创新

这类创新属于改变行业游戏规则的变革型创新，我称它为立体创新，因为这类创新涉及在 3 个及以上创新增长驱动维度内进行创新策略的组合，所以也被称为三维创新或高阶创新。

我们可以用指数运算来形容这种创新给企业带来的增长速度。立体创新往往能颠覆或打破曾经泾渭分明的市场界限，不可逆转地改变竞争者和消费者的期望。这类创新需要在 3 个以上创新维度中有效组合不少于 5 种创新策略，它往往创造了全新的业务，而不仅是新的产品或服务。立体创新可以说是风险最大的创新形式，因此它需要更深度地创新洞察以及更复杂的创新行动。硬币的另一面就是，立体创新颠覆了市场，它以完全不同的游戏规则参与市场并使用完全不同的能力和资源，因此它也是产生最高回报和形成更长期竞争优势的一种创新。

例如超级猩猩健身通过立体创新成功地打破了行业"魔咒"，实现了逆势增长。这种成功是多维度创新的综合结果，包括对客户维度、产品维度、模式维度和团队维度的创新。具体来说，他们通过营销创新，以"不办年卡，按次付费；专业教练，没有推销"精准切入用户的两大痛点；在产品创新方面，通过合作与自研，推出了精品团课；在运营方面，追求有效的低成本的平台型运营创新；在团队管理方面，通过多元激励赋能核心教练人才；同时，成功形成了 2C 按次付费、2B 团购与高客单价私教有效组合的盈利模式。此外，他们还通过引入"超猩剧幕"等用户体验创新，不断提升用户满意度。这些立体创新的措施结合起来，帮助超级猩猩健身获得了成功，并实现了逆势增长。

了解别人是怎么创新的，通过比较来探索自己能怎样改变现状，然后评估进行这种创新的复杂性。简单来说，先结合对前面 4 个维度创新地图的全面学习，再思考："我们应该在哪里创新？我们应该怎样创新？我们需要多少创新？让团队清楚创新从哪里开始？有何种路径和策略选择？"那么，创新从无序到有序，从过度分散到聚焦有限就并不困难了。

5.2.2　创新等级选择：何时应该开展新的创新目标？

接下来需要思考一个非常重要的问题："企业如何选择正确的创新等级？"

企业在选择创新等级时，需要密切关注宏观和行业背景的变化节奏。这包括对于行业整体发展速度的判断，即行业变化是慢还是快。此外，企业还需要了解客户对创新变化的期望程度以及他们的吸收能力。同时，企业应该评估自己的发展速度是否跟上了客户的需求。

另外，对竞争者的分析也是非常重要的。企业需要考虑是否加快创新速度，以便与同行业竞争者拉开差距。这意味着企业需要比竞争者更快地推出新产品或新服务，以满足客户的需求并保持竞争优势。

具体何时开展三个等级的创新主要通过思考内部情况和外部环境两大类因素来做决策。

1. 何时应该改变已知并开展线型创新？

内部情况：

（1）当企业需要快速盈利，而且可以接受项目只获得适中的回报时。

（2）当企业已经拥有了一定的资产或能力，可以利用它们在现有市场上获得额外的有利条件时。

（3）当企业内部的风险容忍度低，且没有准备好开展更为复杂的创新（譬如，特别强调执行或职能部门和业务单元间泾渭分明）时。

外部环境：

（1）当企业已经在市场上拥有优秀的产品并驱动健康成长，同时，能够继续为它增加优势和竞争力时。

（2）当绝大多数的竞争者关注产品表现驱动的创新，而企业看到了使用其他种类创新的机会时。

（3）当市场普遍缺乏创新，而且市场进入壁垒较高（例如资本要求或复杂的监管），限制了破坏性时。

2. 何时应该改变边界并开展平面创新呢？

内部情况：

（1）当企业需要用一个创新项目去获得更为显著的增长，而不只是付出中等的创新投入，组织已预留了合理的时间和资源来获得收益时。

（2）当企业拥有的资产和能力能以新的方式创造新的优势，通过再利用或投资来增加灵活性、综合性和互补性时。

（3）当企业愿意承担更多的风险，希望能在新的市场里发现机遇或能在已有的市场里以不同的方式运作时。

外部环境：

（1）当现有的产品所驱动的增长速度减缓，产品面临的竞争压力不断加大，或企业已经找到了方法用现有的产品吸引新顾客时。

（2）当大多数竞争者小心翼翼地持续采用产品表现以外的创新类型，但很少整合一种或两种以上的创新模式时。

（3）当某个市场正变得不再具有吸引力，或市场不能产生企业所需要的收益时。

3. 什么样的情况下应该改变游戏规则并开展立体创新呢？

内部情况：

（1）当有足够的时间让企业的创新日渐成熟并产生巨大收益，且企业需要显著的新增长时。

（2）当准备重新思考和配置企业现有的资产和能力，同时投资于发展或收购全新的资产和能力时。

（3）当企业愿意承担大量的风险、考虑全新的创新机遇，并重新定义所服务的客户以及如何服务这些客户时。

外部环境：

（1）当需要利用现有的产品、服务实现巨大的业绩增长，而且认识到需要彻底改变现有的产品、服务才能实现这种增长时。

（2）当竞争者采取日益大胆的行动并迫使企业做出反应，或者企业发现了可以从根本上改变市场结构的方法（例如，重新定义客户、改变服务于客户所需的能力等）时。

（3）当市场不景气，市场壁垒轰然倒塌，市场边界受到蚕食、日益模糊，并且颠覆性的威胁与日俱增时。

没有谁一出生就能走路，也没有谁能在一岁的时候就能健步如飞。

同样，组织创新者也没有办法在基础不牢的情况下做高阶创新。不过，创新者不可能一直长期停留在低阶创新或一直只做低阶创新。应该随着对创新的多种维度理解和驾驭能力的提升，有意识地投入更多精力做高阶创新。

创新目标的维度越高，就需要运用越多的创新维度和策略模块。因此复杂度就越大，但也越能够带来令人意想不到的创新价值，而且能使竞争对手无法轻易模仿。

但企业不能只一味地强调或投入高阶创新，仍要按具体单一业务或产品的发展阶段匹配合适的创新目标等级。低阶创新与高阶创新的价值之间的关系是"改善（低阶创新）尽头需创新，创新（高阶创新）过后需改善"。例如吉列剃须刀在同行都陷入只做产品改善的竞争时，首创了诱饵模式的创新后，又从最初的单刀片到现在的 5 层纳米级超薄刀片的持续创新过程，这就是一个企业低阶创新与高阶创新有效结合的成功案例。

特别是在高速发展阶段的组织，更需要根据不同业务单元的成熟度，有必要多线同时开展不同等级的有序创新。

5.3 有效创新："步步为赢"的增长罗盘

可以说大多数企业从上到下并不缺乏创新意识，不过真正开始创新时，虽然大家都很努力，但总伴随着痛苦的过程，创新的结果也不良好。

为什么会这样？

被誉为"最受尊敬的 CEO"的杰克·韦尔奇给出了他的答案，继管理圣经《赢》之后，结合了大量企业的现实案例和对企业经营困境的观察，他潜心 10 年的力作《商业的本质》指出，努力但结果却并不良好的痛苦来源于我们"缺乏协同力"。就是当你想做一件事情的时候，有太多人和你的方向不一样，有的人是故意的，有的人不是故意的，所以公司就会出现协同力的问题，那么效率和结果自然就会大打折扣。

杰克·韦尔奇认为组织中的关键三件事可以解决这个问题，分别是使命、行动和结果。只有一个公司拥有共同的使命，并驱动共同的行动，这样才能达成共同的结果。

事实上，这同样也是实现有效创新的解决之法，清楚为何而创新的使命型创新，才能驱动团队拥有共创的创新行动，才能达成共同的创新结果。

5.3.1 增长罗盘认知：闭环管理的创新六步法

经过前面的学习，我们了解了创新维度、创新路径、创新策略的创新地图以及创新目标三个等级的概念后，随着企业内外部环境发生改变，企业从确定创新目标到成果达成需要系统的方法以保障有效创新的落地。

创新增长罗盘（简称增长罗盘，见图 5-1）正是这样一种工具——创新结果落地的闭环管理系统，具有三大特征：闭环思维、周而复始、不断精进。它最大的价值在于从上到下地推进目标落地，从下到上地支撑结果可被验证，环环相扣地发挥着系统性协同优势。

图 5-1 创新增长罗盘

1. 第一步：现状增长诊断

组织在发展中，经常会随着外界变化带来的所谓的"新机遇"而产生一些快速决策后的新动作，但往往很久以后，才会发现这些"新机遇"是慢慢让企业偏离原有正确方向，影响组织有效创新的干扰项。因此，任何组织至少应该保持 1 年的定期组织创新增长现状盘点行动，通过诊断才能发现是否与最初的目标存在较大的差距，然后进行行动纠偏，重新迈向目标。具体可以通过问题清单表（见表 5-2）对组织创新增长现状进行盘点和诊断。

表 5-2　组织现状增长诊断问题清单表

序号	问题类型	具体现状诊断问题	清晰或实现度
1	整体问题	目前企业创新增长处于何种阶段？ （这个问题主要是先定性界定企业目前创新增长所处的阶段，为下一步探索增长方向的确定创新等级目标做准备。综合企业创新成熟度与增长速度两个因素把企业创新增长的发展阶段分为初创期、成长期、高速成长期）	
2		过往企业实现的增长主要是基于何种维度或何种级别的创新？ （这个问题主要是为了解目前企业创新增长的主攻方向和现状创新等级目标）	
3		企业在创新增长方面面临哪些内部 / 外界的挑战？ （这个问题主要是为了解企业在增长乏力背后，来自创新增长 4 个维度的内外原因或挑战）	
4		企业目前形成的核心优势 / 机会以及创新短板 / 风险分别是什么？ （这个问题主要是为了解企业在创新 4 个维度形成的核心优势以及影响增长的主要创新短板）	

序号	问题类型	具体现状诊断问题	清晰或实现度
5	客户维度	目前公司目标客户画像（客户需求与客户分类管理及品牌定位现状）是什么？	
6		目前的获客渠道有哪些？分别的获客成本和获客情况如何？	
7		主要销售及利润来源的客户是谁？对他们的差异化产品及服务是什么？对这些客户的关系经营和价值经营的动作有哪些？	
8	产品维度	目前的核心产品是什么？核心产品的核心价值是什么？	
9		目前的产品分类及产品组合（按什么进行组合以及产品开发和淘汰机制）的管理情况如何？	
10		目前的产品增值服务客户的规划布局情况？	
11	模式维度	目前公司的盈利模式分别有哪些？	
12	模式维度	目前公司和内外部利益相关方的价值分配机制是怎样的？	
13		目前公司的组织结构和运营流程支撑创新目标的匹配度的情况如何？	
14	团队维度	目前公司高中基层在思考和参与创新增长的精力投入情况如何？	
15		目前公司思考和参与创新增长的氛围和能量如何？	
16		目前公司思考和参与创新增长的能力（有什么系统的方法）如何？	

　　基于回顾组织的使命和愿景，分析目前企业基于使命的创新方向、创新路径和关键策略是否迷失方向，或存在较大偏差？对上面 16 个问题进行打分，1 分代表"完全不清晰或完全没有实现"，10 分代表"非常清晰或完全实现"。最后，从评分中分别选出高分项（一般在 7 分以上）为优势项，低分项（一般在 4 分以下）为短板项。

　　最后，为聚焦更多的资源投入到创新增长的主方向上，还要为此开专门的放弃事项盘点会议，盘点那些在组织内现有产品、服务、市场、客户、分销渠道、流程、机制、管理办法上已经失去价值或不再适用的事项。然后务必把放弃事项转化为计划行动中的具体的逐步要废弃的事项，并保持跟进管理。

2. 第二步：探索增长方向

　　结合上一步的第 1、第 3 和第 4 个问题，通过表 5-3，选择继续放大某核心优势或弥补创新短板为未来一定时期的创新增长主方向。

表 5-3 增长方向优势短板矩阵表

组织增长变量	增长方向类型	
	放大核心优势增长方向	弥补创新短板增长方向
创新增长阶段	适合初创期	适合成长期，特别适合高速成长期
内外部的挑战	当挑战还未面对整个行业时	当挑战是面对整个行业时

明确创新增长主方向后，除了正常经营的财务指标外，还需要基于创新增长主方向，确定衡量创新增长目标是否达成的关键指标。如以下基于 4 个创新维度主方向可参考的创新增长指标。

客户维度：新客户（新市场）销售额占比、新渠道销售额占比、增值服务客户体验满意度。

产品维度：核心产品利润占比、新产品（增价产品）利润占比、引流产品转化利润产品率。

模式维度：新盈利模式利润占比、内部新机制（流程优化、信息系统）实施有效满意度。

团队维度：关键人才保有率、关键人才占比率、创新能力投入与创新成果占比。

3. 第三步：优选增长路径

根据上一步确定的创新增长主方向，选出一两个创新路径，再从其他创新维度里选出一两个创新路径，作为半年度或年度重要的优先增长路径。可以从"创新策略工具箱"中的 12 个子维度中参选取。然后进行横向协同检验，思考选择的这 3 条增长路径是否逻辑强关联和协同有序；再进行向上协同检验，如果选择的 3 条增长路径得到有效开展，是否能保障和支撑创新目标的实现。如协同不足，就需要进行调整并替换为其他增长路径。

4. 第四步：共创增长策略

根据上一步确定的 3 条优选的增长路径，可参考"创新策略工具箱"中的 48 个策略模板，或通过团队共创研讨的方式明确具体的创新策略以及策略实施的优先排序。然后进行横向协同检验，思考所选择的创新策略间是否逻辑强关联和协同有序；再进行向上协同检验，如果这些策略得到有效执行，是否能保障和支撑创新路径和创新目标的实现。

5. 第五步：计划增长行动

将上一步经过团队共创形成的优选创新策略，转化成创新实验与计划，具体可参考前面创新行动力相关章节的内容。结合放弃事项，然后进行横向协同检验，思考所选择的计划行动事项间是否逻辑强关联和协同有序；再进行向上协同检验，如果这些计划行动得到有效执行，是否能保障和支撑创新策略、创新路径和创新目标的实现。

6. 第六步：复盘增长成果

最后，基于创新计划行动的结果，进行阶段性成果复盘，检验创新策略、创新路径和创新方向及目标的有效支撑性，并持续进行调整改进。

在创新团队中，可以通过创新增长沙盘推演图（见表5-4）进行过程推演和共识管理。

表 5-4　创新增长沙盘推演图样例

创新增长维度	增长子维度	增长诊断	增长方向	增长路径	增长策略	增长行动	增长成果
★客户维度	市场渠道	5 分					
	品牌营销	5 分		★提升体验价值	会员管理升级	略	
	客户交互	6 分					
产品维度	产品展现	8 分					
	产品体系	6 分					
	服务增值	4 分					
模式维度	盈利模式	6 分					
	运营流程	5 分		★加强协同效应	上线 SAP系统	略	
	组织结构	7 分					
团队维度	合作联盟	7 分					
	团队能量	5 分		★强化扩张保障	店长合伙人	略	
	团队能力	6 分					

表5-4样例是我辅导一家成长型企业核心团队在创新项目前期自我组织增长诊断的结果，最终确定企业的创新增长主方向在于弥补短板的客户维度，关键衡量指

标为提升老客户的邀约进店率、老客户进店平均客单价提升率。选择的 3 种增长路径分别是：第一，品牌营销路径上提升客户体验价值，具体策略是升级会员管理系统；第二，运营流程路径上加强内部高效协同，具体策略是上线 SAP 系统；第三，团队能量路径上强化扩张保障。具体策略包括以下几项措施：推动店长合伙人机制的建立，对于 3 条创新增长路径进行横向检验，确保达成共识。另外，成立一个专门负责会员管理的 SAP 系统上线小组，旨在通过信息化系统服务来提升客户的会员体验价值。并将此目标的数据变化，作为指导专项小组创新实验和计划优化调整的关键反馈信息。

因此，使用创新增长罗盘工具，步步推进，步步为营，可以保障所有创新动作都能指向相同的创新方向与目标，最大化地减少不必要的无序创新造成的高损耗和高风险。

5.3.2　有效创新案例：“戴着镣铐跳舞”的乐高创新

让我们回顾和解析有着 90 多年历史的“玩具帝国”乐高的成长案例，从它初创、成长、衰落到再次崛起的发展过程中，深度地学习一家企业探索如何有效创新的最佳实践。

1. 帝国初成——三次重大创新突破，进入高速增长期（1932—1994 年）

“LEGO”这个世界闻名的品牌来自丹麦语“LEg GOdt”，意为“play well”（玩得快乐）。乐高积木的创始人奥勒·基奥克，1891 年出生于丹麦，年轻时就热衷于制作各种木质小玩具，拥有一手精湛的木匠手艺。他设计的拼插玩具“约约”风靡一时，于是他在 1934 年为自己的积木玩具设计了“乐高”商标。

（1）从木头玩具到塑料玩具——豪赌还是明智的冒险

伟大公司的崛起大多是因为把握住了历史进程。1940 年 4 月 9 日，丹麦被德军占领，战争给乐高公司带来了发展机会。政府禁止进口玩具，禁止在玩具中使用金属和橡胶，这无疑是木制玩具发展的一个极大机遇。1940—1942 年，乐高公司的产量翻了一倍。

1939 年 Kiddicraft 首次生产出塑料拼插式积木，并于 1947 年发明出经典的 2×4 基础颗粒。由于原创者 Kiddicraft 仅在英国市场申请了专利，也给乐高带来了发展契机。乐高创始人及时洞察到该种塑料玩具的发展潜力，于 1946 年购入首台注塑机，并在外界眼中几乎是豪赌式地将公司上一年利润 12 倍的资金，投入到了塑料玩具市场上。

但由于当时塑料积木的生产和设计技术不成熟，用户拼装体验不好，所以市场反应并不理想。20 世纪 50 年代初，塑料产品的销售额最多就占公司总销售额的 5%～7%，而行业主流声音是"塑料玩具永远不可能代替坚固耐用的木制玩具"。

案例解析：

乐高创新发展初期值得我们学习的亮点，在于"认清自己"——坚持发挥自身产品创新的优势，同时还能"关注窗外"——敢于借鉴学习行业里领先的创新成果。并且对于大环境变化的趋势，看似豪赌式地选择了材料创新，实则属于明智地冒险。因为，原材料高成本和笨重等行业共性痛点问题是长期存在并无法用改善根本性解决的。虽然塑料积木存在生产和技术不成熟的缺陷，但用动态发展的思维看，这些缺陷都必将随着技术迭代得到解决。这或许就是乐高创新人笃定地选择投入塑料积木市场的根本原因，这一决策更是为乐高帝国的形成奠定了关键一步。

（2）从玩具到"游戏系统"——新旧业务的取舍难题

乐高一直没有放弃对塑料积木的研发。

事情的转机出现在 1954 年，乐高集团的总经理戈德弗雷德参加伦敦玩具展时遇到一位海外买家，这位海外买家给他提了一个建议："玩具制造商不应该只开发短暂占据市场的一次性产品，而应该开发一种不同玩具之间互相关联的综合体系，这样一个体系才能够形成重复销售。"这让他倍受启发，乐高应该从生产单个玩具，发展到创造整个游戏系统。如果每个乐高积木块可以连接在一起，那么这就意味着，乐高积木可以不断扩充，每发布一款新玩具，整个乐高世界都在随之扩张。例如一个套装里的乐高建筑模型和来自不同套装的汽车、灯塔、交通信号灯、铁轨等，都能无缝连接。

虽然当时木制积木仍然占到公司产品种类的 90%。但从 1960 年开始乐高毅然决定剥离木制玩具生产业务，正式全面转型成为塑料积木制造商。乐高由此迎来了首个黄金增长期，并完成了从模仿到超越的逆袭。通过持续创新构筑专利与生态壁垒，不断优化生产技术并开拓新市场，是其能够在当时高成长性赛道中拔得头筹、实现成功的重要原因。

案例解析：

这个时期乐高值得我们借鉴学习的有两点：一是通过倾听深度用户的声音，并积极地把创新洞察发现的机会转化为创新行动。二是如何在新旧业务上做取舍，这也是最为关键和困难的一点。乐高明显很好地做到了德鲁克再三强调的"放弃昨天是创新的第一原则"。因为，除非卸下昨天的包袱，否则创造明天只是一句空话。事实上，留住昨天是困难的，而且极度耗费时间。只有坚定地放弃昨天，才能把投注到无效领域的资源释放出来，把组织里最珍贵、最有价值的资源以及最优秀的人才，投注到更有价值的创新事情上。

（3）乐高小人的诞生——有限扩张还是无限扩张

1979 年，哥特弗雷德的儿子凯尔·克里斯蒂安森接任为乐高的总裁，当年的他只有 31 岁。

凯尔上任后，明确了这个时期乐高的最主要目标——扩张产品品类和渠道。

首先，凯尔开启了两条新的产品线。一条产品线叫"德宝"，瞄准更小的 2 ~ 5 岁的儿童。德宝系列的积木更大，方便孩子的小手拿放，并防止他们吞掉积木。另外，面向很多超过 12 岁的已不玩乐高的孩子，专门推出了更复杂的"机械组系列"。让孩子可以拼堆各种机械模型，从而获取这部分少年市场。直到现在，这个系列还在销售，而且很多三四十岁的玩家仍然在玩。这两个新系列都很成功。

更加成功的是，凯尔推出的乐高塑料小人。塑料小人的创新意义在于孩子可以拿着各种小人玩"角色扮演"，让孩子获得一种更加个性化和沉浸式的游戏体验。这让整个乐高的积木世界焕发出新的活力。

在凯尔接管的 15 年内，乐高进入了一个稳健又快速的增长期。销售额翻了 8 倍以上，足迹也从欧洲走到了北美，奠定了乐高庞大的玩具帝国的雏形。

案例解析：

这个时期乐高最值得我们借鉴学习的地方在于深挖客户需求，延伸产品价值。不管是乐高推出小人以提升原有客户的感情价值，还是按年龄细分客户群体的多产品线创新，都是始终坚持聚焦在乐高核心价值的主线上做出的有限创新。这就区别于一些失败的企业创新案例，其选择产品的多元化创新完全是不相关的，没有任何主线的。

2. 帝国陷落——过度创新和无序创新后，濒临破产危机（1995—2004 年）

然而，再伟大的企业也逃不过盛极而衰的自然规律。在 20 世纪 90 年代，乐高逐渐达到顶峰后，迎来了至暗的 10 年。

事实上，进入 20 世纪 90 年代，乐高同时面临两大挑战：一方面，1988 年乐高积木的专利到期，大批玩具公司蜂拥而至，开始生产类似于乐高积木的玩具，而且共同的特点就是卖得比乐高更便宜；另一方面，由于技术和娱乐方式的革新，电子玩具大行其道，整个传统玩具行业都日渐式微，这些东西的出现让乐高的积木一下显得没那么酷了。

面对这些挑战，危机中的公司聘请了企业转型专家保罗·布拉格曼来重组乐高。

布拉格曼上任后，和他的管理团队积极地寻求各种建议，希望能找到创新突破点。受到当时开放式创新和颠覆性式创新思想理论的影响，乐高开始实施了一系列激进的创新举措。

（1）疯狂增加产品数目。1994—1998 年，乐高生产的新玩具的数量达到原来的3 倍，平均每年引入 5 个全新主题，1994 年一口气开发了 109 款新品，1998 年更是推出了 347 款新品。但这些新品中包含大量异型零件，和老系列不兼容。新主题需要的新零件组块，需要新开模具以及引进新的昂贵的生产线，直接导致生产成本急剧攀升，产品利润率大幅下降。

（2）颠覆性地推出虚拟积木。好像要革自己的命一样，乐高开始探索积木外的其他玩具形式。它打算做一个 3D 积木电子游戏，让客户可以在电脑上拼接乐高玩具。结果在研发、建模上花费了大量成本，消费者却并不买账，拼乐高就是图个实际动手的乐趣。特别是对于儿童来说，在想象的三维空间中拼积木实在太过困难。最终，乐高只能放弃了这个项目。

（3）推出新的电子教育玩具"探索系列"。新的研发团队把乐高已有的经营得不错的德宝系列砍掉，试图让"乐高探索"系列取而代之。再加上了音乐滑轮之类的新元素后，和既有的乐高主题产品在风格、形式、受众上差异过大，完全不像人们印象中的乐高积木了。结果这个系列市场反馈极差，不仅没有吸引到新客户，老客户也对乐高文化的丧失感到失望，逐渐流失。

（4）开展蓝海战略，试图找到竞争没那么激烈的新领域。搞了一个叫"乐高乐园"的主题公园，努力像迪士尼一样在各种国家建设乐高乐园；从生产教育产品，转向提供教育服务和解决方案，2001 年开始与韩国一家教育公司合作，3 年内在韩国打造了 140 个乐高教育中心；聘请好莱坞团队制作电视剧，希望通过电视节目、视频游戏和 DVD 触达客户，开发新的收入来源；还在全球范围开设了几百家乐高品牌商店，甚至还收购了一家叫智威娱乐的公司，计划开发儿童平板电脑。然而，因资金和经验无法支持这些快节奏的全新项目，这些让人眼花缭乱的创新举措，最终大多以失败或夭折告终。同时，造成沃尔玛和塔吉特等大型零售商开始大量积压乐高的存货，乐高的收入也节节败退、现金流开始吃紧。很快，乐高负现金流已经高达 1.8 亿美元，而且由于销量还在下跌，到 2003 年年底，当年净亏损 3 亿美元，负债 8 亿美元，乐高很可能会因拖欠巨额欠款而面临破产的境地。

3. 凤凰涅槃——回归核心，有序创新后的再次崛起（2004 年至今）

2004 年 10 月，前麦肯锡的年轻咨询顾问约根·克努德斯托普临危受命，接任 CEO。正是约根力挽狂澜，带领乐高走上再次崛起之路。

约根带着新的领导小组，首先开始梳理乐高过去几年走过的道路，并对公司发展问题进行深入研讨。特别是在与客户的直接对话中提出了一个关键问题："乐高为什么会存在？如果乐高消失了，这个世界会怀念它什么？"得到的回答是："如果乐高消失了，世界最怀念的将不是它的品牌，也不是商标、主题公园或零售商店，而是积木本身。"

因此，约根提出了乐高公司最需要做的事情就是回归核心。进而明确核心业务，控制业务的复杂性，有序开发更大的消费群体，并打出了下面一套创新管理的"组合拳"。

（1）减法瘦身，明确底线

回归核心的第一步是拯救公司的现金流，不让公司破产，而这一步的关键就是削减成本和保障利润。

因为布拉格曼时期鼓励开放创新，设计师们完全按照自己天马行空的想象去设计产品，不考虑成本和实现的复杂度，导致整个公司的基本积木数量激增。约根针对这些无序创新而增添的许多独特的积木零件开刀，将基本单位种类从 1.29 万个减少到 7000 个。同时砍掉多余的产品线，让设计师们在有限制的框架内去发挥自己的才能，此举不但削减了成本，保障了利润，同时还降低了生产的压力。

约根还对乐高家族一直非常喜欢的乐高主题乐园开刀，以 8 亿美元价格卖给了投资集团，并开始真正学习迪士尼的精髓，退出大量衍生品业务的直接经营，转为 IP 授权。这样既不耽误自己赚授权费，还不用亲自下场经营，避免战线拉得太长。结果光衍生品授权一项，每年就给公司带来接近 2 亿欧元的现金流。

同时，约根和高管团队还设立了一个"13.5%"的利润底线原则，即乐高每一个产品的销售利润率必须大于或等于 13.5% 这个基准，否则就淘汰。这是乐高企业几十年来第一次树立这样一个清晰而简单的企业行为准则。有了这个约束之后，设计师可以继续创新，但同时又有了明确利润保障的创新底线。

（2）找回本源，聚焦价值

约根团队倾听沃尔玛、反斗城等几大渠道合作伙伴的建议，发现自己对消费者缺乏了解，被市场抛弃不是因为不够创新，而是因为丢失了传统，乐高最重要的"拼砌体验"才是赖以生存的法宝和价值本源。那么，聚焦价值的创新策略就好开展了。

乐高先是盘点出卖得最好的产品，即"星球大战""哈利·波特"和"生化战士"这3个套装。然后，提炼出它们共同的成功关键元素：丰富的人物、精彩的故事。原来玩家在玩积木的同时，也沉浸在相应的故事当中。有差异的是，乐高没有"星球大战"和"哈利·波特"的版权，大部分利润就不归乐高，而"生化战士"是乐高自己的版权。这样，乐高就开始主攻"生化战士"系列，围绕"生化战士"推出了8个补充创新套装，扩充人物和故事线。而且，还规定所有新套装中70%的零件都必须使用通用件，通过有限创新大大降低了成本。结果这些套装每个都卖得很好，成为乐高新的盈利点。

（3）深挖需求，延伸价值

通过观察重度客户玩乐高时的行为，探寻未满足的潜在客户需求，然后再有针对性地进行创新。

例如通过观察发现，孩子喜欢和同伴在一起玩游戏的过程中展开竞争。然而乐高几十年来都主打儿童独立拼积木这个场景，却忽略了他们这种对抗性的社交需求。此后，乐高就开发了棋盘游戏积木。玩家先用积木搭建一个游戏道具——棋盘，然后就可以在积木棋盘上下棋。这款产品在2009年一经上市就大获成功，实现了36%的利润增长。

再如2005年，通过观察孩子体验探索系列火车时发现，没有必要为了火车掉头加一个齿轮结构，因为如果小朋友想让火车掉头，只要拿起来转一下就可以了。"这才是3岁小孩的逻辑"！这个发现为新版火车节约了一半的生产成本，并且在推出后连续7年成为德宝系列的中流砥柱。

沿着开发IP故事、拓展使用场景这两条路径，乐高推出了大量成功的创新积木产品，更重要的是，建立了可持续盈利的创新模式。

（4）专注核心，管理创新

约根为聚焦核心创新，还制定了相关的创新管理办法。要求设计师们不能再凭自己的喜好随意设计产品，必须集中精力在一个明确的市场上开发一个特定的玩具。看似设计师受到更多限制，但获得成就感的概率却大幅提高，之前一个设计师想出 10 个点子最后只有一两个可以上市，后来提升到 9 个。而且这样的办法，也大大提高了开发效率，原来平均开发周期长达 3 年，如开发"生化战士"时，交付期就缩短到了 6 个月。

乐高回归核心后一系列的创新动作，使乐高的客户和业绩也开始回归，自 2011 年起，乐高连续 7 年实现两位数增长，最终在今天成为玩具帝国。乐高这样总结自己的创新经验：做"明显是乐高，但前所未有"的产品。通过建立清晰的框架来指导每种类型的创新行动，实现"戴着镣铐跳舞"的创新。

案例解析：

经过 10 年低谷，乐高再次崛起，总结其创新失败与成功的经验，可以给我们带来以下 4 点价值启发。

（1）企业需要有限创新，创新需要专注，不要超越能力边界做事。

过多选择反而不利于实现真正的创新，少即是多。持续的增长来源于公司面向清晰的客户群体和专注于相对较少的核心产品。点线面体的创新目标升级过程，聚焦有限是永远的关键词。当企业扩张到一个相关或相近的领域时，必须实施仔细而谨慎的计划，比如在扩张新的技术、产品、市场、渠道时应尤为注意。对于输不起或重大的创新，千万不能超越能力边界，否则就是豪赌式创新。乐高 1 年内同时推出 5 个新业务，其团队的能力和过往经验无法支撑，这种节奏和步调让乐高也无法真正消化这些创新，造成成本问题和管理问题层出不穷，最终几乎拖垮了公司。

（2）企业需要有序创新，创新要有自己的节奏，要尊重客观规律。

增长是一系列有序创新的结果，创新不能一蹴而就，必须先把 A、B、C 都做好，才有可能再做好 D。另外，创新也需要按照市场规律开始。如果乐高电影工作室能够用更多的时间去成长，而不那么急迫地推出各种补充产品，那么它很有可能会成功，可惜乐高的揠苗助长不仅扰乱了市场，也让这个系列的价值大打折扣。另外，乐高也没有很好地掌握正确推出新产品的节奏，如乐高同时推出"生化战士"和"防卫者"两个同类型的系列产品，不仅增加了各自的营销成本，而且在市场上形成了自己的竞争，最后"生化战士"拼杀了"防卫者"。但实际上，如果让"防卫者"系列晚几年再推出，销量一定也会不错。

（3）企业的创新要有价值主张，可以没有边界，但一定要有核心。

企业存在的唯一意义就是为客户创造价值，企业应该提出清晰的价值主张，基于价值主张，产品和服务可以向外延伸边界，但一定要坚守核心，否则就意味着失去底线。例如在 2001 年，乐高推出"足球系列"套装，最基础的足球套装售价 499 元，超级版为 799 元，这款产品的想法非常美妙："拼好足球场，中间有操作杆，两个小朋友可以对战。"但产品可变性小，只能拼搭成足球场，完全没有体现乐高创意变化的核心理念，这明显跨过了孩子和家长对乐高期待的核心价值的底线。1 年之后，该款产品就偃旗息鼓。创新过程中企业必须随时审视自己的创新举措是否与自身的价值主张有冲突。

（4）企业的创新需要被管理，创新需要有效，良性增长是唯一的检验标准。

虽然乐高以创新生存，以创新发展，但创新只是一个工具，只是一种精神，不能作为目的，更不能为了创新而创新，而是为了实现有效创新。那么创新就需要被管理，创新管理需要有体系，更需要有方法，包括在业务范围内聚焦有限，在时间周期上有序升级。但所有创新体系与方法都应该以企业的良性增长为检验有效的标准。乐高的兴衰皆由此起。

附　录

测试工具 1：你的洞察力之源是左脑思维还是右脑思维？

人的大脑分为左脑（理性脑）和右脑（感性脑）。你习惯左脑思维还是右脑思维，可以通过三个简单的测试判定。

1.看下左图，如果你看到图中的女孩是顺时针旋转，表明你是右脑思维；是逆时针旋转，表明你是左脑思维。

2.看下中图，进行两手交叉，如果你的左拇指在上表明你是右脑思维；如果你的右拇指在上表明你是左脑思维。

3.看下右图，进行两臂交叉，如果你的左臂在上表明你是右脑思维；如果你的右臂在上表明你是左脑思维。

图 1　旋转女孩　　　　　图 2　两手交叉　　　　　图 3　两臂交叉

统计 3 个测试中 2 个或 3 个相同结果，就能判定你的洞察力之源是左脑思维还是右脑思维。

当然，这其实只是统计规则，不代表你就完全是左脑思维者或右脑思维者。只能说明你相对更偏好使用左脑思维还是右脑思维。

另外，基于测试结果，一方面你可以更充分地发挥自己的左脑或右脑的创新偏好优势，另一方面也可以主动和其他右脑或左脑的创新偏好优势伙伴进行互补。

测试工具 2：创造力自评测评题

美国普林斯顿创造才能研究公司总经理、心理学家尤金·劳德塞，根据几年来对善于思考、富有创造力的男女科学家、工程师、技术研发和企业管理者的个性和品质的研究，设计了下面这套简单的试题，试验者只要 10 分钟，就可知道自己具有的创造才能的水平。当然，如果你需要慎重考虑一下，适当延长试验时间也不会影响测试效果。

试验时，只要在每一句话后面，用一个字母表示你同意或不同意。

（1）同意的用 A，不同意的用 C，吃不准或不知道的用 B；

（2）回答以真实的"我"，而非希望的"我"，必须准确、忠实，不要猜测。

1. 我不做盲目的事，也就是我总是有的放矢，用正确的步骤来解决每一个具体问题。（　　）

2. 我认为只提出问题而不想获得答案，无疑是浪费时间。（　　）

3. 无论什么事情，要我产生兴趣，总比别人困难。（　　）

4. 我认为合乎逻辑的、循序渐进的方法，是解决问题的最好方法。（　　）

5. 有时我在小组里发表的意见，似乎使一些人感到厌烦。（　　）

6. 我花费大量时间来思考别人是怎样看待我的。（　　）

7. 我认为做自认为正确的事情，比力求博得别人的赞同要重要得多。（　　）

8. 我不尊重那些做事似乎没有把握的人。（　　）

9. 我需要的刺激和兴趣比别人多。（　　）

10. 我知道如何在考验面前，保持自己的内心镇静。（　　）

11. 我能坚持很长一段时间解决难题。（　　）

12. 有时我对事情过于热心。（　　）

13. 在无事可做时，我倒常常想出好主意。（　　）

14. 在解决问题时，我常常单凭直觉来判断"正确"或"错误"。（　　）

15. 在解决问题时，我分析问题较快，而综合所收集的资料较慢。（　　）

16. 有时我打破常规去做我原来并未想做的事。（　　）

17. 我有收藏癖。（　　）

18. 幻想促进了我许多重要计划的提出。（　　）

19. 我喜欢客观又理性的人。（　　）

20. 如果要在本职工作之外的两种职业中选择一种，我宁愿当一个实际工作者，

而不当探索者。（　　　）

21. 我能与自己的同事或同行很好地相处。（　　　）

22. 我有较高的审美感。（　　　）

23. 在我的一生中，我一直在追求名利和地位。（　　　）

24. 我喜欢坚信自己的结论的人。（　　　）

25. 我认为灵感与获得成功无关。（　　　）

26. 争论时，我感到最高兴的是，原来与我观点不一的人变成了我的朋友。
（　　　）

27. 我更大的兴趣在于提出新的建议，而不在于设法说服别人接受这些建议。
（　　　）

28. 我乐意独自一人整天"深思熟虑"。（　　　）

29. 我往往避免做那种使我感到低下的工作。（　　　）

30. 在评价资料时，我觉得资料的来源比内容更为重要。（　　　）

31. 我不满意那些不确定和不可预言的事。（　　　）

32. 我喜欢一门心思苦干的人。（　　　）

33. 一个人的自尊比得到的他人的敬慕更重要。（　　　）

34. 我觉得那些力求完美的人是不明智的。（　　　）

35. 我宁愿和大家一起努力工作，也不愿意单独工作。（　　　）

36. 我喜欢那种对别人产生影响的工作。（　　　）

37. 在生活中，我经常碰到不能用"正确"或"错误"加以判断的问题。（　　　）

38. 对我来说，"各得其所""各在其位"是很重要的。（　　　）

39. 我认为那些使用古怪和不常用的词语的作家，纯粹是为了炫耀自己。
（　　　）

40. 我认为许多人之所以感到苦恼，是因为他们把事情看得太认真了。（　　　）

41. 即使遭到不幸、挫折和反对，我仍然能对工作保持原来的精神状态和热情。
（　　　）

42. 我认为想入非非的人是不切实际的。（　　　）

43. 我对"不知道的事"比"知道的事"印象更深刻。（　　　）

44. 我对"这可能是什么"比"这是什么"更感兴趣。（　　　）

45. 我经常为自己在无意之中说话伤人而闷闷不乐。（　　　）

46. 即使没有报答，我也乐意为新颖的想法花费大量时间。（　　　）

47. 我认为，"出主意没什么了不起"这种说法是中肯的。（　　　）

48. 我不喜欢提出显得无知的问题。（　　）

49. 一旦任务在肩，即使受到挫折，我也要坚决完成。（　　）

50. 从下面描述人物性格的形容词中，挑选出 10 个你认为最能说明你性格的词:【请选择 10 项】

精神	饱满的	有说服力的	实事求是的	虚心的
观察力	敏锐的	谨慎的	束手束脚的	足智多谋的
自高自大的	有主见的	有献身精神的	有独创性的	性急的
高效的	乐意助人的	坚强的	老练的	有克制力的
热情的	时髦的	自信的	不屈不挠的	有远见的
机灵的	好奇的	有组织力的	铁石心肠的	思路清晰的
脾气温顺的	可预言的	拘泥形式的	不拘礼节的	有理解力的
有朝气的	严于律己的	精干的	讲实惠的	感觉灵敏的
无畏的	严格的	一丝不苟的	谦逊的	复杂的
漫不经心的	柔顺的	创新的	实干的	泰然自若的
渴求知识的	好交际的	善良的	孤独的	不满足的
易动感情的				

答题汇总表

题号	A	B	C
01	0	1	2
02	0	1	2
03	4	1	0
04	−2	0	3
05	2	1	0
06	−1	0	3
07	3	0	−1
08	0	1	2
09	3	0	0
10	1	0	3
11	4	1	0
12	3	0	−1
13	2	1	0
14	4	0	−2
15	−1	0	2
16	2	1	2

续表

题号	A	B	C
17	0	1	2
18	3	0	−1
19	0	1	2
20	0	1	2
21	0	1	2
22	3	0	−1
23	0	1	2
24	−1	0	2
25	0	1	3
26	−1	0	2
27	2	1	0
28	2	0	−1
29	0	1	−2
30	−2	0	3
31	0	1	2
32	0	1	2
33	3	0	−1
34	−1	0	2
35	0	1	2
36	1	2	3
37	2	1	0
38	0	1	2
39	−1	0	2
40	2	1	0
41	3	1	0
42	−1	0	2
43	2	1	0
44	2	1	0
45	−1	0	2
46	3	2	0
47	0	1	2
48	0	1	3
49	3	1	0
50			

50. 下列每个形容词得 2 分：

精神饱满的　观察力敏锐的　不屈不挠的　柔顺的　足智多谋的　有主见的

有献身精神的　有独创性的　感觉灵敏的　无畏的　创新的　好奇的　有朝气的　热情的　严于律己的

下列形容词每个得 1 分：

自信的　有远见的　不拘礼节的　不满足的　一丝不苟的　虚心的　机灵的　坚强的

其余的得 0 分。

结果解释：

将分数累计起来：

110-140 创造性非凡·

85-109 创造性很强·

56-84 创造性强·

30-55 创造性一般·

15-29 创造性弱·

−21-14 无创造性·

测试工具 3：战略型创新人才面试题

创新型人才到底有什么特点（能力）？我们该如何找到创新型人才？

致力于创新型人才研究的管理咨询机构 Future Think 创始人丽莎·博黛尔提出，战略型创新人才需具备五项基本能力，并可通过以下问题识别出来。

一、战略想象力

在纷繁复杂的环境下，创新型人才要具备足够的洞察力，能够看清楚究竟是什么力量正在带来改变，而且具备足够的想象力，能够将所观察的事物转化为商机。面对候选人，我们可以参考以下几个提问角度。

1. 假如你现在有 30 万元预算和一个月的时间，你可以用于任何项目，你会做什么？

2. 你认为有哪些外在变化，可能会对我们所在的行业造成重大影响？

3. 你觉得未来五年内还会出现什么新的消费群体？怎样能让这些新消费群体快速注意到我们的产品？

二、提出颠覆性问题能力

具有创新能力的人还应该在思考问题时更加深入，拒绝僵化思考问题的方式和思维模式，甚至具备质疑态度，挑战原有的做法，才可能有新的发展。面对候选人，我们可以参考以下几个提问角度。

1. 消费者到底想要什么？业界有什么根深蒂固的想法？如果事实是相反的，会发生什么样的事情？

2. 如果你有 5 分钟可以和我们企业 CEO 共处的机会，你会提什么问题，让他重新思考我们的事业？

三、创造性解决问题能力

一个问题往往不止有一两个解决方案，很可能有多种解决方案。一旦创新者想到了与众不同的解决方案，就会带来颠覆性的创新。面对候选人，我们可以参考以下几个提问角度。

1. 如果你必须要在没有把握的情况下做出决策，你会采取哪些行动？

2. 你以往任职的公司有因为你的提议而改变公司决策吗？这些改变为公司带来了什么影响？

3. 在什么样的情况下，你做决策时会想要寻求他人的帮助？

四、适应性

一个创新者必须具备适应性的能力，才可以与时俱进，在瞬息万变的商业和市场环境中生存下来。面对候选人，我们可以参考以下几个提问角度。

1. 请举例说明如果改变你的工作顺序，你会怎么做？

2. 描述一下你在极大压力下做出决策的经历。

3. 你在做出决策之后，发现会对该决策造成影响的新资讯？请举例说明，你后来又是如何面对这种情况（或解决各个问题的）？

五、韧性

创新并非一帆风顺，创新者需要具备韧性，这样才能在遭遇逆境时坚持自我，直到成功。面对候选人，我们可以参考以下几个提问角度：

1. 描述一下你过去失败的经验，并说说你当时的反应。

2. 假如你向公司高层提出一个很棒的点子，但他们不认可，接下来你会怎么办？

3. 假如你是我们产品研发团队的负责人，再过两个月就要推出新品了，但是你的研发和市场预算被砍了一半，你会怎么做？

记住，创新不仅是结果，创新更是一种实践和一个永远进行的行动过程。通过询问上述问题，你就能发现候选人是不是真正的创新型人才。如果他回答得很具体，也确实是来自自己的经验，那么他就极可能是我们希望的创新型人才。如果他含糊其辞，或举的都是别人的例子，那么他就可能是非创新型人才。

创新工具 1：奥斯本九问创造法

奥斯本九问创造法共分 9 大类 75 个问题，属于横向思维，以直观、直接的方式激发思维活动，操作十分方便，效果也相当好。下述九组问题对于任何领域创造性地解决问题都是适用的，这 75 个问题不是奥斯本凭空想象的，而是他在研究和总结大量近、现代科学发现、发明、创造事例的基础上归纳出来的。

第一组

1. 有无新的用途？

2. 是否有新的使用方法？

3. 可否改变现有的使用方法？

第二组

4. 有无类似的东西？

5. 利用类比能否产生新观念？

6. 过去有无类似的问题？

7. 可否摹仿？

8. 能否超过？

第三组

9. 可否增加些什么？

10. 可否附加些什么？

11. 可否增加使用时间？

12. 可否增加频率？

13. 可否增加尺寸？

14. 可否增加强度？

15. 可否提高性能？

16. 可否增加新成分？

17. 可否加倍？

18. 可否扩大若干倍？

19. 可否放大？

20. 可否夸大？

第四组

21. 可否减少些什么？

22. 可否密集？

23. 可否压缩？

24. 可否浓缩？

25. 可否聚合？

26. 可否微型化？

27. 可否缩短？

28. 可否变窄？

29. 可否去掉？

30. 可否分割？

31. 可否减轻？

32. 可否变成流线型？

第五组

33. 可否改变功能？

34. 可否改变颜色？

35. 可否改变形状？

36. 可否改变运动？

37. 可否改变气味？

38. 可否改变音响？

39. 可否改变外形？

40. 是否还有其它改变的可能性？

第六组

41. 可否代替？

42. 用什么代替？

43. 还有什么别的排列？

44. 还有什么别的成分？

45. 还有什么别的材料？

46. 还有什么别的过程？

47. 还有什么别的能源？

48. 还有什么别的颜色？

49. 还有什么别的音响？

50. 还有什么别的照明？

第七组

51. 可否变换？

52. 有无可互换的成分？

53. 可否变换模式？

54. 可否变换布置顺序？

55. 可否变换操作工序？

56. 可否变换因果关系？

57. 可否变换速度或频率？

58. 可否变换工作规范？

第八组

59. 可否颠倒？

60. 是否颠倒正负？

61. 可否颠倒正反？

62. 可否头尾颠倒？

63. 可否上下颠倒？

64. 可否颠倒位置？

65. 可否颠倒作用？

第九组

66. 可否重新组合？

67. 可否尝试混合？

68. 可否尝试合成？

69. 可否尝试配合？

70. 可否尝试协调？

71. 可否尝试配套？

72. 可否把物体组合？

73. 可否把目的组合？

74. 可否把特性组合？

75. 可否把观念组合？